Valtl · Sexualpädagogik in der Schule

Karlheinz Valtl

Sexualpädagogik in der Schule

Didaktische Analysen und Materialien für die Praxis

Herausgegeben von Pro Familia Nürnberg

Beltz Verlag · Weinheim und Basel

Karlheinz Valtl, Jg. 1953, Dr. phil., war Lehrer an Grund- und Hauptschulen. Er leitete mehrere Jahre das Sexualpädagogische Projekt der Pro Familia Regensburg und ist derzeit Lektor für sexuelle Sozialisation und Sexualpädagogik an der Universität Wien, sowie freier Mitarbeiter des Instituts für Sexualpädagogik, Dortmund.

Gesetzt nach den neuen Rechtschreibregeln
Lektorat: Peter E. Kalb

© 1998 Beltz Verlag · Weinheim und Basel
Herstellung: Klaus Kaltenberg
Satz: Satz- und Reprotechnik GmbH, Hemsbach
Druck: Druckhaus Beltz, Hemsbach
Umschlaggestaltung: Federico Luci, Köln
Umschlagabbildung: Michael Seifert, Hannover
Printed in Germany

ISBN 3-407-62388-7

Inhaltsverzeichnis

Danksagung

In den vorliegenden Text sind die Anregungen vieler Menschen eingegangen, mit denen ich in den letzten Jahren zusammengearbeitet habe. Ohne sie wäre dieses Buch nie entstanden, und ich möchte ihnen allen danken. Mein besonderer Dank gilt den Kolleginnen und Kollegen vom Sexualpädagogischen Projekt der Pro Familia Regensburg, insbesondere Thomas Beer, Anke Erath, Ottmar Hanke und Lorenz Heil, die zum Projekt Schullandheim beigetragen haben; den Lehrerinnen und Lehrern in der Praxis, die mir zu den Bausteinen für den Unterricht wertvolle Hinweise gaben, insbesondere Ulla Huth, Günter Reichstätter, Marianne Wilhelm und Uta V. Zehdnicker, sowie Brigitte Frey, die als Geschäftsführerin von Pro Familia Nürnberg die Entwicklung dieses Buches mit Zuspruch, Kritik und Textvorschlägen begleitete.

Abkürzungen bei den Praxiseinheiten

A: (bei *Literatur*) Anregungen für die konkrete Arbeitsform
       (für den vorliegenden Text verwendet bzw. weiterführend)

AA   **A**rbeits**A**uftrag

AB   **A**rbeits**B**latt

D: (bei *Literatur*) **D**idaktische Informationen zum Thema

EA   **E**inzel**A**rbeit

GA   **G**ruppen**A**rbeit

L   **L**ehrerin/**L**ehrer (hier grammatikalisch als *die* Lehrperson verwendet)

S   **S**chülerin/**S**chülerinnen/**S**chüler
       (diese Abkürzung steht sowohl für den Singular wie für den Plural)

S: (bei *Literatur*) **S**achinformationen zum Thema

TA   **T**afel**A**nschrift

UG   **U**nterrichts**G**espräch

+   (bei Zeitangabe) und/oder mehr

++   (bei Zeitangabe) und/oder wesentlich mehr

→   Verweis auf Übungen bzw. Arbeitsblätter des vorliegenden Buches

Grundlagen

Wo stehen wir gegenwärtig, und was kann dieses Buch leisten?

Sexualpädagogik ist seit mehr als einem Vierteljahrhundert Teil des verbindlichen Erziehungs- und Bildungsauftrags der Schule – und noch immer ein heißes Eisen. Es gibt kaum ein anderes Thema, mit dem sich die Schule so schwer tut wie mit diesem.

Schon seine Etablierung im Bildungskanon der Schule war ein Tauziehen zwischen unterschiedlichen politischen und sexualethischen Positionen, und erst in den letzten Jahren zeichnete sich allmählich eine Konsolidierung ab. Zu den wichtigsten Stationen dieses Prozesses zählen die folgenden:

- 1968 reagierte die Kultusministerkonferenz (KMK) auf die gesellschaftlichen Veränderungen der Zeit und machte durch ihre Empfehlungen die Sexualpädagogik an den Schulen mit zurückhaltender Reformfreudigkeit zur Pflicht.
- Darauf folgte die 1. Generation von Richtlinien zur Sexualerziehung an Schulen, die den Vorgaben der KMK-Empfehlungen mehr oder weniger bereitwillig nachkamen.
- In den 70er-Jahren wurden juristische Auseinandersetzungen um die Berechtigung schulischer Sexualpädagogik (in Konkurrenz mit dem Erziehungsrecht der Eltern) geführt, die mit dem Urteil des Bundesverfassungsgerichts von 1977 endeten, das eine zwar in sich widersprüchliche, im Endeffekt aber doch positive Bewertung der schulischen Sexualerziehung brachte.
- Darauf folgte in den frühen 80er-Jahren die 2. Generation von Richtlinien, die zwar den Elan von 1968 mehr oder weniger stark zurücknahm, der Bestätigung durch das BVerfG aber Folge leistete und Sexualpädagogik fester in den schulischen Bildungsauftrag einband.
- In den späten 80er-Jahren hielten die Erfahrungen mit der Anti-Aids-Kampagne und die Diskussion um die Novellierung des § 218 StGB die Erinnerung daran wach, dass das, was bisher zum Thema Sexualpädagogik in der Schule getan und gesagt worden war, noch nicht alles sein konnte.
- Mit dem Schwangeren- und Familienhilfegesetz (SFHG) vom 27. Juli 1992 begann eine neue Ära: Das Gesetz, das das Abtreibungsrecht neu regeln sollte, erbrachte als einzige bislang unwiderrufene Auswirkung einen definitiven Auftrag an den Staat, sexualpädagogische Arbeit auf allen Ebenen zu fördern.
- Die jetzt auftauchende 3. Generation von Richtlinien berücksichtigt diese neuen Rahmenbedingungen durch das SFHG, die Erfahrungen aus der Aids-Prävention und die sexualpädagogische Fachdiskussion der 80er-Jahre und bemüht sich, Sexualpädagogik in der ganzen Breite ihres Gegenstandsbereichs zu sehen.

Insgesamt können wir also trotz hemmender Momente eine positive Bilanz feststellen. Die alten Grabenkämpfe zwischen den Fronten von »Repression« und »Emanzipation« haben in den meisten Bundesländern an Bedeutung verloren, und es wird allmählich der volle Umfang der gegenwärtigen Aufgaben von Sexualpädagogik wahrgenommen.

»Emanzipation« als Leitvorstellung für Sexualpädagogik ist damit jedoch nicht überholt. Es geht nach wie vor um eine kritische, rationale Prüfung allgemein ungefragt hingenommener Mythen, Ideologien und machtförmiger Einflussnahmen und um eine Verteidigung der Interessen der heranwachsenden Generation. Sollte sich z.B. der Trend einer verstärkten Aufmerksamkeit des Staates für die Aufgaben der Sexualpädagogik fortsetzen, so wird auch kritisch zu fragen sein, welches gesellschafts- und vor allem familienpolitische Interesse sich dahinter verbirgt, welche neuen Gefahren der Instrumentalisierung von Sexualpädagogik damit verbunden sein können und wie sich eine kritische Sexualpädagogik auch in der Schule vor einer Vereinnahmung durch staatliche Interessen schützen kann.

In den letzten Jahren gab es bereits einige kritische Stimmen zur schulischen Sexualpädagogik, vor allem von wissenschaftlicher Seite. Zwei größere Studien hielten eine Rückschau auf das bisher Erreichte und stellten ihre Lage als eher bedenklich dar:

- Die empirische Untersuchung von Glück/Scholten/Strötges (1992) zeigt, dass sich die schulische Sexualpädagogik selbst unter den vergleichsweise günstigen Bedingungen von Nordrhein-Westfalen auf einem relativ niedrigen Niveau (gemessen an Verbreitung, Kontinuität und Themenumfang) etabliert hat.
- Müller (1992) zeigt, dass die schulische Sexualpädagogik hinter den anfänglichen Programmen und den darin enthaltenen überzogenen Aspirationen zurückbleiben musste. Er sieht darin neben den Defiziten der Organisationsform von Schule und der gesellschaftlichen Problematik des Themas Sexualität vor allem eine generelle Überschätzung der Möglichkeiten von Erziehung.

Die Skepsis, die aus diesen Arbeiten spricht, betrifft jedoch weniger die prinzipiellen Möglichkeiten der schulischen Sexualpädagogik als ihren bisherigen Zustand. Was bisher zur Realisierung des sexualpädagogischen Auftrags der Schule getan wurde, war in einigen Bundesländern weniger als halbherzig, und was die universitäre Lehrer/innenbildung zur Vorbereitung auf diese Aufgabe leistete, stellt kaum mehr als einen Tropfen auf den heißen Stein dar.

Solange so wenig in die Gestaltung der schulischen Sexualpädagogik investiert wird, kann es nicht verwundern, wenn sie auf einem eher kläglichen Niveau dahinkümmert. So berechtigt der skeptische Rückblick ist – in Bezug auf das, was zu tun ist, stehen wir erst am Anfang, und wir sollten unseren Blick nach vorne richten auf das, was uns helfen kann, die Lage der schulischen Sexualpädagogik zu verbessern.

Was das vorliegende Buch leisten kann

Welchen Wert didaktische Materialien für die Sexualpädagogik haben, wird heute kontrovers diskutiert. Was sie unter günstigen Bedingungen leisten können, ist:

● Sie können Ideen zur Erschließung sexualpädagogischer Themen liefern.
● Sie können über neue Medien informieren.
● Sie können Beispiele für den Ablauf von Unterrichtsstunden, -sequenzen und längeren Projekten geben – nicht zur direkten Nachahmung, aber zur Anregung, Ähnliches selbst einmal zu erproben.
● Sie können zeigen, wie auch »heiße Eisen« in der Schule angepackt werden können.
● Sie können zeigen, dass auch scheinbar sexualitätsferne Themen einen wichtigen Beitrag für den Erwerb von sexualitäts- und beziehungsrelevanten Kompetenzen leisten können und wie eine Einlösung des Anspruchs von *Sexualpädagogik als Unterrichtsprinzip* auch in diesen Bereichen aussehen kann.
● Sie können zeigen, dass sexualpädagogische Arbeit lustvoll sein kann – für Schüler/innen ebenso wie für Lehrer/innen.

Trotz dieser vielen positiven Möglichkeiten darf aber nicht vergessen werden, dass Bücher hierbei einiges nicht leisten können:

● Sie können keine Aus- oder Fortbildung in Sexualpädagogik ersetzen. Für sexualpädagogische Arbeit sind Selbsterfahrung, Austausch in der Gruppe, Entwicklung von pädagogisch-didaktischer Sensibilität, Förderung von Selbstkompetenz, persönlicher Reflexion und Sprachfähigkeit in Bezug auf Sexualität um ein Vielfaches wichtiger als die Vermittlung methodischer Details.
● Sie können eigene Ideen nicht ersetzen.
● Sie können keinen Ersatz für eine institutionelle Verankerung der schulischen Sexualpädagogik bieten. Wo die Rahmenbedingungen nicht stimmen, kann auch ein Unterricht »wie er im Buche steht« nicht darüber hinwegtäuschen, dass strukturelle Schwächen der Schulorganisation nicht unbegrenzt durch individuelles Engagement von Lehrkräften aufgefangen werden können.
● Bedrucktes Papier kann die lebendige Begegnung von Menschen nicht ersetzen. Genau in dieser liegt heute die besondere Chance der Schule: Sachliche Informationen zu Sexualität, Beziehung und Geschlechterrollen können Schüler/innen gegenwärtig aus vielen Quellen beziehen. Die Rolle der Schule in der Sexualpädagogik besteht nicht mehr vorrangig darin, ein Wissen zu vermitteln, das nirgends sonst zu finden wäre, sondern darin, zur Aufarbeitung der Informationen aus anderen Quellen sowie der eigenen Erfahrungen beizutragen. Dies geschieht vor allem in personaler Begegnung, offenem Gespräch und unter der Voraussetzung von persönlichem Vertrauen. Sexualpädagogische Materialien können dafür bestenfalls Aufhänger liefern.

Prinzipien und Ziele schulischer Sexualpädagogik

Sexualpädagogik kann – wie jede Form von Erziehung – nicht wertfrei sein. Sie ist auf eine Wertbasis verwiesen, die angibt, woran sich das erzieherische Handeln orientieren kann. Eine solche Wertbasis ist in einer pluralistischen Gesellschaft nicht mehr als selbstverständliche Tradition gegeben, und sie kann auch nicht aus den moralischen Überzeugungen einzelner weltanschaulicher Gruppen gewonnen werden. Die gelegentlichen Versuche von Kirchen und anderen religiösen und sozialen Gruppierungen, die eigenen sexualmoralischen Überzeugungen und sexuellen Verhaltensstandards zu verbreiten, die Vielfalt der Lebensmöglichkeiten einzuschränken und eine sexuelle Monokultur zu etablieren, stellen keine Lösung dieses Problems dar.

Der Pluralismus im Bereich des Sexuellen bedeutet für unsere Gesellschaft nicht einen bedauerlichen Umstand, sondern stellt gerade die Grundlage der Entfaltung unserer humanen Lebensmöglichkeiten dar. Sexualpädagogik darf sich in dieser Situation nicht zur Erfüllungsgehilfin sozialer Kontrolle und Normierung machen lassen. Dies gilt insbesondere für die Sexualpädagogik an Schulen, für die durch die Erziehungsgesetze der einzelnen Bundesländer und durch das Bundesverfassungsgerichtsurteil von 1977 das Gebot einer pluralistischen Behandlung von Sexualität bzw. das Verbot von Indoktrination ausgesprochen wurde.

Wie aber können angesichts dieses Pluralismus konkrete Ziele und Grundsätze der Sexualpädagogik formuliert werden? Wie kann eine völlige Beliebigkeit in all jenen Fragen, die über eine bloße Wissensvermittlung hinausgehen, vermieden werden? Zwei besonders überzeugende Antworten auf diese Frage stellen die Ansätze von Uwe Sielert und Gerhard Glück dar, die der Grundposition einer *humanistisch-emanzipatorischen Sexualpädagogik* zugeordnet werden können:

Uwe Sielert (1994) zeigt in einer Bestandsaufnahme der sexualpädagogischen Konzeptionen für die Schule, dass eine verbindliche Orientierung der schulischen Sexualpädagogik primär auf den in der Verfassung und den Gesetzen formulierten Grundkonsens unserer Gesellschaft bezogen sein muss. Dieser Grundkonsens umfasst nach Sielert im Wesentlichen die drei Werte der *Selbstbestimmung*, der *Achtung vor der Würde des Mitmenschen* und der *Förderung des Zusammenlebens*:

>»*Selbstbestimmung* meint das Recht und die wachsende Fähigkeit des Menschen, ›sich seines eigenen Verstandes zu bedienen‹. Selbstbestimmung meint, in zunehmendem Maße autonomer zu denken und zu fühlen, sich selbst zu leiten unter Berücksichtigung der eigenen möglicherweise widersprüchlichen Bedürfnisse,

des materiellen Umfeldes, des Eingebundenseins in Beziehungen zu anderen Menschen, die ebenfalls ein Recht auf Selbstbestimmung haben und möglicherweise der Fürsorge bedürfen.

Die *Achtung vor der Würde des Mitmenschen* meint im Kern das Gebot, andere Menschen nicht für eigene Zwecke zu instrumentalisieren, sie nicht gegen ihren Willen auf bestimmte Teilaspekte ihrer Person zu reduzieren, sondern als ganzheitliche Personen wahrzunehmen und zu fördern.« (Sielert 1994, S.12)

Förderung des Zusammenlebens meint: »Jede selbst gewählte Form des Zusammenlebens, insbesondere mit Kindern, bedarf der gesellschaftlichen Achtung und Fürsorge. Ehe und Familie stehen unter dem besonderen Schutz der staatlichen Gemeinschaft. Sexualerziehung leistet dazu ihren Beitrag, indem sie zum Aufbau gleichberechtigter und langfristiger Partnerschaften befähigt.« (ebd.)

Das zentrale Richtziel der Sexualpädagogik (wie im Übrigen auch das höchste Rechtsgut im Bereich der Sexualität) ist in diesem Ansatz Sielerts die *sexuelle Selbstbestimmung*. Die beiden anderen hier angesprochenen Werte *Partnerschaftlichkeit* und *Achtung vor der Würde der Person* spiegeln diesen Wert der Selbstbestimmung:

- Die Achtung vor der Würde der Person bedeutet die Anerkennung der anderen Person in ihrer Selbstbestimmtheit, und
- Partnerschaftlichkeit ist die Form des Umgangs von Menschen, die sich gegenseitig in ihrer Selbstbestimmtheit anerkennen und unterstützen.

Einen weiteren grundlegenden Wert zur Orientierung sexualpädagogischen Handelns sieht Sielert (1993, S. 118) in der *Achtung vor dem Leben*. Dieser Wert steht bei ihm in humanistisch-christlicher Tradition (»Ich bin Leben inmitten von Leben, das leben will«, Albert Schweitzer), ist aber darüber hinaus eine Grundvoraussetzung, ohne die Erziehung sinnvollerweise nicht zu denken ist (vgl. Tröger 1974, S. 145ff.). Für Sielert bedeutet *Achtung vor dem Leben*:

> »... eigenes und fremdes Leben ›in Obhut zu nehmen‹, es also zu schützen, wenn es bedroht ist. Leben, das wachsen kann, ist vielgestaltig, und diese Vielgestaltigkeit macht das Leben aus. ... Achtung vor dem Leben heißt, Menschennähe statt ethisch reine Positionen durchzusetzen.«

Dieses Moment der Vielgestaltigkeit, sowohl der allgemeinen wie der sexuellen Lebensformen, stellt den Kernpunkt des Ansatzes Sielerts dar. Für den Umgang mit der Vielgestaltigkeit des Sexuellen empfiehlt Sielert an anderer Stelle (1993, S. 119ff.) vier »brauchbare Tugenden humanistischer Sexualpädagogik«, und zwar:

- »*Weniger Aufgeregtheit, mehr ruhige Reflexion.*« Sexualpädagogische Aufgaben können ebenso ruhig und sachlich angegangen werden wie andere Aufgaben der Erziehung.

● *»Weniger Eingriff, mehr freundliches Begleiten.«* Es geht viel weniger um Lenkung und Gängelung als um offene Angebote, in denen die zu Erziehenden mit ihren Fragen und Erfahrungen akzeptiert werden.

● *»Störungen und Unvollkommenheiten als Chance begreifen.«* Sexualpädagogisches Handeln ist nicht immer voll planbar und lebt aus der Konfrontation mit ungelösten Fragen.

● *»Widersprüchliches nicht glätten, sondern den Umgang mit dynamischen Balancen fördern.«* Sexualpädagogik kann den Widerspruch zwischen den Bedürfnissen und Interessen, die in der Sexualität aufeinander treffen, nicht aufheben, kann aber das selbst bestimmte und verantwortungsbewusste Umgehen damit fördern.

Die von Sielert hier formulierten Maßstäbe sind Prinzipien zur Orientierung des Handelns von Erziehungspersonen und nicht Forderungen an das Verhalten der zu Erziehenden. Damit vermeidet er ein mögliches Missverständnis: Es geht in der Sexualpädagogik nicht darum, die Heranwachsenden auf ein bestimmtes (künftiges) Sexualverhalten festzulegen.

Gerhard Glück (1979, 1992) setzt in seinen Arbeiten an einem anderen Ansatzpunkt an und fragt, welche Normen als Minimalforderungen mindestens berücksichtigt werden müssen, damit ein verantwortungsvolles Miteinanderleben möglich wird. Er geht dabei von der knappesten nur denkbaren Formulierung von Sexualethik aus, wie sie 1963 von Alexander Comfort formuliert und in der emanzipatorischen Sexualpädagogik seither immer wieder diskutiert wurde:

> *»1. Du sollst die Gefühle eines anderen Menschen nicht rücksichtslos ausbeuten und ihn mutwillig enttäuschenden Erfahrungen aussetzen.«*
> *2. Du sollst unter keinen Umständen fahrlässig die Zeugung eines unerwünschten Kindes riskieren.«* (zit. nach Glück/Hilgers 1994, S. 28)

Glück/Hilgers (1994, S. 28f.) erweitern diese Grundsätze um die Sorge für sich selbst und um die Solidarität mit den Mitmenschen und formulieren daraus die folgenden Appelle:

> *»1. Du sollst dich selbst kennen lernen, deinen Körper, deine Bedürfnisse und deine Schwächen, mit dem Ziel, dich zu akzeptieren.*
> *2. Du sollst niemanden körperlich oder psychisch verletzen oder durch Krankheiten oder unerwünschte Schwangerschaft gefährden.*
> *3. Du sollst einen Menschen nicht vorsätzlich enttäuschenden Erfahrungen aussetzen und an den auftretenden Konflikten (ggf. unter Beteiligung Dritter, z.B. Freunden, Beratern oder Therapeuten) arbeiten.*
> *4. Leid und Unterdrückung anderer Menschen in ihrer Sexualität dürfen dir nicht gleichgültig sein; deshalb sollst du – nach deinen Möglichkeiten – aktiv für die Herstellung humaner Lebensbedingungen für alle eintreten.«*

Diese Appelle dürfen aber nicht zu dem Missverständnis verleiten, dass es sich dabei um Regeln handelt, die die Pädagog/innen den zu Erziehenden in Form von vorformulierten Sentenzen vermitteln sollten. Die produktive Kraft dieser Appelle liegt vielmehr darin, dass sie zu Anhaltspunkten einer immer wieder erfolgenden kritischen Selbstvergewisserung über die eigene Entwicklung werden. Sie sind nicht Vorgaben einer von außen kommenden, heteronomen Moral, sondern Anhaltspunkte einer eigenverantwortlich vom Individuum zu leistenden Orientierung. Diese autonome Moral wird nicht erworben durch Übernahme feststehender Grundsätze, sondern durch Reflexion eigenen Handelns und Wertens (vgl. Ziebertz 1991; Mauermann 1988).

Beiden Ansätzen von Sielert und Glück ist gemeinsam, dass es ihnen nicht um eine Normierung des Sexuellen im Sinne früherer, restriktiver Sexualmoral geht. Sie streben stattdessen eine Klärung der Voraussetzungen an, unter denen eine humane Gestaltung des Sexuellen erst möglich wird. Diese Grundwerte sind daher nicht als abstrakte ethische Postulate zu verstehen, deren Aufgabe es ist, starre Grenzen zu setzen und Sanktionen zu legitimieren. Sie sind vielmehr als Grundstrukturen anzusehen, die einem gelingenden menschlichen Zusammenleben eingewoben sind und deren Aufgabe es ist, die freie Gestaltung dieses Zusammenlebens durch die Beteiligten selbst zu ermöglichen. Es handelt sich damit also um jene Normen und Werte, die wir in unserem Zusammenleben voraussetzen, wenn wir uns aufeinander einlassen, und auf die wir Bezug nehmen können, wenn Konflikte zu klären sind.

Ausgehend von den hier genannten Grundwerten und -orientierungen lassen sich auch weitere konkrete Lernziele für die Sexualpädagogik angeben. Wenn wir z.B. *Selbstbestimmung* als zentralen Wert ansehen, so sind alle Kompetenzen des Individuums (auf kognitiver, emotionaler und Verhaltensebene), die zur Erlangung und Ausübung dieser Selbstbestimmung erforderlich sind, wichtige Lernziele, also z.B. Selbstbewusstsein, Kennen der eigenen Bedürfnisse, Mut, sich sozialem Anpassungsdruck zu widersetzen, Wissen um gesellschaftliche Normstrukturen usw. In ähnlicher Weise ergeben sich auch aus den anderen Grundwerten konkrete Aufgaben für die Sexualpädagogik. Dabei dürfen aber zwei Punkte nicht außer Acht gelassen werden:

● Konkrete Lernziele lassen sich meist nicht direkt aus Prinzipien ableiten. Eher wird in umgekehrter Richtung zu fragen sein: Entspricht das, was in einer bestimmten Lernumgebung gelernt werden kann, diesen Prinzipien? Oder: Wie kann diese Umgebung so verändert werden, dass entsprechendes Lernen ermöglicht wird und dass Lerneffekte, die diesen Prinzipien zuwiderlaufen, vermieden werden können? Die genannten Grundorientierungen stellen damit Anhaltspunkte für eine immer wieder angebrachte kritische Hinterfragung der sexualpädagogischen Praxis dar. Sie sind regulative Prinzipien, die selbst nie ganz erreicht werden, an denen die Praxis aber immer neu auszurichten ist.

● Konkrete Lernziele der Sexualpädagogik stellen keine Festlegung der Heranwachsenden auf eine bestimmte Form von Sexualverhalten oder auf bestimmte Beziehungsmuster dar, sondern sind Kompetenzen, die die Individuen befähigen, ihr konkretes Sexualverhalten und Beziehungsleben selbst bestimmt und in partner-schaftlicher Achtung gegenüber den jeweiligen Partner/innen selbst zu gestalten. Auf dieser Ebene der Kompetenzen sind dann allerdings – entgegen landläufiger Meinung – durchaus konkrete Ziele der Sexualpädagogik angebbar, ohne dass dadurch die angestrebte Autonomie der zu Erziehenden unterlaufen würde.

Ein sehr zentrales Beispiel eines Erziehungsziels, das sich aus dem Ziel der sexuellen Selbstbestimmung ergibt, ist die *Fähigkeit zum Dialog*. Diese Kompetenz wurde vor allem von Scarbath (1967; 1982, S. 125) als *die* grundlegende Dimension der Sexual-pädagogik herausgearbeitet: Der Mensch ist immer »Subjekt in Beziehung«, ist in seiner Entwicklung auf »dialogische Zusprache« angewiesen und kann seine Freiheit nur dialogisch in Beziehungen entfalten. Die Fähigkeit zur Verständigung über Se-xualität und Beziehung wird damit zu einem grundlegenden und unverzichtbaren Lernziel einer Sexualpädagogik, die Selbstbestimmung im Bereich des Sexuellen fördern will.

In Bezug auf kognitive Lernziele bedeutet die Forderung nach selbst bestimmter Gestaltung vor allem, dass nicht durch eine Vorauswahl der Lerninhalte eine Verhal-tensbeeinflussung angestrebt werden darf, worauf vor allem Müller (1992) hingewie-sen hat. Dieses Prinzip ist zwar in letzter Konsequenz nicht durchführbar, weil die Auswahl von Themen und Methoden durch die Lehrperson unvermeidlicherweise immer eine Akzentuierung bestimmter Lerninhalte darstellt. Dennoch ist hierin eine ernst zu nehmende Mahnung an alle Lehrenden zu sehen, nicht durch ein Vorenthal-ten von Wissen einen manipulativen Einfluss auf die Heranwachsenden zu nehmen. In »Projekt 2: Die Geschichte der Geschlechterverhältnisse« (S. 186ff.) ist dieses Prinzip an einem konkreten Beispiel verdeutlicht.

Wie diese Grundprinzipien und -orientierungen in der Praxis umgesetzt werden können, wird in den Praxisvorschlägen (S. 31ff.) im Rahmen einzelner Themen detaillierter dargestellt und diskutiert werden.

Im Folgenden sind zehn weitere *Grundregeln* für die schulische Sexualpädagogik formuliert. Sie stellen eine Antwort auf häufig anzutreffende kritische Dimensionen sexualpädagogischer Praxis aus der Perspektive der oben genannten Grundsätze dar.

1. Förderung statt Behinderung. Die Hauptaufgabe der Sexualpädagogik besteht darin, Kinder und Jugendliche in der Entfaltung ihrer Sexualität zu unterstützen. Es ist nicht die Aufgabe der Erziehung, diese Entwicklung zu bremsen, Kinder und Jugendliche von Sexualität fern zu halten oder sie ständig zu überwachen und zu gängeln.

Die Möglichkeiten von Kindern und Jugendlichen, ihre Sexualität zu entfalten, sind allerdings durch die jeweiligen gesellschaftlichen und individuellen Lebensbe-dingungen und die Vielzahl der darin wirkenden sozialen Zwänge begrenzt. Die Erziehung kann diese Begrenzungen nicht aufheben, kann aber zu einer mündigen Auseinandersetzung mit ihnen befähigen (vgl. 6.). Über die gesellschaftlich vermit-telten Normen hinaus sollte die Sexualerziehung nicht durch weitere Normierungen in die Entwicklung von Kindern und Jugendlichen eingreifen.

2. Ermöglichung und Reflexion eigener Erfahrungen. Bereits Kinder sollten die Möglichkeit haben, spielerisch ihren Körper und den anderer Kinder kennen zu lernen, Lust zu erfahren, Kontaktfähigkeit zu anderen zu entwickeln und ihre Sinne zu üben. Kinder sollten die Erfahrung von Zärtlichkeit machen können und Gelegenheit haben, selbst Zärtlichkeit zu üben. Dies gilt insbesondere für Jungen, denen diese Erfahrungen oft infolge eines zu engen Geschlechtsrollenbildes vorenthalten werden. Für Mädchen hingegen ist zu betonen, dass ihre Entwicklungsmöglichkeiten nicht darauf eingeschränkt werden dürfen (vgl. 8.).

Jugendliche brauchen vor allem Freiräume, in denen sie ohne pädagogische Überwachung sexuelle Erfahrungen machen können. Eine klare Grenze sollte aber immer gegenüber Gewalt gezogen werden.

Der Beitrag der Schule zu diesen Lernprozessen ist geringer als der anderer Sozialisationsfelder, doch sie sollte die Möglichkeiten, die sich ihr bieten, nützen, damit nicht durch sie eine sexualfeindliche Botschaft vermittelt wird. In Bezug auf die im engeren Sinne sexuellen Erfahrungen (die die Schüler/innen in der Regel außerhalb der Schule machen) kann die Schule unter günstigen Bedingungen eine sekundäre Erfahrungsbezogenheit anstreben, d. h., sie kann eine Reflexion dieser Erfahrungen ermöglichen, soweit die Kommunikationsatmosphäre in der Klasse oder Arbeitsgruppe dies zulässt und soweit niemand gezwungen wird, etwas zu sagen, was er/sie nicht mitteilen will. Die Lehrperson sollte z.B. Diskussionen über sexuelle Themen und sexuelle Erfahrungen unterstützen, wenn sie aufgrund gegenseitigen Vertrauens in der Klasse möglich sind und wenn sie von den Schüler/innen gewünscht werden. Sie sollte aber mit Umsicht darauf achten, dass in dem sozialen System »Schulklasse« auch Rivalität, Cliquen, Verliebtheit u.a. vorkommen, was Sexualität zu einem gefährlichen Thema für die Schüler/innen macht und wodurch offene Gespräche über Sexualität zu einer erhöhten Verletzlichkeit führen.

3. Informationsvermittlung und Vorbereitung. Kinder und Jugendliche sollten frühzeitig, uneingeschränkt und sachlich richtig über Sexualität informiert werden, damit sie den Erfahrungen und Risiken der körperlichen und sexuellen Entwicklung nicht unvorbereitet ausgesetzt sind, damit sie nicht aus unzuverlässigen Quellen ihre ersten Informationen beziehen und damit sie das, was sie in ihrer Umwelt und in den Medien sehen, verstehen und einordnen können. Die Schule sollte dabei vor allem jene Kompetenzen fördern, die es den Kindern und Jugendlichen ermöglichen, sich selbst in ihrer Lebenswelt zurechtzufinden, ihre eigene Sprache zu finden und ihre eigenen Fragen zu artikulieren, damit sie nicht auch in der Schule von der allseitigen Präsenz des Themas Sexualität erdrückt werden und selbst sprachlos bleiben.

4. Unterstützung. Wir sollten Kindern und Jugendlichen Unterstützung geben bei ihren Versuchen, den Bereich von Sexualität und Beziehung zu erkunden, und sollten nicht versuchen, ihnen dabei alle unangenehmen Erfahrungen zu ersparen. In Krisen (die zur normalen Entwicklung gehören) sollten wir sie unterstützend begleiten und ihnen emotionalen Rückhalt geben. Verständnis ist dabei wichtiger als Lenkung.

5. Stärkung des Selbstwertgefühls und Förderung der Selbstbestimmung. Schon Kinder sollten erfahren, dass sie selbst bestimmen können, was sie tun. Sie sollten erfahren, dass niemand das Recht hat, sie zu etwas zu zwingen, besonders im Bereich der Sexualität. Eine unerlässliche Voraussetzung von sexueller Selbstbestimmung ist, sich selbst als wertvoll und liebenswert empfinden zu können, das Recht auf die eigenen sexuellen Bedürfnisse als Teil der persönlichen Würde erleben zu können und die Erfahrung machen zu können, dass die eigene Persönlichkeitssphäre respektiert wird. Zu dieser Persönlichkeitssphäre zählt insbesondere der eigene Körper (z.B. bestimmen zu können, ob und wie ich von wem berührt werde), daneben aber auch soziale Bereiche wie etwa das Recht auf persönliche Geheimnisse. Wenn Kinder die Erfahrung machen, dass ihre Würde und Persönlichkeitssphäre in dieser Form geachtet werden, so lernen sie dadurch, selbst die Würde und Persönlichkeitssphäre anderer zu achten.

6. Vermittlung eines offenen Normhorizonts. Kinder und Jugendliche sollten über die in ihrer Umwelt geltenden Normen des Sexualverhaltens Bescheid wissen, sie sollten aber nicht zu einer Anpassung an diese gezwungen werden. Das Ziel ist die Entwicklung einer autonomen moralischen Entscheidungskompetenz, d.h. die Fähigkeit, unter Berücksichtigung der eigenen Wünsche, der Wünsche des Partners/der Partnerin, der Normen des sozialen Umfelds (und damit u.a. auch der jeweiligen religiösen Grundorientierung) und der Bedingungen der Situation selbstständig unter den jeweils möglichen Handlungsalternativen wählen zu können. Diesen Entscheidungen sollte ein Bewusstsein für die Vielfältigkeit der sexuellen Lebensmöglichkeiten in einer demokratisch-pluralistischen Gesellschaft sowie Toleranz für anders Lebende zugrunde liegen. Wichtigstes Mittel zur Entwicklung dieser moralischen Autonomie ist das prinzipiell zieloffene und tabufreie Gespräch.

7. Förderung des Körperbewusstseins und Körpergefühls. Der Körper ist die primäre Grundlage aller sexuellen Empfindungen. Er sollte daher freudvoll und ohne unangemessene Scham oder Ekel erlebt werden können. Für Kinder ist dabei das freie Erleben von Körperlichkeit (auch Nacktheit) besonders wichtig, für Jugendliche eine Unterstützung beim Aufbau einer sexuellen Identität, die auch ein positives Verhältnis zum eigenen Körper umfasst. Wichtige Themen in diesem Prozess sind u.a. die Reflexion von Schönheitsidealen und anderen Normen der Körperlichkeit (wie z.B. der Umgang mit Menstruation und ihre emotionalen Aspekte) bei Mädchen oder die Reflexion der Bedeutung von Kraft, Sport und Konkurrenz bei Jungen. In allen Altersstufen sollte daneben die sinnliche Wahrnehmungsfähigkeit gefördert werden.

8. Förderung der emotionalen Entwicklung. Die zweite, ebenso wichtige Grundlage unserer sexuellen und Liebesfähigkeit sind unsere Gefühle. Die Erziehung sollte die Wahrnehmung und die differenzierend-ordnende Reflexion der eigenen Gefühle unterstützen, den spontanen Ausdruck von Gefühlen zulassen wie auch – besonders bei Jungen – den differenzierten verbalen Ausdruck fördern und so weit wie möglich den sozialen Zwängen zu einer Verdrängung und Verleugnung von Gefühlen entgegenwirken. Jungen sollten dabei v.a. ermutigt werden, vermeintlich unmännliche Gefühle, wie z.B. Angst oder das Bedürfnis nach Trost oder Geborgenheit, auszudrücken, Mädchen vermeintlich unweibliche Gefühle wie Wut, Ablehnung, Neid oder Dominanz.

Ebenso wichtig ist die Fähigkeit der Empathie (Einfühlung in andere), die eine wesentliche Grundlage von Beziehungen und sexuellen Begegnungen darstellt. Wir sollten daher Kindern und Jugendlichen die Gelegenheit geben zu lernen, sich in die Bedürfnisse und Gefühlslagen anderer einzufühlen und darauf angemessen zu reagieren. Eine Voraussetzung dafür ist der Abbau von Angst vor zwischenmenschlicher Begegnung und Nähe. In der Schule stellt das Berücksichtigen und ggf. Zur-Sprache-Bringen von Gefühlen, die in der Klasse situativ vorhanden sind, durch die Lehrperson eine gute Gelegenheit zum Lernen am Modell dar und unterstützt eine humane Schulatmosphäre.

9. Förderung von Freundschaft und Partnerschaftlichkeit. Jede sexuelle Partnerschaft baut auf einer allgemeinen Partnerschaftlichkeit auf. Kinder und Jugendliche sollten daher die Gelegenheit haben, in (gleich- und gegengeschlechtlichen) Freundschaften die Grundlagen der Partnerschaftlichkeit (z.B. Teilen können, Kompromissfähigkeit, gegenseitige Hilfe usw.) üben und die Vorteile von Partnerschaft erleben zu können. Dabei sollte auch die Wahrnehmung und Akzeptanz von Verschiedenheit (auch der Geschlechter) gefördert werden.

10. Sexualpädagogik als Geschlechterpädagogik. Die bisher genannten Grundregeln bzw. Ziele der Sexualpädagogik gelten für beide Geschlechter in prinzipiell gleicher Weise, doch darf nicht übersehen werden, dass Mädchen und Jungen eine unterschiedliche Sozialisation erfahren. Die Sexualerziehung in der Schule und anderen Erziehungsfeldern muss sich mit diesen unterschiedlichen Sozialisationsbedingungen und den daraus resultierenden sozialen Vor- und Nachteilen für beide Geschlechter auseinander setzen und gezielte Fördermaßnahmen für Mädchen und für Jungen ergreifen. Die Lehrpersonen sollten sich dabei auch der Bedeutung des eigenen Geschlechts für den Gruppenprozess in der Klasse bewusst sein.

Sexuelle Selbstbestimmung und Prävention von sexueller Gewalt

Dem Thema *Prävention von sexueller Gewalt* wird trotz seiner enormen Bedeutung in der gegenwärtigen Diskussion in dem vorliegenden Buch kein eigenes Kapitel gewidmet. Der Grund dafür liegt zum einen in der Tatsache, dass dieses Thema eine sehr differenzierte Behandlung verlangt, die den Rahmen des Bandes sprengen würde; es muss daher auf entsprechende Arbeiten verwiesen werden, die sich ausschließlich mit diesem Thema befassen (vgl. vor allem Braecker/Wirtz-Weinrich 1991; Lappe/Schaffrin/Timmermann u.a. 1993; Marquardt-Mau [Hrsg.] 1995).

Zum andern ist es das Anliegen der im vorliegenden Band dargestellten sexualpädagogischen Angebote, von einer anderen Seite her einen Beitrag zur Prävention sexueller Gewalt zu leisten. Gewaltprävention sollte nicht auf isolierte Übungen beschränkt werden, die allein die Gefahren sexueller Kontakte oder die Möglichkeiten des Schutzes zum Thema haben, sondern sie sollte in die Sexualpädagogik integriert sein und bei einer Mehrzahl von Arbeitsformen als ein Lernziel unter anderen mitlaufen. Sexualpädagogische Angebote, die die Selbstbestimmung von Kindern und Jugendlichen auf der emotionalen, körperlichen und intellektuellen Ebene fördern, leisten immer auch einen Beitrag zur Prävention von sexueller Gewalt: »Prävention heißt, Kindern ihre eigene Wahrnehmung ihrer selbst und ihrer Umwelt zu lassen, ihrer Einschätzung zu trauen, sie in ihrer Selbstbestimmtheit, ihrem Eigenwillen, ihren Empfindungen zu achten (und) ... sie ermutigen, all dies zu äußern.« (Braun 1992c, S. 6)

Eine wirksame Prävention ist daher, wie G. Braun (1992c) formuliert, »kein Programm, sondern ein Prinzip«, und zwar eines, das an unser Grundverhältnis zu Kindern rührt: Wir müssen lernen, sie als vollwertige, eigenständige Personen zu achten, ihnen konkrete Selbstbestimmung im Alltag zuzugestehen und insbesondere ihre körperliche und emotionale Selbstbestimmung zu achten, und wir müssen Partei für sie ergreifen gegen Angriffe auf ihre Selbstbestimmung. Wann immer diese Thematik in der Sexualpädagogik berührt wird, kann sie einen Beitrag zur Prävention von sexueller Gewalt leisten, auch wenn dies nicht explizit angesprochen wird.

Zur Didaktik der Sexualpädagogik

Lebendiges Lernen – auch in der Schule

Die Diskussion um eine Didaktik der schulischen Sexualpädagogik reicht noch nicht sehr weit zurück, und sie hat vor allem die Frage der Methodik lange Zeit vernachlässigt. Die ersten Bücher zur *Didaktik der Sexualpädagogik* (wie z.B. Zitelmann/Carl 1970) waren im Wesentlichen Materialsammlungen. Sie stellten sexuelles Wissen zusammen, diskutierten die Berechtigung dieser Informationen als Unterrichtsinhalte und entwickelten daraus Unterrichtseinheiten. Diese Arbeiten zielten damit vor allem auf Stoffauswahl und vermittelten den Lehrer/innen neues Sachwissen. Der Streit um die »Inhaltsprobleme in der Sexualpädagogik« (Fischer/Ruhloff/Scarbath/Schulze/Thiersch 1973) beschäftigte die Diskussion so sehr, dass Methodik praktisch kein Thema war.

Während in den folgenden Jahren die schulische Sexualerziehung immer stärker in den Kampf um ihre Legitimation verstrickt wurde, wurde in der sexualpädagogischen Jugendarbeit aber immer deutlicher spürbar, dass mit den vorhandenen, meist lehrer- bzw. leiterzentrierten Methoden die Interessen der Kinder und Jugendlichen nur begrenzt angesprochen werden konnten. Die für Kinder und Jugendliche zentralen Themen waren nicht mit trockener Informationspräsentation und moralischer Belehrung zu bewältigen und tiefer gehende Gespräche kamen nicht einfach durch bloßes Reden in Gang.

Das erste größere Projekt, das diese Erfahrungen zum Anlass nahm, sich auf die Suche nach neuen Formen des Lernens in der Sexualpädagogik zu machen, war das von Pro Familia München durchgeführte Projekt zu »Sexualerziehung in der Praxis« (Fricke/Klotz/Paulich 1980/1983). In dem daraus entstandenen Buch wurden erstmals ausführlich der gruppenpädagogische Rahmen thematisiert und neue interaktive Methoden dargestellt. Diese stellen die Jugendlichen in den Mittelpunkt und lassen ihnen Raum, ihre eigenen Bedürfnisse, Erfahrungen und ihr außerhalb von planmäßiger Unterrichtung erworbenes Wissen zu reflektieren. Zu diesen Methoden zählten schon 1980 Arbeitsformen wie Rollenspiele, Was-wäre-wenn-Spiel, Sammeln umgangssprachlicher Begriffe, Formulieren von Erwartungen an den/die Beziehungspartner/in, Übungen zum Selbstbild und offene, durch Leitfragen strukturierte Diskussionen zu heiklen Themen.

Etwa zur selben Zeit brachte Ulrich Baer (1979/1988) mit seinem Heft »lernziel: liebesfähigkeit« weitere Methoden der Spielpädagogik in die sexualpädagogische Diskussion ein, und Kutzleb/Schmidt/Walczak/Weber (1989) entwickelten in ihrem

Buch »Zeit für Zärtlichkeit« meditative, körper- und wahrnehmungsbezogene, auf die Bewusstmachung und Kommunikation von Einstellungen zielende Arbeitsformen für Einzel-, Partner- und Gruppenarbeit. Der theoretische wie auch zeitgeschichtliche Hintergrund dieser Methoden war vor allem die Humanistische Psychologie, insbesondere die Ansätze der Gestalttherapie (F. Perls), der Klientenzentrierten Gesprächsführung (C. Rogers) und der Themenzentrierten Interaktion (R. Cohn), die in dieser Zeit in der deutschen Pädagogik an Einfluss gewannen und die z.T. den persönlichen Hintergrund der Autor/innen prägten.

Viele der in dieser Zeit entwickelten bzw. in die Sexualpädagogik eingebrachten Methoden gehören auch heute noch zu ihrem allgemein anerkannten Methodenrepertoire. Sie sind sozusagen zu »traditionals« geworden, die fast alle in diesem Feld professionell Arbeitenden verwenden. Dementsprechend finden sich viele Übungen, meist in leichten Abwandlungen und thematischen Adaptationen, in fast allen Büchern zur Sexualpädagogik wieder, u.a. auch in dem vorliegenden. Die sexualpädagogischen Methodensammlungen seit den 80er-Jahren enthalten nur zu einem kleineren Teil originäre Ideen der jeweiligen Autor/innen, zum größeren Teil den Niederschlag der immer breiter werdenden Erfahrung mit den bekannten Methoden und der gegenseitigen Anregung durch die Fachdiskussion.

Durch diesen ständigen Austausch von didaktischen Ideen sowie durch Projekte, die das bisher Vorliegende sammelten und prüften, bildete sich in den 80er-Jahren unter den Sexualpädagog/innen ein Methodenkonsens heraus, der sich nach und nach auf alle pädagogischen Handlungsfelder und quer durch die Reihen der unterschiedlichen sexualethischen Positionen erstreckte. In der älteren Literatur werden meist die drei Positionen von *traditionell-restriktiver, bürgerlich-liberaler* und *gesellschaftskritisch-emanzipatorischer* Sexualpädagogik unterschieden (vgl. Kluge 1984, S. 21ff.), die sich in dieser Form allerdings gegenwärtig nicht mehr nachweisen lassen (vgl. Glück 1994). *Die* Sexualpädagogik als ein relativ einheitliches Ganzes gab und gibt es auf der Ebene der Grundsätze und Zielformulierungen nicht, wohl aber heute bis zu einem gewissen Grad auf der Ebene der Methodik.

Dieser Methodenkonsens ist auch in einer weiteren Hinsicht beachtenswert: Die hierbei entstandenen Methoden machten die Sexualpädagogik zu einem der ersten Bereiche der Pädagogik, in denen die Prinzipien der Humanistischen Psychologie auf breiterer Ebene in der Pädagogik Anerkennung fanden.

Diese Prinzipien beschreiben genau jene Form des Lernens, die der Sexualpädagogik am angemessensten ist: In der Sexualpädagogik geht es immer um die Person in ihrer Ganzheit, ihre Themen beziehen sich sowohl auf den Intellekt als auf den Körper und die Gefühle, sie sieht die Menschen in ihrer sozialen Bezogenheit, also eingebettet in Kultur, Subkultur, Herkunftsfamilie und aktuelle Partnerschaft, ihre Themen rühren an existenzielle Grunderfahrungen (wie Liebe, Einsamkeit, Identität als Frau bzw. Mann u.v.m.) und an tief in Charakterstruktur und Biografie verankerte Werthaltungen und Handlungsmuster. Sexualpädagogik versucht, die Selbstreflexion der Schüler/innen zu fördern. Sie gibt Lernzielen mit lebenspraktischer Relevanz die Priorität vor der Anhäufung von Wissen und macht Lernangebote, die eine Integration des sexuellen Wissens und Erlebens in den ganzen Lebenszusammenhang und in die Gesamtpersönlichkeit unterstützen.

Dieser Ansatz der Sexualpädagogik konvergiert mit den Methodengrundsätzen der Humanistischen Psychologie, wie sie in den letzten Jahren insbesondere in der Gestaltpädagogik formuliert wurden. Als Kern ihrer Intention stellt Bürmann (1992, S. 38ff.) die Ermöglichung von »persönlich bedeutsamem Lernen« heraus, das sowohl auf kognitiver wie affektiv-emotionaler und körperlicher Ebene stattfindet und das den Aufbau von Handlungsdispositionen mit einbezieht.

Offen ist heute noch bis zu einem gewissen Grad, inwieweit die an der Humanistischen Psychologie orientierten und in der Jugendarbeit entwickelten Methoden der Sexualpädagogik in die Schule transponiert werden können. Wie die Erfahrungen der Gestaltpädagogik zeigen, kann die Schule durchaus zu einem geeigneten Ort für derartige Methoden werden. Sie setzen aber eine besondere Kompetenz der Lehrpersonen (im Umgang mit den Methoden sowie in der Selbstreflexion) voraus und legen ein Umdenken in Bezug auf einige Definitionen der Institution Schule nahe. Lehren und Erziehen in diesem Sinne stellen intensive personale Begegnungen dar, die von den Lehrenden weniger technisch-didaktische Kniffe verlangen als vielmehr menschliche Offenheit, Geduld, Akzeptanz gegenüber den (sexuellen) Bedürfnissen und Lebensformen der Schüler/innen, kommunikative Reaktionsfähigkeit und Einfallsreichtum in Bezug auf Erschließung von Inhalten und Gestaltung von Lernumgebungen.

Wie eine Sexualpädagogik, die sich an diesen Prinzipien orientiert, in der Schule von heute gestaltet werden kann, zeigt vor allem das große, 1994 abgeschlossene Modellprojekt »Ganzheitliche Sexualpädagogik in der Schule« (Leitung C. Nowak, hrsg. vom *Landesinstitut Schleswig-Holstein für Praxis und Theorie der Schule*). Unter dem Leitbegriff des »lebendigen Lernens« wird dort eine ausführliche Didaktik der Sexualpädagogik entfaltet (vgl. IPTS [Hrsg.] 1994, S. 40–63). Dem Spannungsbogen lebendigen Lernens folgend, empfehlen die Autor/innen eine dreistufige, an der Perspektive der Schüler/innen orientierte Artikulation des Unterrichts:

- *Die Wahrnehmung*: Was nehme ich (der/die Schüler/in) wahr an Sachinformationen, Interaktion, Feedback und sonstigem Verhalten?
- *Die Bedeutung*: Was lösen alle diese Informationen in mir aus? Was denke und fühle ich? Bin ich berührt oder unbeteiligt? ...
- *Die Konsequenz*: Entscheide ich mich auf der Basis dieser Bedeutung, alles so zu lassen, wie es ist, oder möchte ich meine neuen Erfahrungen zur Basis eines veränderten Verhaltens machen? ... (IPTS [Hrsg.] 1994, S. 40)

Auf diese Weise bleiben die Lernprozesse auf kognitiver, emotionaler und Handlungsebene immer miteinander verbunden, das Lernen betrifft immer die ganze Person und findet vor dem konkreten Lebenshintergrund der jeweiligen Schülerin bzw. des Schülers statt. Diese drei als Fragen formulierten Schritte stellen daher kein didaktisches Schema im herkömmlichen Sinn dar, sondern sind Stufen der Annäherung an Unterrichtsinhalte, die einen Lernprozess kennzeichnen, der nahe am Erleben der beteiligten Personen bleibt, eine persönliche Bedeutung für die Lernenden erlangt und eine echte Begegnung (»Kontakt«) sowohl zwischen den beteiligten Personen wie mit dem Sachgegenstand ermöglicht.

Auch die im vorliegenden Buch vorgeschlagenen Arbeitsformen verstehen sich als Hilfestellungen, dieses lebendige Lernen in der schulischen Sexualpädagogik zu ermöglichen. Sie sind als Beispiele gedacht, die kreativ verändert und miteinander kombiniert werden können. Sie können jedoch nur dann zu persönlich bedeutsamen Lernerfahrungen führen, wenn auch der/die Lehrer/in als Person hinter den jeweiligen Arbeitsformen steht und sie nach ihrem/seinem jeweiligen Stil lebendig gestaltet. Werden sie als toter Fahrplan missverstanden und nur »abgehandelt«, so besteht die Gefahr, dass sie ihren Sinn verfehlen und dem Kontakt mit anderen wie mit der Sache eher im Wege stehen.

Darüber hinaus darf nicht vergessen werden, dass die Darstellung der Methoden und Unterrichtsabläufe in diesem Buch nicht mehr als *Wegbeschreibungen* sein können. Den Weg selbst zu gehen stellt vor ganz eigene Herausforderungen und verlangt als Vorbereitung weit mehr als nur das Lesen der Wegbeschreibung. Die didaktischen Vorschläge in den Praxiseinheiten wenden sich an professionelle Pädagog/innen, die Erfahrung haben im Einsatz von Arbeitsformen, die eine größere individuelle Erlebnistiefe und u.U. eine stärkere Gruppendynamik bewirken können. Wer damit noch wenig Erfahrung hat, sollte sich für den Anfang nicht zu viel vornehmen und vor allem versuchen, sich in sexual- und gruppenpädagogischen Fortbildungen diese Kompetenzen zu erwerben.

Zur besonderen Situation der Schulklasse als »Zwangsgruppe«

Anders als in Jugendgruppen oder in der offenen Jugendarbeit ist die Arbeitsgruppe »Schulklasse« keine freiwillige, aus Sympathie und gemeinsamen Interessen entstandene Zusammenkunft, sondern mehr oder weniger deutlich eine »Zufalls-« und »Zwangsgemeinschaft«. Dies kann der Behandlung persönlicherer oder gar intimer Themen in der Klasse im Weg stehen.

Wenn Schüler/innen daher Hemmungen zeigen, über einzelne Themen zu sprechen, so sollte dies ernst genommen werden: Eine Schulklasse ist ein über Jahre hinweg gewachsenes soziales System, in dem sich Verliebtheiten und Rivalitäten, Sympathie und Antipathie abspielen und in dem das Sprechen über Sexualität emotional hoch aufgeladen und für die Schüler/innen riskant sein kann.

Es ist daher von zentraler Bedeutung, dass den Schüler/innen der Schutz ihrer Intimität gewährleistet wird. Sexualpädagogische Arbeitsformen dürfen keinen Zwang (auch nicht in der indirekten Form des Gruppendrucks) ausüben, dass Schüler/innen Informationen über sich preisgeben, die sie nicht sagen wollen, oder an Übungen teilnehmen, die ihnen zu nahe gehen oder unangenehm sind.

Dies lässt sich jedoch auch im Rahmen des schulischen Klassenverbandes vermeiden:

- Persönliche Themen können in Kleingruppen bearbeitet werden, in denen die Schüler/innen nur mit Partner/innen ihrer Wahl sprechen. Im Plenum wird danach über den Ablauf des Gesprächs, nicht aber über seinen konkreten Inhalt gesprochen.
- Heikle Themen können in Einzelarbeit bearbeitet werden. Die Schüler/innen teilen der Gruppe davon nur so viel mit, wie ihnen aktuell angemessen scheint. Daneben kann ein Austausch mit Freund/innen außerhalb der Schule angeregt werden.
- Im Respektieren von verbalen oder nonverbalen Signalen, die die Grenze der eigenen Mitteilungsbereitschaft markieren, kann in der Klasse die wechselseitige Wahrung der Persönlichkeitssphäre geübt und Taktgefühl aufgebaut werden.
- Viele persönliche Themen können über sachliche Texte und interaktive Methoden erschlossen werden, die es den Schüler/innen freistellen, ob sie dazu persönlich Stellung nehmen wollen oder nur über die Personen des Textes bzw. Rollenspieles reden wollen. Die Arbeitsformen sollten distanziert-sachliche Reaktionen ebenso wie das Ansprechen intimer Fragen gleichermaßen zulassen.
- Bei körperbezogenen Übungen sollte allen Schüler/innen klar sein, dass sie sich jederzeit und ohne Angabe von Gründen ausklinken können, ohne das Gesicht zu verlieren, und dass sie sich ebenso selbstverständlich wieder einklinken können, ohne als »inkonsequent« dazustehen.
- Einzelne Themen können manchmal besser von externen Referent/innen vertreten werden, die in der Klasse keine weiteren Funktionen haben (v.a. keine Sanktions- und Bewertungsfunktion), die ihr Wissen um persönliche Mitteilungen der Schüler/innen wieder »mitnehmen« und die als Expert/innen zu ausgefalleneren Themen ohne Peinlichkeit befragt werden können.
- Themen und Arbeitsformen, die mehr Zeit und eine vertrautere Atmosphäre erfordern, als im normalen Schulalltag möglich ist, können im Rahmen von Studientagen, Projektwochen, Schullandheimaufenthalten oder im Rahmen einer freiwilligen Arbeitsgruppe am Nachmittag aufgegriffen werden.
- Bei längerfristigen Projekten sollten die Schüler/innen mitverantwortlich an der Planung und Durchführung beteiligt werden, sodass sie selbst bestimmen können, wie persönlich die Themen jeweils behandelt werden. In Kleingruppen sind dabei unterschiedliche Grade der Involviertheit möglich. Besonders die lustbetonten Einheiten von Projekten sollten von den Schüler/innen (mit-)geplant werden, damit sie nicht den Charakter einer von oben verordneten Beglückung erhalten. Gelungene Beispiele dafür sind ein von Schüler/innen als Projektabschluss geplantes »Fest der Zärtlichkeit« (vgl. Gaedt 1995, S. 82ff.) oder ein nach Besprechungen unter den Schülern und Schülerinnen (zur Frage »geschlechtsgetrennt oder nicht?«) durchgeführter Saunagang (vgl. Biermann/Schütte 1995, S. 58ff.).

Anfangsschwierigkeiten und Widerstände

An vielen Schulen wird Sexualpädagogik nur in geringem Umfang und relativ spät in der Laufbahn der Schüler/innen durchgeführt. So verwundert es nicht, dass viele Kolleg/innen über Schwierigkeiten und Widerstände klagen, wenn sie anfangen, mit einer Klasse zu diesem Thema zu arbeiten.

Anfangsschwierigkeiten treten v.a. dann auf, wenn im Rahmen sexualpädagogischer Unterrichtsvorhaben erstmals persönlichere Diskussionen und interaktive Erarbeitungsformen stattfinden, die sonst selten vorkommen. Zum Kontakt mit einem noch nicht vertrauten Thema kommt dann die Konfrontation mit neuen Methoden hinzu.

Wie heftig dieser anfängliche Widerstand von Schüler/innen sein kann und wie er durch geduldige pädagogische Aufarbeitung überwunden werden kann, haben z.B. Dilcher/Esch/Hellwig (1994, S. 6ff.) in ihrem Bericht über das unter sozial schwierigen Bedingungen durchgeführte Münchener »Mädchenprojekt Körpererfahrung« dokumentiert: In den ersten Stunden wurde das Thema noch als »Spinnerei« abgetan, die Schülerinnen lenkten vom Thema ab und wollten etwas anderes machen, Einzelne weigerten sich, die Übungen mitzumachen, wälzten sich stattdessen kichernd auf dem Boden und hielten die ganze Gruppe von der Arbeit ab. Doch im Laufe des Projekts schwand dieser anfängliche Widerstand, das Interesse der Schülerinnen wuchs, und die Atmosphäre kippte ins Positive: Die Gespräche wurden allmählich persönlicher, die Schülerinnen ließen sich auf das Thema ein und fingen an, über sich zu sprechen und selbst die anfangs abgelehnten Körperübungen zu genießen.

Wie das Team um C. Nowak (IPTS [Hrsg.] (1994, S. 44ff.) beobachtete, kann sich solcher Widerstand von Schüler/innen auf sehr unterschiedliche Weise äußern, z.B. in Lächerlichmachen, Abwerten des Themas, Zweifel an der Berechtigung der Lehrkraft, dieses Thema behandeln zu dürfen, persönlichen Provokationen oder Verweigerung einzelner Arbeitsformen. Wichtig im Umgang mit diesen Formen von Widerstand ist, dass sie die Lehrkraft nicht persönlich nimmt (was nicht immer leicht ist) und stattdessen versucht, den versteckten Sinn dieser Verhaltensweisen zu verstehen.

Der Widerstand kann z.B. hinweisen auf Unzulänglichkeiten der Unterrichtsgestaltung (wie zu wenig Intimitätsschutz und gegenseitiges Vertrauen, zu wenig persönliche Begegnung mit dem Thema und der Schüler/innen untereinander, Leistungsdruck, Lehrer/innendominanz u.a.). Er kann aber auch in der Situation der Schüler/innen begründet sein (wie Tabuisierung von Sexualität im Elternhaus, Angst vor Bloßstellung in der Klasse, Angst vor Abweichung von den Normen der Klasse, Angst vor Abwertung u.a.).

Widerstand kann damit zu einem Indikator werden dafür, dass und wo der Unterrichtsprozess nicht ausreichend auf die Situation in der Klasse und auf die Lebenslagen der einzelnen Schüler/innen abgestimmt ist. Er kann auch einen alternativen Zugang zum Thema vermitteln, wenn den Widerstand äußernden Schüler/innen die Gelegenheit gegeben wird, ihre Sicht der Dinge darzustellen. In besonderen Fällen kann er auch selbst zum Thema von Metakommunikation gemacht werden, sodass an seinem Beispiel Kommunikationsmuster und Gruppenstrukturen deutlich werden (vgl. IPTS [Hrsg.] 1994, S. 45f.).

Nicht übersehen werden sollte außerdem, dass auch Lehrpersonen Widerstand gegenüber sexualpädagogischen Themen haben können, etwa in Folge von Unlust am Thema, Zweifel an der eigenen Kompetenz, Angst, vor der Klasse über Sexualität zu sprechen, u.a. Hierbei ist es wichtig, dass diese Lehrpersonen ihren Widerstand und damit ihre eigenen Grenzen bewusst wahrnehmen und respektieren und dass sie nach alternativen Möglichkeiten der Unterrichtsgestaltung suchen, die es ihnen erlauben, sexualpädagogische Themen in einer für sie angemessenen Weise aufzugreifen und damit authentisch zu bleiben. Wo dies nicht möglich ist, sollte mit Kolleg/innen eine Absprache darüber getroffen werden, wer die anstehenden sexualpädagogischen Themen behandelt, und es könnte in langfristiger Perspektive eine Fortbildung in Sexualpädagogik ins Auge gefasst werden.

Doch selbst auch bei geschicktester didaktischer Aufbereitung und organisatorischer Regelung bleibt Sexualpädagogik ein Thema, das Ängste auslösen kann. Die Arbeit daran braucht daher Zeit, sowohl in der Gewöhnung an die für sie typischen Arbeitsformen wie in der persönlichen Auseinandersetzung mit ihren Themen. Manche Formen von Widerstand werden auch nicht zu umgehen sein, weil sie Ausdruck der Spannung sind, die dieser Lernprozess erzeugt. Trotz und gelegentliches Desinteresse, Lachen und flapsige Bemerkungen gehören mit dazu und markieren ein pädagogisches Klima, in dem Menschen so sein dürfen, wie sie sind, und in dem nicht eine von allen Störungen bereinigte Didaktik angestrebt wird.

Die Rolle der Lehrperson in der Sexualpädagogik

Ein Leitfaden für die Selbstreflexion

In der sexualpädagogischen Arbeit ist der Lehrer/die Lehrerin stärker als Person gefordert als bei anderen Unterrichtsinhalten. Dies liegt vor allem daran, dass Sexualität ein wesentlich zentralerer Bereich unseres Lebens ist als etwa Geschichtswissen oder mathematische Fähigkeiten. Dabei sind es vor allem drei Ebenen, auf denen sich diese Wirkung der Lehrer/innenpersönlichkeit zeigt:

- Die Lehrperson wirkt als Vorbild sowohl in Bezug auf bewusste Verhaltensweisen und Ansichten wie auch in Bezug auf unbewusste (und unbewusst kommunizierte) Haltungen.
- Die Lehrperson wirkt durch Lob und Tadel, durch positive und negative Verstärkung. Dies betrifft nicht nur die bewussten Interventionen, sondern hat viele unbewusste Komponenten: Die eigene Einstellung der Lehrperson zu Sexualität, zu Geschlechtsrollenverhalten, zu Körperlichkeit usw. beeinflussen ihr Verhalten gegenüber den Schüler/innen und führen zu Sympathie und Zuwendung oder zu Ablehnung und Missbilligung. Auch dann, wenn sich die Lehrperson bemüht, sich dies nicht anmerken zu lassen, wird es leicht durch Körpersprache, Tonfall u.Ä. kommuniziert.
- Die Lehrperson bestimmt die Feinheiten des Unterrichtsablaufs: Die feineren Differenzierungen im Umgang mit dem Unterrichtsstoff sind meist nicht objektiv planbar. Das »Wie« des Herangehens und die »Feinabstimmung« in der Abwägung von Tatsachen und Wertungen können in keiner Unterrichtsvorbereitung und in keiner Theorie zur Sexualpädagogik vollständig dargestellt werden und zeigen sich erst im Unterrichtsgespräch selbst. Auf dieser Mikroebene im Umgang mit dem Stoff und mit den ungeplanten Wendungen des Unterrichtsgeschehens ist die persönliche Kompetenz der Lehrperson sowie ihre Authentizität und Präsenz entscheidend. Außerdem liegen gerade hier oft die didaktisch fruchtbarsten Momente, wenn diese Themen offen und sensibel besprochen werden. Die Schüler/innen sind sehr hellhörig dafür, *wie* die Lehrperson mit sexualpädagogischen Themen umgeht.

Wegen dieser besonderen Wirkung der Lehrperson auf drei Ebenen ist es für sexualpädagogische Arbeit sehr wichtig, dass sich die Lehrperson ihrer eigenen Haltungen zu Sexualität bewusst ist. Sie sollte sich selbst einigermaßen kennen, sollte ihre Lebensgeschichte reflektiert haben, über ihre erfüllten und unerfüllten Wünsche Bescheid wissen und sich im Klaren darüber sein, welche persönlichen Ziele sie mit ihrer sexualpädagogischen Arbeit verfolgt.

Eine solche Selbstreflexion sollte am besten im Rahmen einer sexualpädagogischen Fortbildungsgruppe erfolgen (Adressen s. S. 199). Diese umfassen in der Regel Elemente der Selbsterfahrung und bieten so die Chance, die eigenen Einstellungen bewusster wahrzunehmen und in der Gruppe zu diskutieren, Feedback zu erhalten und seine eigene Position im Spektrum der Meinungen einzuordnen. Eine ähnliche Funktion auf geringerem Anspruchsniveau kann auch eine Gruppe von Kolleg/innen erfüllen (z.B. in Form eines schulinternen oder regionalen Arbeitskreises für Sexualpädagogik). Falls Sie die Selbstreflexion aber lieber für sich allein angehen möchten, so können die folgenden Fragen dafür einen Leitfaden bilden:

Fragen zu allgemein pädagogischen und didaktischen Punkten
- In welchem Umfang können die Schüler/innen in meinem Unterricht persönliche Meinungen, Interessen und Problemformulierungen äußern?
- Berücksichtige ich im Unterricht auch die Gefühle, persönlichen Erlebnisse und Einstellungen der Schüler/innen?
- Welche Rolle spielt Sinnlichkeit in meinem Unterricht? Kann das zu Lernende sinnlich erfahren werden (durch tasten, riechen, heben, drehen, nachahmen, in Bewegung umsetzen usw.) oder nur in Form von Papier und Schrift?
- Inwieweit kann mein Unterricht einen Beitrag zu Gestaltung von Schule als Lebensraum der Schüler/innen leisten?
- Wie viel erfahre ich von der allgemeinen Entwicklung meiner Schüler/innen, ihrem persönliches Wohlergehen, ihren Konflikten und positiven Erlebnissen mit ihrer Familie, im Sozialraum der Schule und in ihrem weiteren sozialen Umfeld?
- Inwieweit kann ich meine Schüler/innen so annehmen wie sie sind?

Fragen zu Sexualität
- Welche Bedenken habe ich in Bezug auf die Behandlung des Themas Sexualität im Unterricht?
- Welche Ziele halte ich in der Sexualpädagogik für besonders wichtig? Inwieweit hängt dies mit mir und meinem persönlichen Lebensweg zusammen? Wie beeinflusst meine eigene Erziehung meine (sexual-)pädagogische Arbeit?
- Wie bin ich aufgeklärt worden? Welche Anstrengungen, die meine Eltern, Lehrer/innen u.a. dazu unternommen haben, waren für mich hilfreich? Was haben Medien dazu beigetragen? Wie stark habe ich mich in meinem sexuellen Verhalten von Erwachsenen beeinflussen lassen?
- Beeinflusst meine augenblickliche sexuelle Lebenslage in Bezug auf Partnerschaft, Liebe, Sexualität und Familie meine (sexual-)pädagogische Arbeit?
- Was am Verhalten von Jungen und Mädchen stört mich? Mache ich dies zum Thema in meinem Unterricht?
- Wie stehe ich zur Sexualität meiner Schüler/innen? Dürfen sie meiner Ansicht nach schon Freund/innen haben, Geschlechtsverkehr haben usw.?
- Welche (sexuellen) Konflikte meiner Jugendzeit beschäftigen mich noch heute? Welche Erwachsenen haben mir bei der Bewältigung von Konflikten geholfen?

Sexualpädagogik in der Praxis

Sexualpädagogik findet nicht nur dann statt, wenn sie auf dem Stundenplan bzw. im Lehrplan steht. Sie kann im Prinzip in allen Fächern und an allen Orten des Schullebens stattfinden, geplant und ungeplant, bewusst oder als unbemerkt ablaufende Sozialisation. Fragen nach Sexualität, Beziehung, Partnerschaft, Geschlechterrollen oder Liebe können im Zusammenhang mit vielen Unterrichtsthemen auftauchen und sind in der sozialen Interaktion der Schulklasse fast immer präsent – unabhängig davon, welchen Titel die Unterrichtsstunde, die gerade läuft, trägt.

Deshalb muss nicht überall, wo Sexualpädagogik »drin ist«, auch unbedingt Sexualpädagogik »draufstehen«. Im Gegenteil: In den meisten Fällen wird das Thema mitlaufen, während die Hauptaufmerksamkeit einem anderen Unterrichtsinhalt gilt. In einer Deutschstunde kann z.B. bei einer Gedichtinterpretation der Ausdruck von Begehren zum Thema werden, in einer Sportstunde das Verhältnis von Körperkraft und Männlichkeit, in einer Erdkundestunde die Frage der (Un-)Wirksamkeit staatlicher Geburtenkontrollprogramme oder in einer Hauswirtschaftsstunde die gesellschaftliche Arbeitsteilung zwischen den Geschlechtern.

Auf der Ebene der *didaktischen Reflexion* ist es zwar wichtig, dass wir uns ein genaues Bild davon machen, welche sexualpädagogische Relevanz einzelne Unterrichtsinhalte oder Ebenen des Schullebens haben, und wir sollten uns in unserem pädagogischen Handeln bewusst sein, welche Fragen und Ziele der Sexualpädagogik jeweils angesprochen sind. In der Etikettierung einer Unterrichtsstunde ist es hingegen nicht immer sinnvoll, eigens darauf hinzuweisen: Jetzt geht es um Sexualität bzw. Sexualpädagogik. Damit würden wir dieses Thema zu etwas »Unalltäglichem«, wenn nicht sogar »Unnormalem« erklären und ihm einen Status einräumen, der ihm nicht zukommt.

Sexualpädagogik ist, wie schon die Empfehlungen der Kultusministerkonferenz von 1968 betonten, ein *Unterrichtsprinzip*. Dieses läuft als eine Dimension des Erziehens und Unterrichtens immer mit, egal was im Lehrplan steht, und jede Lehrkraft ist hierbei gefordert. Deshalb macht es auch keinen Sinn, feste Stundenzahlen für Sexualpädagogik vorzugeben oder sie ausschließlich in die Hand von speziellen Fachkräften geben zu wollen oder den Schüler/innen den Besuch sexualpädagogischer Veranstaltungen freizustellen. Sexualpädagogik und Sexualität lassen sich nicht in dieser Weise aus dem Unterricht und dem sozialen Leben der Schule isolieren und in das Ghetto eines eigens dafür vorgesehenen Faches sperren.

Um diesen Charakter von Sexualpädagogik als Unterrichtsprinzip zu unterstreichen, beginnen die im Folgenden vorgestellten Unterrichtsbausteine mit jenen Themen, deren sexualpädagogische Relevanz nicht sofort ins Auge springt, wie z.B. der Förderung des Selbstwertgefühls, der Reflexion sozialer Beziehungen und der Entwicklung der körperlichen Ausdrucks- und Empfindungsmöglichkeiten. Viele der dort aufgeführten Methoden sind aus anderen Zusammenhängen bekannt. Erst danach werden wir uns den im engeren Sinne »sexuellen« Themen zuwenden, wie z.B. Geschlechterverhältnisse, intime Beziehungen, Sexualmoral, Verhütung, Selbstbefriedigung oder Homosexualität.

Ich und die anderen

Die Übungen dieses Kapitels dienen dazu, die Schüler/innen bei der Entwicklung eines elementaren »Kontakts zu sich selbst« – zu den eigenen Gefühlen, Bedürfnissen und Wünschen – zu unterstützen und ihnen ihre Bezogenheit auf andere Menschen bewusst zu machen. Sie sollen den Schüler/innen helfen, ihre Einfühlung in sich und andere zu differenzieren und ein stabiles Selbstwertgefühl aufzubauen.

Das zentrale Ziel dieser Übungen, die Entwicklung einer positiven Beziehung zu sich selbst, d.h. eines positiven Selbstkonzepts, ist eine unverzichtbare Grundlage für jede Form von Liebesbeziehungen (»Liebe den anderen *wie* dich selbst«) und stellt daneben den wichtigsten Ansatzpunkt für jede Form von pädagogischer Präventionsarbeit dar, in unserem Zusammenhang also vor allem für Missbrauchs- und Gewaltprävention. Entsprechend dieser Ausrichtung auf die Identitätsstabilisierung liegt der Schwerpunkt des Kapitels mehr auf dem »Ich« als auf »die anderen«. Übungen zur Einfühlung in andere finden sich in Kapitel »Körper, Sinne, Bewegung und Vertrauen« (S. 45ff.). Weitere Anregungen dazu finden sich auch in: Sengebusch/Potrz 1990, S. 79ff., 98ff.; Sielert u.a. 1993, S. 245ff.; Braun 1992a, S. 20ff.; Aliki 1994; Herrath/Sielert 1991, S. 4ff. (als Lektüre für Kinder); Kribbeln im Bauch 1986 (als Lektüre für Jugendliche).

Gesammelte Gefühle

Thema:	(Angenehme und unangenehme) Gefühle
Fach:	Deutsch und fächerübergreifend
Einbettung:	–
Alter:	bis 12
Zeit:	1–2 UE
Material:	TA oder Wandzeitung oder 2–3 ABs
Literatur:	A: Sanders/Swinden 1992, S. 93ff. D: Aliki 1994

Ziele:

- Gefühle benennen und klarer differenzieren können;
- Ermutigung, die eigenen Gefühle zu reflektieren und ernst zu nehmen;
- Bereitschaft, über die eigenen Gefühle zu sprechen und auf Gefühlsäußerungen anderer zu achten und einzugehen.

Ablauf:

- Auf einer Wandzeitung oder AB oder TA steht eine Auswahlliste von Adjektiven, die Gefühle bezeichnen (→ AB 1). Die L gibt ein oder zwei Sätze vor, in denen diese Wörter vorkommen, z.B.: »Ich bin ganz *aufgeregt*, wenn ich auf eine Geburtstagsparty gehe.« – »Ich bin manchmal *verletzt*, wenn mich jemand scharf kritisiert.«
- Arbeitsphase (schriftlich oder mündlich): Die S bilden ähnliche Sätze mit den vorgegebenen Wörtern oder mit neuen Wörtern, die der Liste hinzugefügt werden. Diese Arbeitsphase kann mit einer Zwischenfrage (an alle S) unterbrochen werden: »Wie fühlst du dich im Augenblick? Suche dir ein Wort aus, das dein augenblickliches Gefühl am besten beschreibt.«
- In einer zweiten Arbeitsphase können analog dem obigen Ablauf Redewendungen, die Gefühle bezeichnen, in Sätze eingefügt werden (→ AB 2). Beispiele: »*Es bringt mich total auf die Palme*, wenn mein Bruder mit meinem Fahrrad fährt, ohne mich zu fragen.« – »*Mich kotzt es an*, wenn die Jungs so blöde Witze über die Mädchen machen.« Je nach Alter der S und ihrer Vertrautheit mit dem Thema können diese von der L vorgegebenen Beispiele mehr oder weniger deutlich auf den Bereich Liebe/Freundschaft/Sexualität hinlenken. Beispiele: »*Ich bleibe total cool*, wenn mich ein Mädchen anmacht, das ich nicht ausstehen kann.« – »*Es macht mich eifersüchtig*, wenn mein Freund mit einer anderen tanzt.«
- Wenn die schriftliche Übung in Einzelarbeit durchgeführt wird, dann können einzelne S, die schneller fertig sind, die Felder auf den ABs 1 und 2 mit Farben ausmalen, die ihrer Meinung nach zu den Gefühlen passen. Anschließend können die ABs miteinander verglichen werden. Wenn vorher bestimmte Farbtöne für die einzelnen Gefühlsrichtungen vereinbart wurden (z.B. grün für angenehme, freundliche Gefühle, braun für Angst und Abneigung, rot für Wut und Zorn, grau

für Traurigkeit usw. sowie schwarz für die »ganz miesen Gefühle«), fällt dieser Vergleich leichter.

Variation 1: Die Wörter/Wendungen können in Wortfelder (dargestellt als Mengendiagramme) für »angenehme Gefühle« und »unangenehme Gefühle« eingetragen werden (TA/Wandzeitung). Die Wortfelder können einander u.U. überlappen (der Überlappungsbereich sind dann »komische Gefühle« oder »unsichere Gefühle«).

Variation 2: Auf AB oder TA oder Wandzeitung werden Dinge und Tätigkeiten gesammelt, die fröhlich, traurig, wütend, ängstlich, enttäuscht usw. machen. Dies kann auch thematisch auf spezielle Situationen bezogen sein, wie z.B. »in der Familie«, »unter Freundinnen/Freunden«, »auf dem Spielplatz«, »in der Schule« usw. Daran kann ein Gespräch zu folgenden Leitfragen anschließen: »Kannst du deine angenehmen oder unangenehmen Gefühle noch weiter unterscheiden und ordnen?« – »Gibt es Gefühle, die du in letzter Zeit neu entdeckt hast?« Evtl. Gespräch zur Leitfrage: »Reagieren wir auf die gleichen Dinge alle gleich?«

Variation 3: In der Grundschule kann auch mit Bildern gearbeitet werden, die Gefühlsregungen darstellen. Eine ausgezeichnete Vorlage dafür stellt das Buch »Gefühle sind wie Farben« von Aliki (1994, besonders S. 31) dar.

Hinweis: Wenn mit Wandzeitungen gearbeitet wird, dann ist es gut, wenn diese längere Zeit im Klassenraum hängen bleiben und von den S in dieser Zeit ergänzt werden können. Eine Möglichkeit zur laufenden Ergänzung ist, alle Begriffe für Gefühle, die im Laufe der nächsten ein bis zwei Wochen in Lesestücken oder im Unterrichtsgespräch vorkommen, einzutragen.

Gesammelte Gefühle

- Wann bist du …?   - Wann wirst du …?   - Wann fühlst du dich …?

aggressiv	überrascht
gleichgültig	glücklich
angeekelt	aufgeregt
eifersüchtig	enttäuscht
zufrieden	erleichtert
verlegen	nachdenklich
nervös	cool
missachtet	schüchtern
traurig	geschockt
frustriert	verwirrt
verliebt	gereizt
ängstlich	verletzt

Gesammelte Gefühle AB 2

Aus welchen Situationen kennst du
diese Gefühle:

Es macht mich total an …

Mir stinkt es …

Es läßt mein
Herz höher schlagen …

Es bringt mich
total auf die Palme …

Mir läuft es kalt
über den Rücken …

Ich könnte vor Freude
in die Luft springen …

Ich könnte schreien …

Mich kotzt es an …

Ich kriege weiche Knie …

Mir stehen die
Haare zu Berge …

Ich fühle mich
auf den Arm genommen …

Ich fühle mich
wie neugeboren …

Ich würde mich
am liebsten verkriechen …

Ich kriege Herzklopfen …

Ich fühle mich
in die Ecke gedrängt …

Ich könnte vor Freude
die ganze Welt umarmen …

Wenn du noch Zeit hast, dann versuche, einzelne Felder mit Farben auszumalen, die deiner Meinung nach zu den Gefühlen passen.

Ich bin liebenswert

Thema: Eigenschaften von Personen; positives Selbstwertgefühl
Fach: Deutsch und fächerübergreifend
Einbettung: Verbindung mit einer Einheit über die Eigenschaften anderer
Menschen (z.B. *Menschen, die ich mag*) und über Beziehungen
Alter: ab 8
Zeit: 1 UE
Material: Papier, Stifte, Scheren
Literatur: A: Sanders/Swinden 1992, S. 79

Ziele:
- Reflexion über positive Eigenschaften (und Fähigkeiten) von mir und anderen;
- Stärkung des Selbstwertgefühls.

Ablauf:
- Die S sitzen im Kreis. Jede/r S stellt sich mit einem Satz vor, in dem er/sie eine seiner/ihrer positiven Eigenschaften erwähnt, die mit demselben Buchstaben beginnt wie der eigene Name, also z.B.: »Ich bin die mutige Martina.« »Ich bin der ausdauernde Ali.«
- Zwei (bis vier) Schriftführer/innen schreiben alle genannten Eigenschaften auf je ein großes Blatt. Wenn sich alle S vorgestellt haben, können noch weitere positive Eigenschaften gesammelt werden.
- Es werden so viele Gruppen wie Schriftführer/innen gebildet. Die Gruppen zerschneiden die Listen mit den Eigenschaften so, dass jede Eigenschaft auf einem eigenen Zettel steht. Dann werden diese auf einem Plakatbogen nach einem bestimmten Kriterium geordnet, und zwar entweder:
  - Zuordnung zu den 4 Ecken (wobei auch eine Einordnung zwischen zwei oder mehreren Ecken möglich ist): *musisch/sportlich; sozial, handwerklich; intellektuell/*»*Köpfchen*« oder
  - *in der Freizeit; in der Schule; in der Familie; für mich persönlich* oder
  - Reihung nach der Wichtigkeit der Eigenschaften oder danach, was die positivsten Eigenschaften sind (entlang einer senkrechten Achse, siehe Hinweis).
- Diskussion der Ergebnisse der Gruppenarbeit, vor allem der Unterschiede in den Anordnungen.
- Abschluss: Die S stellen sich noch einmal vor, indem sie sich drei Eigenschaften auswählen (aus den schon genannten und neue), die sie in der nächsten Zeit noch weiterentwickeln wollen, also z.B.: »Ich bin Erkan. Ich bin stark, kann gut rechnen und bin hilfsbereit.« – »Ich bin Sabine. Ich bin flink, bin gut in Judo und kann gut Aufsätze schreiben.«

Variation 1: Der Stabreim bei der ersten Vorstellung in der Grundversion dient dazu, dass auch an nicht so häufig vorkommende Eigenschaften gedacht wird und dass die Hemmung, sich selbst zu loben, abgebaut wird. Wenn die S beides auch ohne diese Stütze tun, kann der Stabreim wegfallen. Dabei können auch Fertigkeiten (*gut Schifahren können, schön singen können*) genannt werden, wobei jede/r S drei Eigenschaften/Fertigkeiten aufzählen sollte.

Hinweis: Die Reihung nach *mehr oder weniger positiv* ist etwas problematisch und sollte daher nicht unkritisch eingesetzt werden. Im Gespräch darüber sollte deutlich werden, dass es keine allgemein gültige und eindeutige Hierarchie dieser Eigenschaften gibt, sondern dass die weiter unten rangierenden Eigenschaften u.U. einen besonderen Anwendungsbereich haben, und dass die Reihenfolge von den persönlichen Einstellungen der Menschen abhängt, die diese Eigenschaften sortieren.

Die Skala (senkrechte Achse), entlang derer die Eigenschaften gereiht werden, sollte von »weniger positiv« bis »sehr positiv« reichen (und nicht bei Null oder gar bei »negativ« anfangen).

Das letzte Wort über die Einordnung einer Eigenschaft sollten diejenigen haben, die sie genannt haben. Als »schlechte Eigenschaft« sollte nur bezeichnet werden, was der/die Betreffende an sich selbst als solche empfindet.

Was ich brauche, was ich möchte

Thema: Bedürfnisse, individuelle Bedürfnishierarchien
Fach: Deutsch, Sachunterricht, Kunst
Einbettung: –
Alter: bis 13
Zeit: 1 UE
Material: Papier, rote und grüne Stifte, Klebstoff
Literatur: A: Sanders/Swinden 1992, S. 82

Ziele:

- Die S sollen ihre eigenen Wünsche und Bedürfnisse erkennen und ausdrücken können;
- sie sollen erkennen, dass diese für sie unterschiedlich wichtig sind und dass es einen Unterschied zwischen Bedürfnissen und Wünschen gibt;
- sie sollen erkennen, dass es unterschiedliche individuelle Bedürfnishierarchien gibt und dass es wichtig ist, für sich selbst Prioritäten zu setzen und dazu zu stehen.

Ablauf:

- Einstieg: Gespräch über Wünsche und Wunschzettel (zu Weihnachten oder zum Geburtstag). Sammeln möglichst vieler Wünsche. Dann weitere Leitfrage: »Was davon brauchst du wirklich? Könntest du auch ohne ... leben?«
- Arbeitsphase: Die S zeichnen kleine Bilder (z.B. im Notizzettelformat 10 × 10 cm) von »Personen und Dingen, ohne die ich nicht leben könnte« (mit roten Stiften) und von »Dingen, die ich haben möchte, ohne die ich aber leben kann« (mit grünen Stiften). Wenn die Bilder auf ein großes Blatt gemalt wurden, so werden sie nachträglich ausgeschnitten.
- Die S nehmen ein leeres Zeichenblatt, malen sich selbst in die Mitte oder schreiben »Ich« dorthin. Dann gruppiert jede/r S für sich die roten und grünen Bilder so um diese Mitte herum, dass der Abstand die Stärke und Wichtigkeit des Bedürfnisses bzw. Wunsches darstellt. Dabei ist es wichtig, dass die Bilder einige Zeit hin- und hergeschoben werden, bis die/der S mit der gefundenen Aufteilung zufrieden ist. Diese Phase des Verschiebens dient der eigentlichen Bewusstwerdung über die subjektive Gewichtung von Bedürfnissen. Erst ganz zuletzt werden die Bilder festgeklebt.
- Auswertungsgespräch: »Was habt ihr ganz nah in die Mitte geschoben?« – »Hast du viel hin- und hergeschoben?« – » Hast du deine Meinung über einige Wünsche und Bedürfnisse geändert während des Herumschiebens?« – »Ist dir jetzt klarer, was der Unterschied zwischen deinen Wünschen und deinen Bedürfnissen ist?« – »Gibt es vielleicht einige Bilder, die du jetzt in der anderen Farbe malen möchtest

(weil du gesehen hast, dass sie dir wichtiger sind, als du gedacht hattest, oder nicht so wichtig, wie du gedacht hast)?«

● Zuletzt werden die Blätter im Klassenraum aufgehängt und verglichen. Wenn einzelne S ihr Blatt für sich behalten wollen, so sollte dies unbedingt respektiert werden.

Variation: Beim Vergleichen der verschiedenen Aufteilungen kann auch auf die Unterschiede zwischen Jungen und Mädchen eingegangen werden – wobei sich vielleicht zeigt, dass dieser so groß gar nicht ist. Ähnlich können Unterschiede zwischen S verschiedener Nationalitäten betrachtet werden. Dabei ist es wichtig, dass die Sichtweise von Minderheiten jeweils dem Rest der Klasse verständlich gemacht wird. Die Differenzierung nach verschiedenen Formen von Bedürfnishierarchien darf nicht zu einer Ausgrenzung führen, sondern sollte Wissen um die Gründe für die je andere Sichtweise vermitteln und so Einfühlung und Verständnis anbahnen.

Was ich will – was du willst

Thema: Bedürfnisse mitteilen und Wünsche aushandeln
Fach: Deutsch
Einbettung: Es sollten einfachere Übungen zu den eigenen Bedürfnissen in
             früheren Schuljahren vorausgegangen sein (z.B. → *Was ich brauche,
             was ich möchte*)
Alter: ab 16
Zeit: 1 UE
Material: AB oder Blätter, Stifte
Literatur: A: Sielert u.a. 1993, S. 245

Ziele:

- Reflexion der eigenen Wünsche und Bedürfnisse in Bezug auf Partnerschaft und Sexualität;
- Erweiterung der Kommunikationsfähigkeit darüber;
- Aufbau von Kompetenzen zur Kompromissfindung bei divergierenden Wünschen;
- Weckung der Bereitschaft, sich bei Partnerschaftskonflikten Hilfe durch Freund/innen oder Berater/innen zu holen.

Ablauf:

- Die S werden gebeten, auf einem Blatt (evtl. → AB) zu folgenden Fragen Stellung zu nehmen: »Was erwarte ich in Bezug auf Partnerschaft, Zärtlichkeit und Sexualität von meinem Partner/meiner Partnerin?« – »Wie weit würde ich den Wünschen meines Partners/meiner Partnerin in Bezug auf Partnerschaft, Zärtlichkeit und Sexualität entgegenkommen, und wo sind meine Grenzen?« Die Antworten sollten möglichst prägnant und leserlich geschrieben sein.
- Vor Beginn der Arbeitsphase wird den S der weitere Ablauf deutlich erklärt, und falls es sich in der Klasse nicht ohnehin von selbst versteht, sollte darauf hingewiesen werden, dass von niemandem erwartet wird, mehr zu schreiben, als er/sie im Rahmen der Klasse den anderen mitteilen will.
- Die Blätter werden so auf dem Fußboden ausgelegt, dass alle herumgehen und sie lesen können. Dazu können Kommentare abgegeben werden.
- L: »Suche dir nun ein Blatt aus, auf dem Bedürfnisse und Wünsche bzw. Erwartungen an den Partner/die Partnerin geäußert werden, die in wesentlichen Punkten nicht deinen Bedürfnissen und Wünschen bzw. Vorstellungen entsprechen.«
- Die S, die ein solches Blatt gefunden haben, können nun fragen, wer es geschrieben hat und ob er/sie bereit wäre, mit ihm/ihr in eine Diskussion einzusteigen. Dabei können sowohl gleich- als auch gemischtgeschlechtliche Paare entstehen. Es besteht die Möglichkeit, das Diskussionsangebot abzulehnen (»Mit einem/ei-

ner, der/die denkt wie du, würde ich sowieso nie eine Beziehung eingehen, also brauche ich das auch mit dir nicht auszudiskutieren«). Schreiber/innen, die anonym bleiben wollen (»sich nicht outen wollen«), müssen sich nicht zu erkennen geben.

● Die Diskussion(en) sollte(n) möglichst realistisch unter der Prämisse geführt werden: »Wenn ich mit dir zusammen wäre, dann ...« Sie können an einem speziellen Tisch in der Mitte des Raums stattfinden (während alle anderen die Diskussion verfolgen) oder parallel in mehreren Ecken des Raumes.

● Wenn beide nicht mehr weiterkommen, kann auch ein/e »Vermittler/in« oder »Partnerschaftsberater/in« aus der Runde hinzugezogen werden. Diese/r hilft, Meinungsverschiedenheiten zu klären, macht Vorschläge, unterstützt die Diskutierenden in der Formulierung eigener Wünsche und Vorstellungen und ermutigt sie, zu ihren persönlichen Wünschen und Einstellungen zu stehen und diese gegenüber dem Partner/der Partnerin geltend zu machen.

Variation 1: Falls die realistische Diskussion den S zu nahe geht, können die Diskussionen auch als Rollenspiele geführt werden mit dem Thema: Ein Paar klärt miteinander Wünsche und Erwartungen aneinander ab.

Variation 2: Wenn das Verhandeln von Unterschieden noch zu schwierig ist, so können auch Paare mit Gemeinsamkeiten zusammenkommen und sich darüber unterhalten.

Hinweis: Die Fragestellung gestattet es, mehr auf allgemeine Partnerschaftsvorstellungen (wie Treue, Kinderwunsch, Wohnformen usw.) einzugehen oder auf sexuelle Bedürfnisse und Erwartungen im engeren Sinne zu sprechen zu kommen. Die L sollte es den Diskutierenden überlassen, ihre eigene Schwerpunktsetzung vorzunehmen und sich nur so weit an »heiße Eisen« heranzuwagen, wie es ihnen angenehm ist. Die Übung sollte damit Raum geben, auch heikle Themen anzusprechen, ohne dass ein Druck in diese Richtung ausgeübt wird.

Was ich will – was du willst AB

1. Was erwarte ich in bezug auf Partnerschaft, Zärtlichkeit und Sexualität von meinem Partner/meiner Partnerin?

----

2. Wie weit würde ich den Wünschen meines Partners/meiner Partnerin in bezug auf Partnerschaft, Zärtlichkeit und Sexualität entgegenkommen und wo sind meine Grenzen?

Körper, Sinne, Bewegung und Vertrauen

Die Übungen dieses Kapitels dienen schwerpunktmäßig der Schulung der Sinne, der Förderung von Vertrauen und von nicht verletzendem, angenehmem Körperkontakt und der Entwicklung des Körpergefühls. Sie eignen sich besonders für den Sportunterricht und für Musik- und Bewegungserziehung, daneben aber auch als Aufwärmübungen (vor allem die Übungen im Unterkapitel *Warming-ups*) vor körperbezogenen und interaktiven Arbeitsformen sowie zur Auflockerung von Doppelstunden oder als Spiele bei Klassenfahrten. Einige dieser Übungen erfordern viel Platz und sind deshalb am besten in der Turnhalle oder draußen zu machen (z.B. als Teil des Sportunterrichts, vgl. Biermann/Schütte 1995, S. 51ff.).

Den besten Zugang zu diesen Übungen finden Sie, wenn Sie sie selbst einmal machen – mit Freund/innen, Kolleg/innen oder in einer Fortbildungsgruppe. Einige der Übungen sind auch für einen Elternabend zum Thema Sexualerziehung geeignet (als Beispiele Ihrer Arbeitsweise sowie als Übungen zur Verringerung der Distanzschwelle und zur Hinführung auf körperbezogene, sinnliche Thematiken). Außerdem wäre es einen Versuch wert, Teambesprechungen unter Kolleg/innen zum Thema Sexualpädagogik einmal mit solchen oder ähnlichen Übungen zu beginnen, wodurch u.U. die Atmosphäre entspannt und die Kooperationsbereitschaft gefördert werden kann (für den Anfang empfiehlt sich hierzu z.B. der *Gordische Knoten)*.

Die folgenden Übungen sind prinzipiell in allen Klassenstufen durchführbar, so weit sich die Schüler/innen darauf einlassen. Dabei hängt es mehr von der Einstellung der Lehrkraft und von der Vertrautheit körperbezogener Arbeitsformen als vom Alter der Schüler/innen ab, ob eine Arbeitsform gut läuft oder nicht.

Wie bei allen schulischen Arbeitsformen ist auch hier eine allmähliche Gewöhnung sowie eine ruhige und sichere Anleitung durch die Lehrkraft erforderlich. Lassen Sie sich nicht durch Anfangsschwierigkeiten entmutigen – einige Kolleg/innen berichten, dass es oft ein bis zwei Jahre braucht, bis solche Übungen – dann aber mit Begeisterung – aufgenommen werden!

Da im Kindergarten ähnliche Spiele weit verbreitet sind, ist es vorteilhaft, wenn in der Grundschule möglichst früh, am besten ohne Unterbrechung, weiter darauf aufgebaut wird. Je später damit angefangen wird, umso schwieriger wird es.

Zum Problem der Verletzung von Distanzgrenzen bei Berührungsspielen. Viele der Übungen in diesem Kapitel beinhalten unterschiedliche Formen von Körperkontakt, die u.U. von einzelnen Schüler/innen als unangenehm empfunden werden oder sie an früher erlittene Übergriffe erinnern können. Die Lehrkraft sollte bei diesen Übungen daher darauf achten, dass allen Schülerinnen und Schülern bewusst ist,

- dass sie die Möglichkeit haben, diese Übungen nicht mitzumachen bzw. jederzeit auszusteigen (und wieder einzusteigen), ohne einen Imageverlust zu erleiden, und
- dass es sich um Übungen handelt, die gegenseitige Rücksichtnahme, Vertrauen, Vorsicht und Einfühlung erfordern und einüben – was aber genau dann ins Gegenteil verkehrt wird, wenn etwas gemacht wird, was dem/der anderen nicht gefällt.

Sollte es dennoch einmal vorkommen, dass sich ein/e Schüler/in belästigt fühlt, so kann dies als Anlass für ein Gespräch über Persönlichkeitsgrenzen, angenehme und unangenehme Berührungen und über den Respekt vor anderen dienen. Als Ergebnis sollte in der Klasse bzw. Gruppe ein Konsens darüber erzielt werden, welche Berührungen »okay« sind und welche nicht.

Keine Maske

Thema: Sensibilisierung von Haut- und Tastsinn, Kontakt mit sich selbst
Fach: Sport, fächerübergreifend
Einbettung: –
Alter: ab 12
Zeit: 20–30′
Material: –
Literatur: –

Ablauf:

Die S sitzen (evtl. auf dem Boden, Rücken angelehnt), die L liest langsam, mit ruhiger und deutlicher Stimme und mit ausreichend langen Pausen (nach jedem Punkt) den folgenden Text vor:

- Führe deine Handflächen langsam an dein Gesicht heran, lege sie darauf und lasse sie eine Weile dort ruhen.
- Fühle nun mit deinen Fingern als Erstes deine Stirn, ihre Ausdehnung, ihre Haut, darunter den festen Knochen.
- Dann wandere mit den Fingerspitzen herab zu den Augenbrauen und Augenhöhlen.
- Betaste die Augenwimpern und Augenlider.
- Taste dich weiter zur Nase und befühle sie von der Nasenwurzel bis zu den Nasenlöchern.
- Versuche, deine Nase etwas zu bewegen.
- Streiche langsam von der Nase aus über die Wangen und spüre die Wangenknochen und den Kaumuskel.
- Gehe nun zu deiner Oberlippe und befühle sie. Spüre die feine Rinne zwischen Nasenscheidewand und Oberlippe.
- Spüre nun deinen ganzen Mund.
- Versuche, deine Lippen leicht hin- und herzuschieben und darunter deine Zähne zu erfühlen.
- Jetzt wandere weiter nach unten und spüre dein Kinn und deinen Unterkiefer.
- Wandere weiter bis zum Ohrläppchen und taste am Rand des linken Ohrläppchens entlang. Du kannst es auch zwischen Daumen und Zeigefinger nehmen.
- Jetzt erkunde das ganze linke Ohr, die Außenseite und das Innere der Ohrmuschel bis zum Gehörgang.
- Mache nun dasselbe mit dem rechten Ohr.
- Wandere jetzt weiter nach hinten zum Haaransatz. Streiche über dein Haar und spüre deine Kopfhaut.
- Ertaste die einzelnen Rundungen und Vertiefungen deines Schädels.

- Streiche zum Abschluss noch einige Male mit deinen Fingerkuppen von oben nach unten über dein Gesicht und verabschiede dich mit deinen Händen von deinem Gesicht.
- Bleibe noch ein wenig sitzen und atme tief ein und aus, bevor du in diesen Raum zurückkehrst.

Frage: Was hast du in dieser Übung alles gespürt?

Hinweise: Die L sollte den Text mindestens einmal vorher durchgelesen haben. Unter Umständen ist es günstig, den Text dem persönlichen Sprachstil anzugleichen. Die S sollten vor dieser Übung die Gelegenheit haben, sich die Hände zu waschen (vor allem bei Akne wichtig).

Variation: Ebenso wie das eigene Gesicht lassen sich andere Körperteile erfühlen: Eine Hand erkundet die andere, beide Hände erkunden zuerst den einen, dann den anderen Fuß. Das Erfühlen der Hände lässt sich auch als Partnerübung durchführen (mit gegenseitigem Austausch am Ende). In einer Fantasiereise (liegend, leise Musik im Hintergrund, im Anschluss an eine Entspannungsübung) kann auch der ganze Körper durchwandert werden, die inneren Organe oder (in Mädchengruppen) die inneren Geschlechtsorgane (→ *Fantasiereise*).

Lotsenspiel

Thema: Vertrauen, Körperbeherrschung, Wachheit der Sinne
Fach: Sport, fächerübergreifend
Einbettung: –
Alter: beliebig
Zeit: 15´
Material: Stühle oder andere Hindernisse
Literatur: –

Ablauf:

● Die S stehen alle in einem großen Kreis. In der Kreisfläche stehen in unregelmäßiger Verteilung mehrere Hindernisse, wie z.B. Stühle, Tische, Kästen, Papierkörbe, Schultaschen o.Ä.

● Einer/Einem S (S$_1$) werden die Augen verbunden, oder sie/er hält sie zuverlässig geschlossen. S$_1$ versucht nun ganz vorsichtig, den Kreis zu durchqueren. Die umstehenden S können S$_1$ durch lockende oder wegscheuchende Geräusche so lenken, dass sie/er nicht an die Hindernisse stößt. Dabei wird sich im Laufe von ein, zwei Runden erst allmählich herausstellen, welche Geräusche sich dazu eignen. Unter Umständen werden sich ziemlich bald Geräusche einstellen, wie sie gegenüber Tieren zum Anlocken und Wegscheuchen gebraucht werden.

● Am Anfang jeder Runde sollten die Hindernisse etwas umgestellt werden.

Sessel bauen

Thema: Tastsinn, Körperkontakt, Vertrauen
Fach: Fächerübergreifend
Einbettung: Diese Übung setzt Vertrautheit mit Körperkontakt in der Gruppe/Klasse voraus
Alter: beliebig
Zeit: 20´
Material: –
Literatur: –

Ablauf:

- Die L erklärt den Ablauf der Übung und weist darauf hin, dass nur die erste Phase eine Partner/innen-Übung ist.
- Die S bilden Zweiergruppen und vereinbaren, wer A und wer B ist. Alle As sind nun »Designer/innen«, alle Bs Material für einen Sessel. Durch Zurechtrücken, -drehen, -setzen usw. formen die As aus ihren Partner/innen einen Sessel, den sie immer wieder ausprobieren und weiterentwickeln, während die Bs völlig passiv bleiben (ca. 5 Minuten).
- In einer zweiten Phase probieren die As alle Sessel durch und stimmen ab, welcher der bequemste von allen ist.
- Danach Rollenwechsel und Aussprache.

Blind führen

Thema: Vertrauen, Verantwortung, Empathie
Fach: Sport, fächerübergreifend
Einbettung: –
Alter: –
Zeit: 30′++
Material: Turngeräte (in der erweiterten Variation 1)
Literatur: –

Ablauf:
- Die S suchen sich jeweils ein/e Partner/in, zu der/dem sie Vertrauen haben. Eine/r von beiden schließt die Augen, die/der andere nimmt ihn/sie bei der Hand und führt ihn/sie durch den Raum. Der/Die Führende hat die volle Verantwortung für den/die Geführte/n, also vor allem dafür, dass er/sie nicht stürzt, nirgends anstößt und nicht mit anderen Paaren zusammenstößt.
- Nach einigen Minuten Wechsel.
- Aussprache (zuerst innerhalb der Paare, dann evtl. im Plenum): Wie war das für dich? Hat sich der/die Geführte sicher gefühlt? Was hätte der/die Führende besser machen können? War es schwer zu führen?

Variation 1: Wenn die Übung bekannt ist, kann sie auf das Schulhaus oder das ganze Schulgelände ausgedehnt werden. Findet sie in der Turnhalle statt, so können auch Geräte mit einbezogen werden (über Kasten klettern, auf einer Bank balancieren, durch einen Reifen klettern usw.). Entsprechend können im Klassenzimmer Stühle, Tische u.a. einbezogen werden. Tritt ein/e S irgendwo daneben, ist es der Fehler des/der Führenden! Es sollte allen S klar sein, dass solche »Führungsfehler« unbedingt zu vermeiden sind.

Variation 2: Die Führung erfolgt nicht durch ein Halten an der ganzen Hand, sondern nur durch das Halten eines Fingers oder (im Extrem) durch ein Aufeinanderlegen von Fingerkuppen.

Variation 3: Besonders spannend (und anspruchsvoll) wird diese Übung, wenn der/die Geführte nicht weiß, wer sie führt. Dazu bilden sich zunächst Paare wie oben, nur statt eines einfachen Wechsels tritt ein Partner/innentausch ein: Die, die zunächst die Augen offen hatten, schließen sie. Die anderen machen die Augen auf und suchen sich eine/n neue/n Partner/in, den/die sie dann führen.

Variation 4: Statt mit Körperkontakt kann auch mit der Stimme geführt werden, indem der/die Führende den Namen des/der Geführten ruft. Dabei kann er/sie anfangs einen Schritt vorausgehen, später auch mal über größere Distanz hinweg rufen (Vorsicht vor Hindernissen!). Diese Übung sollte nur in einem Raum ohne Verletzungsgefahr (z.B. Turnhalle) durchgeführt werden.

Hinweis: Diesen Übungen sollte zur Steigerung der Beweglichkeit und zur Senkung der Verletzungsgefahr eine Warming-up-Übung vorausgehen.

Variation 5 (Schlange blind führen): Eine Gruppe von 5–6 S stellt sich hintereinander auf, der/die Hintere fasst den/die Vordere/n an den Schultern (oder, wenn dieser Körperkontakt nicht zu kritisch ist, an den Hüften). Alle bis auf den/die Vorderste/n (»Kopf«) schließen die Augen. Der »Kopf« führt den »Drachenschwanz« langsam durch den Raum. Er trägt die volle Verantwortung für die anderen. Der Schwanz darf nicht abreißen. Nach einigen Minuten trennt sich der »Kopf« vom Schwanz und schließt sich hinten an (Augen zu!). Jetzt ist der/die nächste S der »Kopf« und führt.

Pizza backen

Thema:	Warming-up, Körperkontakt, Hautsinn, Empathie, basale Stimulation in der Sonderpädagogik
Fach:	Fächerübergreifend
Einbettung:	–
Alter:	beliebig
Zeit:	20´+
Material:	Decken oder Matten
Literatur:	–

Ablauf:
- Die S bilden Paare nach eigener Wahl. Eine/r von beiden legt sich auf die Decke/Matte, die/der andere kniet daneben.
- L (mit S als Partner/in): »Wir backen jetzt zusammen eine Pizza. Der Rücken eurer Partnerin/eures Partners ist eure Arbeitsfläche in der Küche. Zuerst müssen wir sie einmal sauber machen.« – L macht vor, wie (imaginäre) Teigreste abgekratzt und weggewischt werden.
- In ähnlicher Weise beschreibt die L den gesamten Vorgang des Pizzabackens und setzt ihn in Bewegungen/Berührungen auf dem Rücken der Partnerin/des Partners um, die von den S ungefähr nachgeahmt werden: Mehl ausschütten, Trichter hineinmachen, Ei aufschlagen und hineinplumpsen lassen, Salz und Hefe oder Sauerteig hinzugeben, Teig lange kneten, gehen lassen, zuletzt auf Blech ausrollen. Belag der Pizza auftragen: Tomaten, Käse, Oliven, scharfe Pepperoni usw. Ofen anwärmen (Hände warm reiben und auf den Rücken legen), Pizza hineinschieben, dann immer weiter heizen, Pizza herausnehmen, aufschneiden und – Guten Appetit!

Variation: Nach dem Wechsel muss nicht unbedingt noch einmal Pizza gebacken werden. Es bietet sich z.B. auch ein Apfelstrudel an. Rezepte dazu finden sich in jedem guten Kochbuch.

Hinweis: Diese Übung eignet sich als Massageübung auch in Klassen, in denen eine als solche direkt angesagte Massageübung zu kollektiver Verweigerung oder zu individueller Hemmung führen würde. Für Klassen, die hier schon etwas weiter sind, ist diese Übung daher vielleicht zu läppisch – als Einstieg aber ist sie optimal.

Allwettermassage

Thema: Körperkontakt, Hautsinn, Empathie, basale Stimulation in der Sonderpädagogik
Fach: Fächerübergreifend
Einbettung: –
Alter: –
Zeit: 10′+
Material: Stühle, Decken oder Matten
Literatur: –

Ablauf:
- Die S bilden Paare nach eigener Wahl. Eine/r von beiden legt sich auf die Decke/Matte, der/die andere kniet daneben.
- Die L gibt jeweils ein »Wetter« vor, das die S auf dem Körper des Partners/der Partnerin nachmachen:
  - leichter Wind: sanft über den Rücken streichen
  - starker Wind: über den Rücken streichen und ihn leicht bewegen
  - leichter Regen: ganz leicht mit einzelnen Fingerkuppen auf den Rücken trommeln
  - schwerer Regen: mit allen Fingerkuppen gleichzeitig trommeln
  - Schneefall: die Hände sanft auf verschiedene Stellen des Rückens legen
  - Sonnenschein: Hände aneinander reiben, bis sie warm werden, und auf verschiedene Stellen des Rückens legen
  - Hagel: leicht mit der Faust auf den Rücken klopfen
  - Tau: mit den Fingern wie abperlendes Wasser über den Rücken fahren
  - Nebel: mit den Fingern ganz leicht an verschiedenen Stellen berühren
- Wechsel
- Aussprache (zuerst innerhalb des Paares, dann im Plenum): War es angenehm? Was hat dir gefallen und was nicht?

Variation 1: Die Übung kann auch im Sitzen mit nach vorne geneigtem Rücken gemacht werden (gut als Auflockerungsübung im Unterricht).

Variation 2: Statt der Allwettermassage werden Wörter auf den Rücken geschrieben, die der/die andere S mit dem Hautsinn zu »lesen« versucht.

Ein Tier läuft über meinen Rücken

Thema: Körperkontakt, Hautsinn, Empathie, basale Stimulation in der
              Sonderpädagogik
Fach: Fächerübergreifend
Einbettung: –
Alter: bis 10
Zeit: 10'+
Material: Decken oder Matten
Literatur: –

Ablauf:
- Ähnlich wie in der → *Allwetter-Massage* laufen in dieser Übung Tierarten über den Rücken: Eine Maus läuft mit winzigen Füßen über den Rücken (Fingerspitzen), eine Schnecke kriecht (Daumen), eine Schlange windet sich (Handkante), eine Ente watschelt (Handflächen), ein Reh springt (die Spitzen von Daumen und zwei Fingern zusammengehalten) über den Rücken, ein Hase kuschelt sich in seine Sass (Auflegen der Handflächen) usw. – (Schnecke und Schlange sind *der* Renner!)
- Das Ganze kann in eine (am besten improvisiert erzählte) Geschichte eingebettet werden. Ein Beispiel (* = entsprechende Berührung): »Es ist früher Morgen, die Sonne steigt gerade über den Horizont, das Gras der Wiesen ist noch vom Tau ganz nass, sodass sich die Schnecken darin wohl fühlen (*). Der Fuchs (*) macht seinen letzten Streifzug, da hoppelt plötzlich ein Hase (*) aus dem Wald, zwei Rehe, die vor dem Wald äsen (*), werden vom Müllauto (*) erschreckt und springen davon (*), die Wildschweine graben noch ein bisschen im Kartoffelacker herum (*), eine Eule beobachtet sie dabei im Vorbeifliegen (*), während die Ameisen allmählich aus ihrem Bau kriechen (*). Der Bauer ist inzwischen aufgestanden und läuft noch ganz verschlafen über den Hof (*) und treibt die Kühe auf die Weide (*), die Katze legt sich in die ersten Sonnenstrahlen (*) vor die Scheune, die Mäuse (*) laufen derweil auf der anderen Seite der Scheune herum« usw.

Hängematte

Thema:	Vertrauen, Körperwahrnehmung, Gleichgewichtssinn, Entspannung
Fach:	Sport
Einbettung:	Für Regenerationsphasen in der Leistungskurve des Tages
Alter:	bis 12+
Zeit:	15´+
Material:	Musik, Hängematte, evtl. vorgefertigte Kassette mit Sprache und Musik
Literatur:	–

Ablauf:

Die S legen sich auf Matten, es läuft ruhige Hintergrundmusik.

- L: »Schließt jetzt alle eure Augen. – Spüre, wie dein Körper auf der Matte liegt. Wenn dir die Haltung unangenehm ist, dann verändere sie so, dass du ganz entspannt daliegst. – Spürst du die Fläche, mit der dein Rücken auf der Matte aufliegt, dein Po, deine Beine, dein Kopf? Spüre das Gewicht, mit dem diese Körperteile auf die Matte drücken. – Spüre, wie du an diesen Stellen die Matte ein paar Millimeter tief eindrückst.«
- L: »Ihr habt jetzt alle eure Augen zu, und ich bereite eine kleine Überraschung für euch vor.«
- Die L spannt an zwei Seilen oder an einem Seil und einer Kletterwand (oder, wenn keine Seile an der Decke vorhanden sind, zwischen zwei übers Eck stehenden Kletterwänden) eine Hängematte auf (möglichst leise).
- L: »Stelle dir nun vor, dass du mit jedem Ausatmen ein wenig schwerer wirst. Mit jedem Atemzug sinkst du etwas tiefer in die Matte ein. Und tiefer – und tiefer – und tiefer. Lass dich ganz tief einsinken.«
- L: »Du bist jetzt ganz schwer und tief eingesunken in die Matte. Ich gehe jetzt reihum zu einem/einer von euch und führe ihn/sie zu der Überraschung. Dabei lassen alle die Augen zu, die, die daliegen, und die, die geführt werden. Alle kommen dran. Niemand guckt, und niemand erzählt, was es ist, damit es für alle eine gleich große Überraschung bleibt.«
- Je ein/e S wird an der Hand zur Hängematte geführt, die so tief aufgehängt ist, dass sich der/die S bequem mit dem Po hineinsetzen kann (mit leichter Führung). Dann hilft die L der/dem S, die Beine nachzuziehen. Wenn der/die S ganz in der Hängematte liegt, wird diese langsam in Schwingung versetzt, etwas aufgeschaukelt und dann wieder sanft gebremst. Danach wird der/die S wieder an seinen/ihren Platz auf der Matte zurückgeführt.
- L: »Alle, die die Überraschung erlebt haben, liegen wieder ganz flach auf der Matte und lassen sich mit jedem Atemzug tiefer einsinken.«

● Aussprache: Wie war das für dich? Was hast vermutet, dass kommt? War es angenehm für dich, als du geschaukelt worden bist? Hast du es gespürt, wie du immer tiefer eingesunken bist?

Variation: Die L spricht den Text der Meditation auf Kassette und mischt die Musik dazu (Länge mindestens 20′). Während die Kassette läuft, hat die L ausreichend Zeit, die Hängematte aufzubauen und alle S einzeln hinzuführen.

Hinweise: Derartige Vertrauensübungen sind nur sinnvoll, wenn bereits eine entsprechende Vertrauensbasis zwischen S und L und unter den S gegeben ist. Diese Übung ist in dieser Hinsicht schon etwas anspruchsvoller, es sollten ihr daher einfachere Vertrauensübungen vorausgegangen sein. Die L sollte sich nicht davon abschrecken lassen, dass solche Übungen am Anfang immer eine Balance zwischen Ernsthaftigkeit und Gekicher sind. Meditative Arbeitsformen erfreuen sich derzeit in der Grundschule immer größerer Beliebtheit, und es gibt eine ganze Reihe von Büchern dazu (vgl. z.B. E. Müller: Du spürst unter deinen Füßen das Gras). Diese Arbeitsformen sind vielfältig einsetzbar und daher keineswegs typisch für sexualpädagogische Arbeit, aber sie haben doch immer auch einen sexualpädagogischen (Neben-)Effekt.

<hr>

Geräusche erraten

<hr>

Thema: Schulung des Gehörsinns
Fach: Musik
Einbettung: Unterrichtsreihe zur Schulung aller Sinne
Alter: Grundschule
Zeit: 15´+
Material: Geräusche erzeugende Gegenstände, Schreibzeug, Zettel;
                  Var. 1/2: Tonträger
Literatur: S: Behrend 1989; D+A: Beldermann/Beldermann 1979

Ablauf:
- Die Klasse wird in Gruppen zu je 5 S aufgeteilt. Jede Gruppe benennt eine/n »Abgesandte/n«.
- Die Gruppen stellen sich mit dem Gesicht zur Wand auf, die Abgesandten kommen zur L.
- Die L macht mit verschiedenen Gegenständen Geräusche (Papier zerknüllen, Buch zuklappen, Schlüsselbund fallen lassen, Stöckchen zerbrechen, Blatt Papier zerreißen usw.), die Abgesandten schauen zu und notieren die Geräusche der Reihe nach.
- Die Abgesandten gehen jeweils zu einer anderen Gruppe. Diese gibt an, was sie gehört hat (Konsensbildung!), der/die Abgesandte gibt die Auflösung. Für jedes richtig erratene Geräusch gibt es einen Punkt.
- Das Spiel kann aus 5 Durchgängen à 5 Geräuschen bestehen. Wenn die Abgesandten jedes Mal wechseln und die Gruppen aus je 5 S bestehen, ist jede/r einmal Abgesandte/r gewesen. Am Schluss werden die Punktzahlen verglichen. Je nach Punktzahl bekommen die Gruppen den Namen eines Tieres, das mehr oder weniger gut hört (z.B. Fledermaus, Fuchs, Eidechse, Schmetterling).

Variation 1 (schwieriger): Das Ganze kann auch mit Geräuschen von einem Tonträger gespielt werden. Die Abgesandten erhalten Einblick in die Liste.

Variation 2 (noch anspruchsvoller): Von einem Tonträger werden Töne/Melodien vorgespielt, die von verschiedenen Instrumenten erzeugt werden.

Hinweise: Wer noch ausgefallenere Übungen zum Hören finden will, der/die lese von Joachim-Ernst Behrend: Ich höre, also bin ich. Hörübungen, Hörgedanken. Berlin 1989. Einige Lehrmittelverlage produzieren Tonträger mit Geräuschspielen und dazugehöriges Bildmaterial.

Geisterbahn des Hörens

Thema: Schulung des Gehörsinns
Fach: Musik, Sachunterricht, Sport
Einbettung: Unterrichtsreihe zur Schulung aller Sinne
Alter: ab Grundschule
Zeit: 30´
Material: Geräuschquellen (s. u.)
Literatur: –

Ablauf:

- Die S legen sich in zwei parallelen Reihen so auf den Boden, dass die Köpfe jeweils zur Mitte hin liegen und dazwischen ein Gang von knapp einem Meter Breite bleibt. Alle schließen die Augen.
- Die L (evtl. mit Assistent/in) gehen bzw. kriechen langsam durch den Gang zwischen den beiden Reihen und machen dabei ein Geräusch. Die länger dauernden bzw. wiederholten Geräusche sollten dabei bereits einen Meter vor dem/der ersten liegenden S beginnen und erst einen Meter nach Verlassen des Ganges enden, damit alle S die Geräusche von beiden Seiten hören können.
- Als Geräuschquellen können dienen: der Körper (schmatzen, Zähne klappern, Kussgeräusch, Finger aus Mund schnalzen, mit Finger schnippen, klatschen u.a.), Flöte oder Kazoo, Rassel, Trillerpfeife, Tüte (aufblasen und platzen lassen), Wasser, das in eine Schüssel geschüttet wird, Streichhölzer, die angezündet werden, Stöckchen, die zerbrochen werden, Papier, das zerrissen wird, ein Tuch, das durch die Finger gezogen wird, u.v.m.
- Die Geräusche sollten nach Art und Lautstärke abwechseln. Wenn rund ein Dutzend Geräusche gehört wurden, können sich die S paarweise darüber unterhalten, wie sie es empfunden haben.
- Zuletzt Austausch im Plenum. Leitfragen: Was war angenehm, was unangenehm? Wie hast du dich dabei gefühlt? Für ältere S: Welche Rolle spielen Geräusche in intimen Situationen?

Warming-ups

Warming-ups (Aufwärmübungen) dienen dem Ankurbeln und der Auflockerung von Unterrichtseinheiten und sind mittlerweile zu einem festen Bestandteil vieler pädagogischer Konzepte geworden. Sie sollten im Schulalltag nicht fehlen, ganz gleich in welchem Fach, haben aber darüber hinaus in der Sexualpädagogik eine besondere Bedeutung:

1. Gruppenkonstitution. Am Beginn von Veranstaltungen, bei denen sich noch nicht alle teilnehmenden Schüler/innen kennen (z.B. Studientag, gemeinsamer Schullandheimaufenthalt mehrerer Klassen), dienen Warming-ups dazu, die Fremdheit abzubauen, das gegenseitige Kennenlernen zu ermöglichen und das Zusammenwachsen der Gruppe zu erleichtern. Dabei werden auch die Weichen für die weitere Entwicklung der Arbeit gestellt: Werden Fantasie und Kreativität zugelassen? Entsteht Raum für Kooperation und nichtkompetitiven Gruppengeist? Dürfen Gefühle im Arbeitsablauf aufkommen und gegenüber den anderen ausgedrückt werden? Wie »persönlich« darf das Gespräch in der Gruppe werden? Wird die Aufmerksamkeit auch auf den Körper gerichtet?

2. Aktivierung. Warming-ups können den Schüler/innen helfen, körperlich und in Bezug auf die Interaktionsbereitschaft »warm zu werden«. Sie locken sie aus der Reserve und aktivieren ihr Energiepotenzial – zunächst das körperliche und mittelbar auch das psychische.

3. Gliederung des Ablaufs. Während des Ablaufs kann ein Warming-up verschiedene Arbeitsblöcke oder Themen voneinander trennen und so ein klares Signal für den Beginn einer neuen Einheit geben. Entsprechend geeignete Übungen können eine Einheit auch abschließen.

4. Ausgleich. Als Zwischenübungen können Warming-ups dazu dienen, einen Ausgleich zwischen Anspannung und Entspannung und zwischen gedanklicher Konzentration und körperlichem Bewegungsdrang herzustellen. Dabei können sie helfen, Müdigkeit abzubauen, die Aufmerksamkeit zu regenerieren und die körperlichen Belastungen einer Arbeitsphase (z.B. zu langes Sitzen) zu kompensieren. Gerade Kinder und Jugendliche brauchen solche Unterbrechungen besonders häufig – dafür sollten sie dann aber auch kurz sein und die Arbeitsbereitschaft nicht blockieren.

5. Wechsel von Einzel- und Gruppenaktivität. Der gerade in der Sexualpädagogik wichtige Wechsel von Einzel- und Gruppenaktivität kann von Warming-ups eingeleitet werden, oder es können längere Phasen von Einzel- oder Kleingruppenarbeit durch großgruppenbezogene Warming-ups unterbrochen werden (wie z.B. *Randale, Katz und Maus*). Umgekehrt können in länger dauernde Gruppenaktivitäten mehr selbstbezogene Warming-ups eingestreut werden (wie z.B. *Stampfen*, gymnastische Übungen).

6. Dynamische Passung. Die jeweils verwendeten Warming-ups sollten zur Tageszeit und zur darauf folgenden Arbeitsform passen. Wenn konzentriert und im Stillsitzen weitergearbeitet werden soll, so empfehlen sich ruhigere Übungen (wie z.B. *Marktplatzspiel, Hüftkreisen, Räkeln*), zur Überwindung des Leistungstiefs am Nachmittag oder bei Müdigkeit am Morgen empfiehlt sich eine Abfolge von zwei bis drei aufeinander aufbauenden, im Aktivitätsniveau sich steigernden Übungen (z.B. *Räkeln, Wachklopfen, Spots in Movement*), und wenn alle Kräfte mobilisiert werden sollen und mit körperlichem Einsatz weitergearbeitet wird, dann bieten sich turbulente Spiele an (z.B. *Katz und Maus, Sockenraub*). Um die Auswahl zu erleichtern, sind die nachfolgenden Warming-ups in ruhige, mittelaktive und turbulente Übungen aufgeteilt.

7. Thematische Passung: Sexualpädagogik allgemein. Warming-ups können zum Thema der nachfolgenden Arbeitseinheit hinführen. Für die Sexualpädagogik sind dabei solche Übungen von besonderem Wert, die unverfänglichen Körperkontakt ermöglichen (z.B. die Begrüßungsformen des *Marktplatzspiels*), vorgegebene Interaktionsformen zwischen den Geschlechtern erfordern und dabei Hemmungen abbauen (fast alle Paarübungen), Sensibilität bei Bewegung und Berührung fördern und nicht-verletzenden Körperkontakt üben (*Schiffe im Nebel, Flugzeuge im Landeanflug*).

8. Thematische Passung: Spezialthemen. Einige Warming-ups können spezielle körperbezogene Erfahrungen vermitteln bzw. Erinnerungen daran wachrufen, die als Grundlage für die nachfolgende Arbeitseinheit dienen. So z.B. kann eine Einheit über Geborgenheit mit einer Übung beginnen, in der Geborgenheit körperlich erfahren oder in Erinnerung gerufen werden kann (vgl. z.B. *Hochheben*).

9. Eigendynamik. Einige Übungen, die auch als Warming-ups verwendet werden können, sind u.U. von besonderer gruppendynamischer Wirkung. Sie können z.B. das Gemeinschafts- und Gruppengefühl stärken (z.B. *Schoßsitzen*) oder die Kooperationsbereitschaft und -fähigkeit einer Gruppe auf die Probe stellen (z.B. *Gordischer Knoten*). Dementsprechend sind manche dieser Übungen etwas riskant, da sie auch gruppendynamische Probleme verstärken können.

Hinweis: Gerade in der Sexualpädagogik sollte sehr vorsichtig mit dem Verhältnis von Distanz und Nähe, mit dem individuellen Tempo der Annäherung und mit den Grenzen der Intimität umgegangen werden. Alle körperbezogenen Übungen sollten daher den Schüler/innen die Möglichkeit geben, ihr persönliches Tempo und ihre persönlichen Grenzen jeweils selbst zu bestimmen.

Ruhige Warming-ups

Thema:	Variabel (s. S. 61, Punkt 6–8)
Fach:	Alle
Einbettung:	s. S. 60f.
Alter:	Variabel
Zeit:	5–20'
Material:	– (außer bei *Aufstellen*/Variation und *Taler, Taler*)
Literatur:	–

Marktplatz (als Ankommübung)

Alle gehen schweigend durch den Raum, beachten einander nicht, sehen nur den Raum, die Gegenstände darin, berühren diese, klopfen sie ab, schauen aus dem Fenster, testen die Akustik usw. Die L gibt nach und nach folgende Anweisungen: »Allmählich werdet ihr euch bewusst, dass noch andere Menschen im Raum sind. Schaut euch nicht in die Augen, nehmt euch nur aus den Augenwinkeln gegenseitig wahr. – Jetzt schaut euch flüchtig an, streift euch wie Fremde auf der Straße kurz mit dem Blick, grüßt euch nicht, verzieht überhaupt keine Miene. – Jetzt schaut euch beim Vorübergehen kurz in die Augen. Grüßt euch mit einem Augenzwinkern, mit einem Lächeln, mit einem Winken von weitem, mit Handschlag, mit einem Diener bzw. Knicks, mit einer Umarmung – und so, wie ihr euch normalerweise begrüßt, wenn ihr euch am Morgen in der Schule über den Weg lauft.«

Gehen wie ...

Eine Variante des Marktplatzspiels, die auch als Phase in die Grundversion eingebaut werden kann: »Gehe kreuz und quer durch den Raum. Gehe dabei wie: ein/e Riese/in – ein/e Zwerg/in – Pinocchio – ein/e Ägypter/in – ein/e Geheimagent/in – ein/e Kanalarbeiter/in – ein/e Schwammerlsucher/in – jemand mit Verfolgungswahn – jemand beim Einkaufen (kurz vor Ladenschluss/kurz nach Ladenschluss) – ein/e Mann/Frau auf Aufriss – Verliebte – ein Ehepaar – eine Schwangere – junge Mädchen.«

Wachklopfen

Die S bilden Paare. Eine/r von beiden lässt im Stehen (Knie nicht durchgedrückt!) den Oberkörper nach vorne sinken und die Arme und den Kopf nach unten hängen. Der/Die andere klopft nun sanft und rhythmisch mit den flachen Händen die Arme der Länge nach ab, danach den Rücken, den Po und die Beine bis zu den Füßen. Wenn alle diese Körperteile wachgeklopft sind, richtet sich der/die S wieder auf. Dabei wird langsam Wirbel für Wirbel des Rückgrats aufeinander gesetzt. Der/Die Partner/in hält währenddessen eine Hand leicht auf die Lendenwirbelsäule. Nachdem zuletzt der Kopf auf die Wirbelsäule »aufgesetzt« worden ist, streicht der/die Partner/in vom

Scheitel über die Schultern bis zu den Füßen die Spannungen aus dem Körper. Danach Wechsel, nach dem zweiten Durchgang kurze Aussprache unter den Partner/innen und evtl. im Plenum.

Hinweis: Die Übung sollte nicht zu lange dauern, da das gebeugte Stehen für manche schnell unbequem wird. Wenn diese Übung einmal bekannt ist, kann sie ohne große Erklärung hin und wieder als morgendliche Aufweckübung eingesetzt werden.

Räkeln

Die S stehen im Kreis oder im Raum verteilt und greifen mit den Händen immer höher, wie um Früchte zu pflücken, so hoch es nur eben geht.

Aufstellen

Die Klasse wird in Gruppen zu rund 8 S aufgeteilt. Ein/e S stellt die anderen nach bestimmten Kriterien der Reihe nach auf, z.B. nach der Haarfarbe, der Körpergröße, der Schuhgröße, dem Geburtsmonat, der Geschwisterzahl. Während des Aufstellens herrscht Schweigen. Anschließend kann über die Übung gesprochen werden (wenn sie nicht als wiederkehrendes Warming-up eingesetzt wird): »Hat es ohne Reden geklappt? Wie hast du dich dabei gefühlt, so herumgeschoben zu werden? Wie hast du die Kriterien gefunden, nach denen du aufgestellt wurdest?« Wenn Gewicht oder Körpergröße als Kriterien verwendet wurden, dann kann dies auch zu einem Gespräch über Gewichtszunahme, Unterschiede im Wachstumstempo in der Pubertät oder über andere körperlichen Probleme des Jugendalters führen.

Variation: Bei Kriterien, die mit dem Tastsinn feststellbar sind (z.B. Körpergröße, Schuhgröße, Haarlänge), werden dem/der Aufsteller/in die Augen verbunden.

Hinweis: Wichtig ist, dass darauf Rücksicht genommen wird, dass viele der Aufstellkriterien wunde Punkte der S sein können (z.B. Körpergröße, Gewicht). Die Übung kann ein Anlass sein, darüber zu sprechen, und sie kann helfen, die Wertung in der Unterscheidung abzuschwächen.

Aus dem Sand winden

Alle S stehen im Raum verteilt oder (besser) im Kreis. Anleitung: »Stellt euch vor, ihr seid bis zum Hals im Sand eingegraben (dabei beide Hände unter das Kinn legen, die Unterarme waagrecht). Ihr könnt euch fast überhaupt nicht bewegen. Nur ganz wenig, um die Körpermitte herum. Ihr habt nur ein paar Millimeter Spielraum, aber wenn ihr den Sand allmählich nach außen drückt, wird der Raum um euch immer größer (langsam zunehmende, möglichst rund kreisende Hüftbewegungen).« – Am Ende hüpfen alle aus dem Loch heraus.

Alternative (an warmen Tagen): Ihr seid im Schnee eingegraben ...

Taler, Taler

Etwa die Hälfte der S erhalten je einen »Taler« (Spielmünze, Mühlestein o.Ä.). Diesen Taler geben sie weiter zusammen mit einem Satz, der anfängt mit: »Ich schenke dir ...« oder »Ich wünsche dir ...« (Beispiele vorgeben!) Wichtig ist, dass die Taler zügig umlaufen und sich nicht bei Einzelnen ansammeln, denen nichts einfällt. Je nach der Atmosphäre in der Klasse können mehr oder weniger ausgefallene Beispiele vorgegeben werden, die zum Thema Sexualität in Beziehung stehen, wie etwa: »Ich schenke dir den siebten Himmel der Liebe.« Oder: »Ich schenke dir eine heiße Nacht mit dem Filmstar, der dir am besten gefällt.« Oder: »Ich schenke dir die Erfüllung deiner (feuchten) Träume.«

Als ruhige Warming-ups eignen sich auch die im Kapitel »Körper, Sinne, Bewegung und Vertrauen« beschriebenen Übungen: »Pizzabacken« (S. 53), »Allwettermassage« (S. 54) und »Ein Tier läuft über meinen Rücken« (S. 55).

Mittelaktive Warming-ups

Thema: Variabel (s. S. 61, Punkt 6–8)
Fach: Alle
Einbettung: s. S. 60f.
Alter: Variabel
Zeit: 5–20'
Material: –
Literatur: –

Marktplatz (als Kontaktübung)

Alle S gehen kreuz und quer durch den Raum (»Nicht wie im Gefängnishof!«). Die L gibt nach und nach folgende Anweisungen: »Du befindest dich auf dem Markplatz einer seltsamen Stadt, die ähnlich wie ein Chamäleon, das die Farbe wechselt, das Land wechselt, in dem sie liegt. Du verhältst dich dabei jeweils so, wie sich die Bewohner dieses Landes verhalten und begrüßt die anderen ...

(Distanziertere Formen): ... wie im *Wilden Westen* (markiger Handschlag) – ... wie bei den *Eskimos* (sich gegenüberstellen und sich wie frierend die Arme um den eigenen Oberkörper schlagen) – ... wie in *Honolulu* (sich gegenüberstehen und Beckenbewegungen wie mit einem Hula-Hoop-Reifen machen) usw.

(Engere Formen; nur bei entsprechender Atmosphäre anzuwenden): ... wie in *Sibirien* (kräftige, klopfende Umarmung mit Seitenwechsel, dazu die Formel »Gorbatschow, Gorbatschow«) – ... wie in der *Sierra Schewasja* (zart mit Daumen und Zeigefinger das Ohrläppchen des/der anderen berühren) – ... wie in *Polynesien* (die Nasen aneinander reiben und dazu »tiri-liri-li« sagen) usw.

Die Stadt liegt jetzt in Mitteleuropa, sagen wir: Deutschland. Aber nun wechselt die Stimmung. Ihr begrüßt euch: beiderseits *hochnäsig* – beiderseits *unterwürfig* – und zum Abschluss mal ganz einfach *herzlich*.«

Evtl. Abschluss: »Lauft alle durcheinander und erzählt euch etwas in einer Sprache, die es nicht gibt.«

Aussprache: »Wie hast du dich bei den einzelnen Stationen gefühlt? Was ist dir blöd vorgekommen? Was davon würdest du gerne in die alltäglichen Grußformen übernehmen?«

Auf gehts

Die S gehen kreuz und quer durch den Raum. Eine S ruft: »Auf gehts!«, und macht eine Bewegung vor (hüpfen, kriechen, schleichen, rückwärts gehen – alles ist möglich), die alle so lange nachmachen, bis der/ die Nächste ruft: »Auf gehts!«

Drei Aggregatzustände

Alle S bewegen sich kreuz und quer durch den Raum. Dazu gibt die L nach und nach folgende Anweisungen: »Bewege dich wie Wasser in seinen drei Aggregatzuständen: ... *wie Eis:* total angespannt, wie ein Roboter, ein Soldat oder eine gerade auferstandene Mumie – ... *wie Wasser:* schlaff, wankend, ziel- und antriebslos, »wie ein Schluck Wasser in der Kurve«, gurgelnd, mit verhangenem Blick – ... *wie Dampf:* aufrecht, entspannt, wie schwebend, mit hellem, wachem Geist, wie jemand, der ganz präsent, anwesend ist und sich des ganzen Raumes hier bewusst ist.

Gordischer Knoten

Alle stehen in einer Runde, heben die Hände und gehen aufeinander zu. Jede Hand greift eine Hand eines anderen (es dürfen nicht drei Hände zusammen sein!) und hält sie fest. Alle versuchen gemeinsam, durch Darübersteigen und Durchkriechen den entstandenen Knoten aufzudröseln, ohne dass die Verbindung der Hände gelöst wird. *Variante:* Das Finden der Hände wird mit geschlossenen Augen durchgeführt.

Schiffe im Nebel

Eine Hälfte der S sind die Schiffe, die andere Hälfte die Heulbojen. Die Schiffe fahren vorsichtig durch den Nebel (Augen zu) und geben als Peilsignal ein fortwährendes, leises »Tuut« von sich. Die Heulbojen sind im Raum verteilt (vor allem vor Hindernissen) und heulen laut auf, wenn ihnen ein Schiff gefährlich nahe kommt. Wechsel.

Gruppensumpf

Alle S liegen auf dem Boden und bilden einen zähen Sumpf, der an allem kleben bleibt, was ihm nahe kommt. Einzelne S waten durch diesen Sumpf, der sich um Füße und Waden schlingt, aber doch elastisch ist und langsam wieder loslässt.

Efeuranken

Alle S liegen auf dem Boden und sind schlafende Efeukeime (dazu evtl. Musik). Allmählich wird es Frühling, die Keime gehen auf. Die S richten sich langsam auf, lassen sich dabei von ihren Händen leiten und ranken sich aneinander oder für sich alleine hoch, so hoch es eben geht.
Variante: wie oben, aber mit geschlossenen Augen.

Waschstraße

Die S bilden zusammen eine »Waschstraße«: Sie stellen sich in zwei parallelen, gleich langen Reihen mit dem Gesicht zueinander auf. Der Abstand der beiden Reihen ist gerade so groß, dass eine Person dazwischen durchgehen kann. Je ein/e S stellt sich an den Anfang der Waschstraße und sagt: »Ich bin ein ganz seltener Oldtimer und darf nur ganz vorsichtig gewaschen werden.« Oder: »Ich bin ein alter Traktor, der verkauft werden soll und deshalb eine total gründliche Tiefenreinigung braucht.« usw. Dann gehen die S mit der Geschwindigkeit, die ihnen angenehm ist, durch die Waschstraße, während die anderen sie »waschen« und dabei die Vorgabe (»Waschanleitung«) beachten. Diese Übung hat den Vorteil, dass die S das Ausmaß, in dem sie von anderen berührt werden wollen, in hohem Grade selbst bestimmen können. Und wer gar nicht durchgehen will, kann sich außenherum ans Ende der Waschstraße stellen. Manche kommen auch auf die Lösung zu sagen: »Ich bin schon geputzt und muss nur noch trocken geblasen werden.«

Jammerquack

Alle S sind Jammerquacks und bewegen sich wie von der L beschrieben durch den Raum. Anleitung (mit Vormachen): »Mit diesem Spiel lernen wir eine der erbärmlichsten Kreaturen der Welt kennen: den Jammerquack. Er ist blind, kann nur gebückt (Arme in den Kniekehlen um die Beine geschlungen) und rückwärts gehen. Dabei stößt er von Zeit zu Zeit ein müdes, gequältes ›Quaak‹ aus. Sein empfindlichstes Körperteil ist der Hintern. Wenn er mit diesem anstößt, schreit er ganz jämmerlich.« *Variante für ausreichend große Gruppen:* Eine Hälfte der Gruppe sind die Jammerquacks (wie beschrieben), die andere Hälfte bildet einen Zaun mit einem Tor. Aufgabe der Jammerquacks ist es, durch Suchen und durch Hören auf die Töne der anderen das Tor zu finden und zu entkommen. Wenn alle draußen sind: Wechsel.

Statuen bauen (bewegte Version)

Beginn wie bei Spots in Movement: Alle S bewegen sich zu flotter Musik durch den Raum. Wenn die Musik stoppt, finden sich Gruppen zu drei, vier oder fünf S zusammen (jeweils von L anzugeben), und stellen einen der folgenden Begriffe als Gruppenstandbild dar: Erotik – Prüderie – Liebe – Hemmungslosigkeit – Eifersucht – Diskothek – Modenschau – Voyeurismus – Liebeskummer – Dreiecksbeziehung – Orgasmus – Pflaumenmus (Auswahl je nach Situation). Zwischen den Phasen Zeit für unstrukturierten Austausch zwischen den S.
Hinweis: Manchmal ist es notwendig, darauf hinzuweisen, dass die Standbilder unbeweglich sein müssen (oder es wird allgemein die Alternative einer pantomimischen Darstellung gewählt, was aber peinlich werden kann) und dass die Darstellungen auch allegorisch sein können (für abstraktere Begriffe und ältere S).

Karussell

Die S stehen sich in einem Innen- und einem Außenkreis gegenüber. Nach jedem »Akt« gehen die Kreise weiter, sodass ein neues Paar zusammenkommt. Aufträge für die einzelnen »Akte« sind z.B.: scheu anschauen – anlächeln – wie ein Clown bewundernd über den/die andere/n staunen – das Gesicht der/des anderen ganz genau betrachten – ruhig in die Augen blicken – beschnuppern – Grimassen schneiden – in einer unbekannten Sprache etwas erzählen – Drohgebärden machen – in einer unbekannten Sprache beschimpfen. Aussprache im Plenum.

Der Mann in der Mitte/Die Frau in der Mitte

Die S stehen alle im Kreis. Je ein/e S tritt in die Mitte und macht Bewegungen (und Töne/und Worte), die alle anderen nachmachen. L: »Alle deine Bewegungen, Töne und Worte werden von uns kopiert. Du hast für zwei Minuten magische Gewalt über uns alle.« Nach ein bis zwei Minuten Wechsel (durch L angegeben).

Hinweis: Selbst unsichere S tauen bei dieser Übung nach anfänglichen Verlegenheitsgesten (die von allen imitiert werden) auf und fühlen sich danach freier und selbstbewusster.

Ping-Pong der Emotionen

Alle S stehen im Kreis, die L fängt an: Sie geht quer durch den Kreis zu einem/einer S und sagt wie ein/e Schauspieler/in einen beliebigen Satz mit starkem Gefühlsausdruck. Beispiele: »Kann ich mitkommen?« – »Wenn ich das gewusst hätte, hätte ich mich nicht darauf eingelassen!« – »Sei doch nicht gleich beleidigt.« – »Kommst du jetzt, oder was ist?« – »Bitte verlass mich nicht in dieser schwierigen Situation!« – »Und das erfahre ich erst jetzt?« Der/Die angesprochene S macht weiter: Er/Sie geht quer durch den Kreis zu einem/einer anderen S und sagt einen anderen beliebigen Satz mit starkem Gefühlsausdruck. Dieser kann, muss aber nicht, den emotionalen Impuls des vorhergehenden Satzes weitertragen. Aussprache im Plenum.

Tauziehen

Die S bilden Paare. L: »Bitte suche dir einen Partner/eine Partnerin, mit dem/der du im Augenblick gerne einen kleinen Wettkampf austragen möchtest.« Die Paare stehen sich im Abstand von etwa einem Meter gegenüber. L: »Stellt euch vor, ihr haltet beide ein dickes Schiffstau in euren Händen. Du kannst es richtig spüren, wie es in deiner Hand liegt und sich zwischen dir und deinem Partner/deiner Partnerin spannt. – Stell dir jetzt vor, dass ihr mit diesem Tau ein Tauziehen macht. Beachte aber, dass sich das Tau nicht dehnen kann: Wenn die eine Seite anzieht, muss die andere mitgehen.«

Aussprache: »War es anstrengend? Trat der Gummibandeffekt auf? Wie fühlst du dich jetzt? Wie hat sich dein Gefühl zu deinem/deiner Partner/in verändert?«

Hinweis: Diese Übung kann besonders die ruhigen S aktivieren. Emotionale Spannungen zwischen einzelnen S können, wenn diese sich in einem Paar zusammenfinden, ausgedrückt und damit abgebaut werden. Daher ist die Aussprache am Ende hier besonders wichtig.

Turbulente Warming-ups

Thema:	Variabel (s. S. 61, Punkt 6–8)
Fach:	Alle
Einbettung:	s. S. 60f.
Alter:	Variabel
Zeit:	5–20'
Material:	– (außer bei *Eischolle*)
Literatur:	–

Randale

Tische und Stühle werden an den Rand gestellt. Alle S bewegen sich kreuz und quer durch den Raum. Wenn die L *Stopp!* sagt, frieren alle so ein, wie und wo sie gerade stehen (Standbild). Die L gibt nach und nach folgende Anweisungen: »Versuche nun, verschiedene Stimmungen durch Mimik und Körperhaltung auszudrücken:

- Bewege dich jetzt *total cool* (überheblich, keiner sieht den anderen). Stopp!
- Bewege dich jetzt *unterwürfig* (einschleimend, ohne Selbstachtung). Stopp!
- Bewege dich jetzt *hektisch* (keine Zeit, rücksichtslos, Ellbogenmentalität). Stopp!
- Bewege dich jetzt *traurig* (isoliert, gebeugt, eingezogen, verzweifelt). Stopp!
- Bewege dich jetzt *glücklich* (überschwänglich, mit offenem Herzen, teilt eure Freude mit). Stopp!
- Bewege dich jetzt *wie verliebt* (strahlt euch an, umarmt euch, nehmt euch bei der Hand ...). Stopp!«

Aussprache: Wie hast du dich bei den einzelnen Stationen gefühlt? Was fiel dir leicht? Warum? Hat das mit deiner augenblicklichen Stimmung zu tun? Wie läufst du normalerweise rum?

Verjüngungsspaziergang

Eine Übung für ältere S (oder für den Elternabend): Alle S bewegen sich kreuz und quer durch den Raum. Dazu gibt die L nach und nach folgende Anweisungen: »Bewegt euch (oder begrüßt euch) jetzt

- *wie 70-Jährige:* du hast viel Zeit, bringst Würde und Weisheit zum Ausdruck, bewegst dich gravitätisch (begrüßt euch mit würdevollem Schulterklopfen);
- *wie 40-Jährige:* du bist geschäftsmäßig, trägst Verantwortung, bist ein bisschen gestresst und hast nur begrenzt Zeit (begrüßt euch mit Handschlag);
- *wie 20-Jährige:* du bist lebhaft, blickst voller Zuversicht in die Zukunft, spürst deine Kraft und deine Sehnsucht (mit den Händen die Schultern der anderen greifend);
- *wie 15-Jährige:* du bist frisch verliebt oder flirtest mit jemandem, du bist ein bisschen unsicher oder aber provokativ und rebellisch oder zurückgezogen und unnahbar (begrüßt euch mit Umarmen oder mit coolen Gesten);

● *wie 3-Jährige:* du spielst im Sandkasten, tollst herum, bist noch ein bisschen unsicher auf den Beinen und willst mit allem, was dir in die Hände fällt, spielen, aber du weißt noch nicht so recht, was du mit den anderen anfangen sollst (begrüßt euch durch schüchternes Schauen oder zielloses Betatschen).«

Aussprache

Spots in Movement

Alle S bewegen sich kreuz und quer durch den Raum. Es läuft flotte Musik. Immer wenn die Musik stoppt, gibt die L einen Auftrag, z.B.: möglichst viele Hände schütteln, alle vier Wände berühren, (zu zweit) auf einen Stuhl steigen, sich in 2er-, 3er- usw. 4er-Gruppen zusammenballen und einander festhalten (s. u. *Atome — Moleküle*), auf den Boden legen, rückwärts gehen, jemanden an der Nase fassen usw.

Aussprache

Atome — Moleküle

Wie Spots in Movement: Alle S bewegen sich kreuz und quer durch den Raum. Es läuft flotte Musik. Immer wenn die Musik stoppt, nennt die L eine Zahl. Diese gibt an, wie viele S sich zu einer Gruppe zusammenfinden und einander festhalten müssen. Vorsicht: Wenn eine/r zu viel in die Gruppe kommt, ist die ganze Gruppe draußen. Zusätzlich zur Zahl kann angegeben werden, was die Gruppen jeweils tun müssen: hüpfen, knien, mit einer Hand winken, auf einem Stuhl stehen usw.

Katz und Maus

Ein/e S ist die Katze und versucht (evtl. unter Furcht erregendem Kreischen), die Mäuse (= alle anderen) zu fangen. Die Mäuse können sich dadurch retten, dass sie sich zu zweit aneinander klammern. Nur so sind sie unangreifbar. Die Mäusepaare dürfen aber nicht länger als 10 Sekunden beieinander bleiben. Wenn eine Maus gefangen wird, ist sie entweder tot (setzt sich auf den Boden) oder wird auch zu einer Katze.

Stampfen

Eine Übung zum Spannungsabbau nach langen Sitzphasen: Die S stehen im Kreis und stampfen von einem Fuß auf den anderen – so lange, bis es keinen Spaß mehr macht.

Alternative: Alle stampfen im 4/4-Takt, und zwar so (| = Fußwechsel):
1 | 2 3 4 1 | 2 3 4 1 | 2 3 4 usw.

Aus dem Stampfen von einem Fuß auf den anderen ergibt sich bei einer Vierteldrehung zur Seite und Vorwärtsgehen ein Regentanz. Dazu können entsprechende Gesänge angestimmt werden.

Sockenraub

Die S knien auf dem Boden (evtl. Matten/Decken auslegen). Alle haben Socken an. Die Aufgabe ist, möglichst vielen die Socken auszuziehen (und diese evtl. zu horten).

Hinweis: Das Spiel ist zwar turbulent, darf aber nicht zu Verletzungen führen (Ferse gegen Finger ist ein ungleicher Kampf!). Der Sinn ist gerade der, sich nicht mit Ruppigkeit, sondern »geschickt« zu wehren, also so, dass niemandem wehgetan wird.

Flugzeuge im Landeanflug

Ein Spiel für die Grundschule, vor allem für Jungen, als Ausgleich für die Ruppigkeit beim Sport: Alle S sind »Flugzeuge im Landeanflug«, breiten die Arme wie Tragflächen aus und schwirren durch den Raum. Wenn es eng wird, können die Tragflächen senkrecht gestellt oder im Extremfall auch mal zurückgeklappt werden. Was aber keinesfalls passieren darf, ist, dass zwei Flugzeuge auch nur leicht zusammenstoßen.

Schoßsitzen

Alle S stehen im Kreis (möglichst exakt) und gehen in kleinen Schritten in Richtung Mittelpunkt, bis sie so eng wie nur möglich zusammenstehen. Dann drehen sich alle um eine Vierteldrehung auf eine Seite und gehen langsam in die Knie, bis sie auf den Schenkeln oder Knien des/der S hinter ihnen zu sitzen kommen. Wenn der Kreis im Sitzen stabil ist, können alle gleichzeitig versuchen, den äußeren Fuß einen kleinen Schritt nach vorne zu setzen. Dann den inneren Fuß, dann den äußeren … Am Ende fällt die Runde meist in sich zusammen.

Menschmaschine

Ein/e »Maschinist/in« baut aus allen anderen S eine Maschine: Zunächst weist es/sie einer/einem S einen Platz zu und macht ihm/ihr eine Bewegung vor, die diese/r dann unentwegt weitermacht. Dann wird ein/e zweite/r S »angebaut« und auch ihm/ihr eine Bewegung vorgemacht, die fortgesetzt wird. So wird Stück für Stück eine Maschine aufgebaut, bis alle S ihren Platz im großen Getriebe haben.
Alternativen: Zu den Bewegungen können auch typische Geräusche gemacht werden (zischen, pfeifen, tuten usw.). Außerdem gibt es Maschinen, bei denen sich die Teile nur bewegen, wenn sie vom Maschinisten/von der Maschinistin angetippt werden.

Eisscholle

In der Mitte des Raums befindet sich eine Fläche aus zusammengeklebten Papierbahnen (oder einfacher, eine durch ein Seil begrenzte Fläche), auf der alle S der Klasse stehen bis auf eine/n. Diese/r erzählt die Geschichte von einer Gruppe von Pinguinen, die sich auf eine Eisscholle retten konnten, die aber langsam immer kleiner und kleiner wurde. Dabei reißt er/sie immer wieder ein Stück Papier ab oder zieht das Seil enger. Die anderen S müssen versuchen, sich auf der immer kleiner werdenden Eisscholle zu halten. Bei guter Kooperation können viele mit wenig Fläche auskommen. Das Spiel ist aus, wenn alle ins Wasser gefallen sind.

McDonalds

Alle S gehen durch den Raum. Sobald ein/e S den Namen eines Produkts aus der Speisekarte von McDonalds ruft, stellen alle S diesen Artikel so dar, wie dies vorher vereinbart worden ist. Hier ein kleiner Auszug aus der Speisekarte: »Pommes!« (mit nach oben gestreckten Armen stillstehen), »Hamburger!« (zwei S liegen aufeinander), »Big Mäc!« (drei S liegen aufeinander), »Chicken McNuggets!« (5 S hocken nebeneinander), »Eisbecher!« (zwei S bilden einen Becher, ein S das Eis darin).

Superstar

Ein/e S ist der »Superstar«, ein Teil der Klasse sind die Bodyguards und der andere Teil die Fans. Die Fans versuchen, an den Star heranzukommen, die Bodyguards versuchen, ihn abzuschirmen (sehr turbulentes Spiel).

Geschlechtsrollen

Die Unterrichtseinheiten in diesem Kapitel sollen dazu dienen,

- Geschlechtsrollenstereotype bewusst zu machen, wie sie in Medien zu sehen sind und wie sie von den Schüler/innen selbst internalisiert wurden,
- Möglichkeiten zu einer kritischen Reflexion dieser Stereotype zu eröffnen und
- zu zeigen, wo Verhaltensspielräume erweitert werden können.

Sexualität im engeren Sinne steht nur bei einzelnen Einheiten (z.B. → *Alles easy*) im Vordergrund, bei den anderen tritt sie als ein Thema unter anderen auf.

Anregungen für weitere Einheiten finden sich in u.a. in den Sammelwerken von Brenner/Grubauer 1991 (aus der Praxis der Jugendarbeit) und Büttner/Dittmann 1992 (für Kindergarten und Grundschule) sowie in der umfangreichen Literatur zur Mädchen- und Jungenarbeit, z.B. in Klees/Marburger/Schumacher 1989 und Christiansen/Linde/Wendel 1990 (zur Mädchenarbeit) sowie Sielert 1989 und Kindler 1993 (zur Jungenarbeit). Zum theoretischen Hintergrund vgl. u.a. Tillmann 1992 (Jugendforschung), Faulstich-Wieland 1991 (Koedukationsforschung) und Enders-Dragässer/Fuchs 1993 (Schulkritik)

Im Übrigen sollte nicht vergessen werden, dass Geschlechtsrollen in der Schule beileibe nicht nur dann ins Spiel kommen, wenn sie im Unterricht bewusst thematisiert werden. Alle an der Schule Beteiligten, Schüler/innen wie Lehrer/innen, bringen ihre Geschlechtsrolle mit ein. Durch die Interaktion im Klassenzimmer und auf dem Schulhof wird das Geschlechtsrollenverhalten beeinflusst. Dies kann z.B. von den Lehrpersonen ausgehen, wenn sie

- unterschiedlich mit Störungen umgehen, je nachdem, ob sie von einem Jungen oder von einem Mädchen kommen,
- Aufmerksamkeit auf Jungen und Mädchen ungleich verteilen oder
- ihnen unterschiedliche Aufgaben »entsprechend« ihrer Geschlechtsrolle zuweisen.

Weitere Anregungen zu diesem Themenbereich enthält das »Projekt 2: Die Geschichte der Geschlechterverhältnisse« (S. 186ff.).

Wir sind mehr als unsere Rollen

Thema:	(Kritik der) Geschlechtsrollenstereotype, Einfühlung in Rollen- erwartungen an das andere Geschlecht (Variation 1 und 2)
Fach:	Deutsch, Religionslehre oder Ethik, Sozialkunde
Einbettung:	–
Alter:	ab 10 (je nach Anspruch der Fragestellung)
Zeit:	1–2 UE
Material:	ABs
Literatur:	A: Sielert u.a. 1993, S. 139

Ziele:
- Sensibilisierung für und kritische Reflexion von Verhaltenserwartungen an Mädchen und Jungen;
- Entwicklung von Konzepten weniger einengender, die individuellen Fähigkeiten besser berücksichtigender Geschlechtsrollen;
- Förderung der Einfühlung in die andere Geschlechtsrolle (Variation 1 und 2).

Ablauf:
- Die S bilden in Einzelarbeit jeweils mindestens drei Sätze zu folgenden Satzanfängen: »Weil ich ein Mädchen/Junge bin, **darf** ich ...« – »Weil ich ein Mädchen/Junge bin, **muss** ich ...« – »Ich **möchte** aber trotzdem auch ...«
- Danach erfolgt ein Austausch der Ergebnisse zunächst in geschlechtshomogenen Gruppen (kurz), anschließend im Plenum (ausführlich).
- Leitfragen für das Gespräch: »Was gefällt dir an deiner Rolle als Mädchen/Junge? Welche Vorteile hast du durch sie?« – »Was gefällt dir nicht an deiner Rolle als Mädchen/Junge? Unter welchen Zwängen stehst du als Mädchen/Junge?« – »Welche Wünsche und welche Fähigkeiten hast du, die du in deiner Rolle als Junge/Mädchen nicht oder nur schwer verwirklichen kannst? Warum ist es schwer?« – (für ältere S): »Was müsste sich in der Gesellschaft ändern, damit du alles das tun kannst?«

Variation 1: Wenn Zeit bleibt, können in einem zweiten Durchgang folgende Satzanfänge vervollständigt werden (als Einzelarbeit oder als Gruppenarbeit in geschlechtshomogenen Gruppen mit einem/einer Schriftführer/in):

Mädchen:	– Wenn ich ein Junge/Mann wäre, **dürfte** ich ...
	– Wenn ich ein Junge/Mann wäre, **müsste** ich ...
Jungen:	– Wenn ich ein Mädchen/eine Frau wäre, **dürfte** ich ...
	– Wenn ich ein Mädchen/eine Frau wäre, **müsste** ich ...

Danach wie oben Austausch (in der Gruppe und) im Plenum. In unteren Klassen ist es spannender, mit diesen Satzanfängen zu beginnen.

Variation 2: Wenn diese UE in höheren Klassen, insbesondere im Fach Sozialkunde durchgeführt wird, so sollten die Ergebnisse der Diskussion zu der Frage »Was muss sich in der Gesellschaft ändern, damit ich als Mädchen/Frau bzw. als Junge/Mann alles tun darf, was ich eigentlich kann?« schriftlich fixiert werden. Die Frage »Was muss ich tun, damit ich als Mädchen/Frau bzw. als Junge/Mann meine individuellen Fähigkeiten besser verwirklichen kann?« zielt sowohl auf politisches Engagement (gegen die Diskriminierung von Frauen und Männern eintreten, die rollenuntypisches Verhalten zeigen) als auch auf persönliche Vorhaben zur Erweiterung der eigenen Kompetenzen (Kochkurse oder Selbstverteidigungstraining machen, sich vom Spott der anderen nicht beirren lassen usw.).

Mein Bild von Weiblichkeit / Männlichkeit

Thema: Subjektive Vorstellungen von Weiblichkeit und Männlichkeit
Fach: Deutsch, Religionslehre oder Ethik, Sozialkunde
Einbettung: –
Alter: ab 10
Zeit: 1 UE
Material: Viele Bilder, die direkt oder metaphorisch mit Weiblichkeit bzw. Männlichkeit assoziiert werden können (am besten im Postkartenformat; mindestens dreimal so viele wie teilnehmende S)

Problemabriss/Ziele:

Mit Bildern, die verschiedene Typen von Frauen bzw. Männern darstellen oder die mit Männlichkeit bzw. Weiblichkeit assoziiert werden können, kann das subjektive Verständnis von Weiblichkeit bzw. Männlichkeit (in geschlechtshomogenen oder -heterogenen Gruppen) bewusst gemacht und besprochen werden. Die Arbeit mit Bildern hat dabei den Vorzug, dass auch sprachlich schwer artikulierbare Aspekte thematisiert werden können und dass sprachlich nicht so gewandte Schüler/innen ein Mittel erhalten, sich auszudrücken.

Ablauf:

- Die Bilder werden auf einer Decke ausgelegt. Die S werden gebeten, herumzugehen, sich alle Bilder anzusehen und eines (in Gedanken) auszuwählen, das ihrer Vorstellung von Weiblichkeit/Männlichkeit am besten entspricht oder das einen Aspekt davon ausdrückt, der ihnen im Augenblick besonders wichtig erscheint.
- Erst nachdem alle ein Bild ausgewählt haben, nehmen die S ihre Bilder heraus und legen sie vor sich. Die übrigen Bilder werden eingesammelt. Haben zwei S dasselbe Bild gewählt, so sitzen sie nebeneinander.
- Die S haben nacheinander die Gelegenheit, etwas über ihr Bild zu sagen (Was sehe ich in dem Bild? Warum habe ich es gewählt? Was hat es mit Weiblichkeit/Männlichkeit zu tun?). Wenn der/die S fertig ist, können die anderen etwas zu dem Bild sagen. Dann geht es weiter zum nächsten Bild.
- In einem zweiten Durchgang werden die S gebeten, Bilder auszuwählen, die ihrer Vorstellung von Weiblichkeit/Männlichkeit entgegengesetzt sind, die sie abstoßend empfinden bzw. die einen Aspekt von Weiblichkeit/ Männlichkeit ausdrücken, den sie nicht akzeptieren können.
- Die Besprechung erfolgt wie im ersten Durchgang.

Variation: Erster und zweiter Durchgang können zusammengefasst werden. So kann es auch dazu kommen, dass ein Bild gleichzeitig als »positiv« und als »negativ« gewählt wird.

Mein Typ

Thema: Geschlechtsrollenbilder, sexuelle Attraktion
Fach: Fächerübergreifend
Einbettung: –
Alter: variabel
Zeit: 1 UE (Variation 1) oder weniger
Material: Plakate (Variation 1)
Literatur: –

Problemabriss/Ziele:

Bei dieser Einheit geht es darum, bewusst zu machen, auf welche Eigenschaften wir beim jeweils begehrten Geschlecht achten, worauf wir »stehen«, was wir attraktiv finden. Es geht nicht um den »Idealtyp« oder die »Traumfrau«, sondern um die ganz realen Vorzüge und Eigenschaften, denen wir im Alltag (oder evtl. auch Medienalltag) begegnen.

Ablauf:

- Einstieg mit L-Frage: »Welche Frau bzw. welchen Mann, die bzw. den du kennst, findest du toll? Was gefällt dir an ihr bzw. ihm?« Evtl. Zusatz: »Es kann auch ein/e Schauspieler/in oder ein/e Musiker/in sein, aber dann sollte sich die Eigenschaft nur direkt auf sie/ihn als Person beziehen und nicht auf die Rolle, die sie/er spielt.«
- Erarbeitungsphase: Im Gespräch werden Eigenschaften »toller Menschen« gesammelt, ggf. Fixierung durch TA in zwei Spalten (»Frauen/Mädchen« und »Männer/Jungen«). Dabei ist es wichtig, dass möglichst unterschiedliche, auch gegensätzliche Eigenschaften aus vielen Bereichen genannt werden.
- Auswertung anhand der Leitfragen: Gibt es eine gemeinsame Linie in dem, was Mädchen an Jungen bzw. Jungen an Mädchen mögen? Deckt sich das mit dem, was Jungen an Jungen und Mädchen an Mädchen mögen? Wie stehst du zu dem, was die anderen an den Vertreter/innen deines Geschlechts mögen? Hängt dies auch von der jeweiligen sexuellen Orientierung ab? Passen diese Eigenschaften nur zu dem einen Geschlecht? Wenn sich jemand bemüht, den anderen besonders zu gefallen, sollte sie/er dann versuchen, alle diese Eigenschaften gleichzeitig zu entwickeln?

Variation 1: Die Erarbeitungsphase kann auch in geschlechtsgetrennten Gruppen stattfinden. Diese sammeln die Eigenschaften auf einer Bodenzeitung (Überschrift: »Was wir an Jungen [bzw. Mädchen] toll finden«). Danach werden die Bodenzeitungen ausgetauscht, die Gruppen haben Zeit, sich über die Meinung der anderen Gruppe zu verständigen.

Schulbuchanalyse

Thema: Geschlechtsrollen, Medienpädagogik
Fach: Deutsch oder eines der Fächer, dessen Bücher analysiert werden
Einbettung: –
Alter: ab Klasse 5
Zeit: 2 UE
Material: Schulbücher
Literatur: D/A: Barz (1982); Schulbuchaktion: Wir ziehen neue Seiten
                   auf (1991) (Var. 3)

Problemabriss/Ziele:

Der heimliche Lehrplan der Schule besteht auch darin, in scheinbar geschlechtsneutralen Zusammenhängen sozialisierende Bilder von Frau- und Mann-Sein zu vermitteln. Diese UE soll zeigen, inwieweit die Lehrbücher einzelner Fächer ungleichwertige Bilder der Geschlechter vermitteln und inwieweit diese von der Realität in der Lebenswelt der S abweichen. Dies betrifft sowohl die Rollen und Tätigkeiten der dargestellten Personen wie die Häufigkeit des Auftretens von Männern/Jungen bzw. Frauen/Mädchen in diesen Büchern. Auf medienpädagogischer Ebene zielt diese UE auf eine Schärfung der allgemeinen Kritikfähigkeit gegenüber Medien, insbesondere den in der Schule verwendeten Büchern.

Ablauf:

- Gesprächskreis: Impuls: »In der Klasse höre ich immer wieder Sätze wie: *Die Mädchen sind alle ...* oder *Die Jungs sind immer so ...*« (Beispiele geläufiger S-Äußerungen, vgl. auch »Projekt 1: Sexuelle Schimpfwörter und Provokationen«, S. 181ff.). Die S können sich dazu äußern, entweder in Form von ähnlich pauschalisierenden Aussagen über »die Mädchen«/»die Jungen« oder in Form von Kritik daran.
- L: »Schauen wir doch einmal genau nach, was Mädchen und Jungen bzw. Frauen und Männer wirklich machen und können.«
- Einzelarbeit: Die S füllen den Fragebogen (→ AB 1) aus.
  L: »Wichtig ist dabei, dass du nur Tätigkeiten und Berufe von Personen angibst, die du wirklich *persönlich* kennst.«
- Plenum: Auswertung der Fragebögen auf Folie (analog → AB 2) oder auf Wandzeitung. Dabei kann deutlich werden, dass der Unterschied zwischen den Geschlechtern nicht so groß ist, wie die S vielleicht vermuten und wie er in den Medien oft dargestellt wird.
- Die S holen aus der Schulbücherei je zwei (oder drei) Exemplare der Lesebücher der Klassenstufen 2 bis 5 (oder anderer Schulbücher, siehe Variation 1). Die S

werden in 4 Gruppen eingeteilt, jede Gruppe erhält die Lesebücher einer Klassenstufe (leseschwächere S siehe unten).

- GA (1. Arbeitsschritt):
L: »Prüft nun nach, wie in diesen Büchern Jungen und Mädchen bzw. Frauen und Männer dargestellt werden. Dazu müsst ihr zuerst die Texte auswählen, die für diese Prüfung verwendet werden können.«
(Für diese Analyse sollten nur realitätsnahe Texte ausgewählt werden; es ist nicht sinnvoll, Fabeln, Märchen, Tiergeschichten u.Ä. einzubeziehen.)

- GA (2. Arbeitsschritt):
Die Texte werden ausgezählt: Welche Mädchen- und Jungentätigkeiten bzw. Frauen- und Männerberufe kommen darin vor? Sind die in diesen Texten erwähnten Mütter berufstätig? Sind die in diesen Texten erwähnten Väter auch im Haushalt tätig? (Eintrag der Ergebnisse in die Tabelle 1 auf → AB 3)

- Leseschwächere S aller Gruppen bilden zusammen eine fünfte Kleingruppe und zählen die Bilder aller Bücher aus (Eintrag der Ergebnisse in Tab. 2 auf → AB 3).

- Plenum: Auswertung der Gruppenergebnisse auf Wandzeitung oder Folie (analog zu → AB 3)

- Gespräch: Vergleich der Realität der S (wie im Fragebogen auf → AB 1 erhoben) und der Ergebnisse der Lesebuchauswertung; Gegenüberstellung in einer Tabelle auf Folie oder TA (analog zur folgenden Tabelle).

Wie wird es im Lesebuch dargestellt:	Wie ist es bei uns:
Es kommen viel mehr Jungen als Mädchen vor.	Es gibt gleich viel Jungen und Mädchen in der Klasse.
Die Abenteuerspiele spielen fast immer nur die Jungen.	Die Mädchen spielen genauso Abenteuerspiele.
Jungen spielen nie mit Puppen.	Alle Jungen in unserer Klasse haben schon einmal mit Puppen gespielt.
Die Mädchen helfen der Mutter gerne im Haushalt.	Manche Mädchen helfen gerne der Mutter, andere tun dies überhaupt nicht gerne.
Mädchen sind immer brav, sie spielen nie ..., machen nie ...	Die Mädchen in unserer Klasse spielen auch ..., toben herum und machen ...
Frauen haben nur die folgenden Berufe: ...	Frauen können auch ..., und ... sein.
Männer haben die folgenden Berufe: ...	Männer können auch ..., ... und ... sein.
Von den insgesamt ... dargestellten Müttern sind nur ... berufstätig.	Von den insgesamt ... Müttern der Klasse sind ... berufstätig.
Von den insgesamt ... dargestellten Vätern arbeiten ... im Haushalt mit.	Von den insgesamt ... Vätern der Klasse arbeiten ... im Haushalt mit.
...	...
(In Anlehnung an Barz 1982, S. 114)	

Variation 1: In ähnlicher Weise können auch die Bücher anderer Unterrichtsfächer analysiert werden, z.B. Mathematik-, Religions-, Englisch- oder Liederbücher. Die Auswertung wird dabei entsprechend der Menge der jeweils relevanten Texte mitunter kürzer sein.

Variation 2: Unter medienpädagogischer Zielsetzung kann die Analyse auch als ein Projekt zur Auswertung einer Folge einer beliebten Fernsehserie durchgeführt werden. Diese wird auf Video aufgenommen und im Unterricht nach Tab. 1 auf → AB 3 analysiert. Dabei kann die Aufnahme immer wieder unterbrochen werden, wenn die Einordnung von Tätigkeiten oder Berufen strittig sein sollte.
Wenn das Vorgehen dieser Analyse bereits vertraut ist (also z.B. nach der Durchführung einer Schulbuchanalyse wie in der Grundversion), kann in selbstständigeren Klassen die Fernsehsendung auch zu Hause angeschaut und von mehreren Gruppen parallel ausgewertet werden. Im Unterricht werden die verschiedenen Auswertungen verglichen. Bei Unstimmigkeiten ist es gut, eine Videoaufnahme der Sendung parat zu haben (kann von den S gemacht werden).

Variation 3: In einem Wettbewerb, der 1991 von dem Jugendverband der *Gemeinschaften Christlichen Lebens (GCL-J)* in mehreren Schulen Bayerns durchgeführt wurde, wurden die S aufgefordert, in ihren Schulbüchern diejenigen Seiten zu suchen, auf denen die Geschlechtsrollen und Geschlechterverhältnisse ihrer Meinung nach besonders unzeitgemäß, dumm und sexistisch dargestellt wurden.
Die S texteten und illustrierten diese Seiten in GA neu. Die Ergebnisse wurden überregional ausgestellt und prämiert, wobei sehr kreative Lösungen zu sehen waren wie etwa ein Fotobuch, in dem die ursprünglich dargestellten Putz*frauen* zu Akademikerinnen, »Bossinnen« u.a. wurden. (Die Dokumentation dazu ist unter dem Titel »Schulbuchaktion: Wir ziehen neue Seiten auf« zu bestellen bei: GCL-J, Sterngasse 3, 86150 Augsburg, Tel. 0821/ 50101-28.)

Schulbuchanalyse AB 1

Fragebogen

1. Was machen Freundinnen von dir nachmittags?

   ----

2. Was machen Freunde von dir nachmittags?

   ----

3. Welche Berufe haben Frauen, die du kennst?

   ----

4. Welche Berufe haben Männer, die du kennst?

   ----

5. Welche Berufe möchten Freundinnen von dir später ergreifen?

   ----

6. Welche Berufe möchten Freunde von dir später ergreifen?

   ----

7. Ist deine Mutter zusätzlich zum Haushalt berufstätig?

   ----

8. Ist dein Vater zusätzlich zum Beruf im Haushalt tätig?

Schulbuchanalyse Folie AB 2

Vater	Mutter	Berufswunsch Jungen	Berufswunsch Mädchen	Männer- berufe	Frauen- berufe	Jungen machen	Mädchen machen

Schulbuchanalyse AB 3

Tabelle 1

Mädchen machen	Jungen machen	Frauenberufe	Männerberufe	Mutter berufstätig?	Vater im Haushalt tätig?

Tabelle 2

	Gesamtzahl der Bilder	davon weiblich	davon männlich
Buch 1			
Buch 2			
Buch 3			
Buch 4			

Männer jammern eher

Thema: Individuelle Geschlechtsrollenstereotype
Fach: Deutsch
Einbettung: –
Alter: ab 12
Zeit: 20–30′
Material: AB
Literatur: A: Sielert u.a. 1993, S. 134

Ziele:
Bewusstmachung von (individuell unterschiedlichen) Geschlechtsrollenstereotypen

Ablauf:

- Die S erhalten je ein → AB, auf dem eine Reihe von Tätigkeiten aufgelistet ist. Sie werden gebeten, möglichst spontan anzukreuzen, was davon eher Frauen und was davon eher Männer tun.
- Das AB ist so eingeteilt, dass auch zwischen den beiden Spalten angekreuzt werden kann. Dies sollte aber nur geschehen, wenn es sich um Tätigkeiten handelt, die nach Meinung des/der S genau gleich zwischen den Geschlechtern verteilt sind. Wenn die Tätigkeit auch nur mit leichter Tendenz dem einen oder anderen Geschlecht zugeordnet wird, ist dies in den entsprechenden Spalten anzukreuzen.
- Zur Auswertung werden Stühle und Tische beiseite geräumt. Die linke Seite (von der L aus gesehen; dies entspricht der Aufteilung des ABs und erleichtert die Auszählung) wird als die Seite für »eher Frauen«, die rechte Seite für »eher Männer« festgelegt.
- Die L liest der Reihe nach die einzelnen Tätigkeiten vor, und die S stellen sich auf die Seite, die sie jeweils angekreuzt haben (bzw. in die Mitte). Auf diese Weise wird die Verteilung der »Stimmen« sehr anschaulich dargestellt.
- Bei einzelnen Tätigkeiten kann ein Austausch mit den folgenden Leitfragen stattfinden: Warum wurden sie so zugeordnet? Was geschieht mit Mädchen bzw. Jungen, die sich anders verhalten als die Mehrheit? Dieser Austausch ist dann besonders interessant, wenn auf beiden Seiten S stehen und diese beiden Seiten miteinander diskutieren.

Variation: Statt der »Auszählung« des ABs kann auch ein offenes Gespräch zu den o.g. Leitfragen geführt werden. Das AB ist dann mehr ein Aufhänger für ein tiefer gehendes sachliches Gespräch, das auch Fragen berühren kann wie: Woher stammen diese Zuschreibungen? Entsprechen unsere Vorstellungen von der Arbeitsteilung der Geschlechter noch den Bedingungen der Gegenwart? Welche dieser Zuschreibungen enthalten einem Geschlecht bestimmte Lebensbereiche vor?

AB Männer jammern eher

Das tun ...	... eher Frauen	... eher Männer
ins Fitness-Studio gehen		
ihre/seine Wut rauslassen		
computern		
ins Café gehen		
Karate trainieren		
Komplimente machen		
sich schön anziehen		
den/die andere verwöhnen		
Geschenke machen		
jemanden anmachen		
Kritik üben		
jammern		
weinen		
schmusen		
sich betrinken		
sich nicht alles gefallen lassen		
über Sex reden		
in der Disko tanzen		
nachts lange ausgehen		
Pornos anschauen		
Auto fahren		
sich selbst befriedigen		
kichern		
hart arbeiten		
freundlich sein		

Alles easy

Thema:	Sexueller Erfolg als Teil der Jungen- bzw. Männerrolle, sexuelle Prahlerei
Fach:	Fachübergreifende Jungenarbeit
Einbettung:	u.U. kann ein Bezug hergestellt werden zur Einheit → *Das erste Mal*
Alter:	ab 14
Zeit:	1 UE
Material:	Cartoon »Alles easy« (AB)
Literatur:	A: Neutzling/Fritsche 1992, S. 15
	D: Neutzling/Fritsche 1992, S. 13f; Schwadtke (1975)

Problemabriss/Ziele:

Die UE soll Einsichten in folgenden Problemzusammenhang vermitteln: Die Erwartung von sexuellem Erfolg und von sexueller Leistungsfähigkeit sind Teil der Rollenerwartungen an Jungen/Männer. Diese Erwartung des sozialen Umfelds wird von den Jungen früh internalisiert, sodass sie nicht nur von außen, sondern auch durch sich selbst unter Druck gesetzt sind, sexuelle Erfolge vorzuweisen oder, wenn noch keine vorhanden sind, diese vorzutäuschen. Glauben die anderen diese Geschichten, dann haben sie damit den Stress: Sie müssen zusehen, dass sie (im Reden oder in der Tat) mithalten können.

Die UE kann einen Anlass darstellen, über die üblichen Kommunikationsschranken hinauszugehen: Jungen reden untereinander in vielen Fällen nur wenig über tiefere Gefühle und persönliche Dinge. Deshalb bleiben Gespräche über Sexualität meist in Prahlereien und Action-Berichten hängen, während das eigene sexuelle Erleben ganz außerhalb des Horizonts bleibt. Vorstellungen wie: *Jungen sind die Macher, Sex hat toll zu sein, wer die Sache nicht ins Laufen kriegt, ist ein Versager*, behindern oft eine differenziertere Auseinandersetzung mit den wirklichen sexuellen Erlebnissen.

Die UE soll die Möglichkeit geben, über diese konventionellen Vorstellungen ein wenig hinauszugelangen, oder zumindest zeigen, dass andere Kommunikationsformen denkbar sind.

Hinweise: Gespräche über die Schwierigkeiten im Bereich des Sexuellen laufen am Anfang (wenn überhaupt) nur in geschlechtshomogenen Gruppen. Diese UE eignet sich daher nur für reine Jungenklassen oder für die Jungengruppen bei geschlechtsgetrennter Sexualerziehung.

Die Behandlung dieses Themas sollte nicht aufgeschoben werden, bis zu erwarten ist, dass alle S bereits erste sexuelle Erfahrungen haben. Realistischerweise ist immer anzunehmen, dass einige S der Klasse noch keine Erfahrungen mit Geschlechtsverkehr haben. Dieses Thema sollte daher mit dem entsprechenden Taktgefühl angegangen werden, damit nicht der Unterricht den Gruppendruck auf diese S weiter verstärkt.

Der Cartoon bietet den S die Gelegenheit, ihre Meinungen und Bedürfnisse zum Ausdruck zu bringen, indem sie die beiden »Helden« der Geschichte für sich sprechen lassen.

Inhalt des Cartoons: Micha und Ali sitzen auf einer Bank, reden über das erste Mal, haben Angst, als Versager dazustehen, und geraten ins Prahlen (1. Bild). Währenddessen kommen ihnen Gedanken an die Probleme bei den geschilderten sexuellen Erlebnissen in den Sinn (Zwischenbilder). Im letzten Bild sind beide auseinander gerückt, prahlen immer noch, haben aber den engeren Kontakt zueinander verloren.

Ablauf:

- Die S lesen den Cartoon in 2er- oder 3er-Gruppen und sprechen darüber.
- Gespräch im Plenum. Leitfragen: Wie findet ihr das Verhalten der beiden Jungen? Kennt ihr Jungen, die auch so reden? Warum erzählen die beiden nichts über ihre Schwierigkeiten beim ersten Mal? Fällt euch auf, dass die beiden auf dem letzten Bild weiter voneinander entfernt sitzen als zuvor? Woher kommt das? Wie hätten die beiden miteinander reden können, wenn sie ganz enge Freunde wären, die sich alles erzählen können?
- Gruppenarbeit: In Kleingruppen schreiben die S den Cartoon um in: »Micha und Ali packen aus.« Beide prahlen dann nicht mehr rum, sondern reden, was Sache ist.
  Vielleicht können auch ein paar Skizzen gemacht werden, die andeuten, wie die Bilder dann aussehen müssten.
- Plenum: Diskussion der unterschiedlichen Versionen. Leitfragen: Ist es realistisch, dass ein Gespräch unter Freunden so abläuft? Was müssen die beiden in ihrer Beziehung zueinander erst klarkriegen, damit so ein Gespräch möglich wird?
- In mutigeren Gruppen kann daran ein Rollenspiel anschließen, das den umgeschriebenen Cartoon-Text szenisch darstellt.

Aus: Zartbitter e.V. (Hrsg.)/R. Neutzling/B. Fritsche: Ey Mann, bei mir ist es genauso!, zu beziehen über Zartbitter e.V., Köln.

Beziehungen

Die Unterrichtseinheiten dieses Kapitels greifen verschiedene Teilaspekte des Themas *Beziehungen* auf, und zwar sowohl allgemein zwischenmenschliche wie intime Beziehungen und Kontaktaufnahme/Beziehungsanfang. Die Auswahl beschränkt sich auf je ein oder zwei Methodenvorschläge für jeden Teilaspekt des Themas.

Bei der Thematisierung persönlicher Beziehungen im Unterricht ist darauf zu achten, dass die Persönlichkeitssphäre der Schüler/innen wie der Lehrer/innen gewahrt bleibt. Dies führt manchmal zu einem schwierigen Balanceakt zwischen Distanz und Nähe und zwischen persönlichem Interesse und Diskretion. Da aber persönliche Themen immer, auch in der Kommunikation außerhalb der Schule und unter Erwachsenen, schwierig sein können und eine solche Balance erfordern, ist der Erwerb dieses speziellen Taktgefühls ein unverzichtbares Lernziel für alle Schüler/innen. Der schulische Unterricht sollte dazu seinen Beitrag leisten und Themen, an denen dies geübt werden kann, nicht meiden, sondern als Lerngelegenheit nützen.

Bei der Behandlung des Themas *Beziehungen* im Unterricht darf nicht vergessen werden, dass in einer pluralistischen Gesellschaft nicht von einem von allen anzustrebenden, einheitlichen Beziehungsmodell ausgegangen werden kann, sondern nur von einer Mehrzahl möglicher Beziehungsformen (Liebesbeziehungen unterschiedlicher Dauer, Singles, Ehe, nichteheliche Lebensgemeinschaften, Mehrfachbeziehungen), die zwar je unterschiedliche Werte verwirklichen und unterschiedlichen Lebenslagen angemessen sein können, prinzipiell aber in gleicher Weise zur Diskussion gestellt werden sollten.

Bei der Diskussion aller Beziehungsformen ist zu berücksichtigen, dass sie sowohl homo- wie heterosexuell gelebt werden können. Es sollte daher bei allen Bausteinen dieses Kapitels ebenso selbstverständlich von gleichgeschlechtlichen wie von gegengeschlechtlichen Paaren gesprochen werden – was allerdings nicht darüber hinwegtäuschen sollte, dass die Lebensbedingungen für beide Orientierungen in unserer Gesellschaft noch lange nicht gleich sind. (Vgl. dazu auch Sielert u.a. 1993, S. 210–223 [Methodenvorschläge]; Pädagogischer Kongress: Lebensformen und Sexualität 1993 [allgemeine Diskussion der Problematik des Themas *sexuelle Orientierung* in der Schule] und Dunde 1992, S. 21–23 [Überblick über Bindungsmodelle und -formen])

Weitere methodische Anregungen zum Thema »Beziehungen« finden sich im Kapitel Werte und Normen, S. 107ff. in diesem Buch, sowie bei Sielert u.a. 1993, S. 191–250 (unter den Aspekten: Beziehungsauftrag, Beziehungsbiografie und Beziehungsformen, Lust auf das eigene Geschlecht, Beziehungsthemen und Kommunikation in Beziehungen) und Sengebusch/Potrz 1990, S. 105–190 (in der Themenkombination Partnerschaft/Sexualität/Aids, entstanden in der Jugendarbeit).

Als Literatur für Jugendliche eignen sich besonders Bell 1993, S. 98–159 (mit besonderer Berücksichtigung der Entwicklung von Beziehungen, v.a. zu den Eltern) und Herrath u.a. *Sechs mal Sex und mehr* (1994, S. 67–84, 103–120; Begleitbuch zur gleichnamigen Filmserie mit den Themenschwerpunkten *Zwischen Familie und Clique* und *Beziehungs-Weisen*). Für Jugendliche geschrieben, aber ebenso als Gesprächsaufhänger für den Unterricht geeignet sind die Broschüren der Bundeszentrale für gesundheitliche Aufklärung (siehe Adressen), v.a. *Beziehungsweise(n). Über Liebe, Sex und sonst noch was* und *Na nu? Von Liebe, Sex und Freundschaft* (beide mit Ausrichtung auf Aids-Prävention, aber auch davon unabhängig einsetzbar).

Als Literatur für Kinder eignen sich u.a. Nöstlinger, *Geschichten vom Franz* und *Liebesgeschichten vom Franz* sowie einige Kapitel aus Aliki, *Gefühle sind wie Farben* (1994; emotionaler Aspekt von Beziehungen) und Herrath/Sielert, *Lisa und Jan* (1992, S. 18–25).

Beziehungsdiagramm

Thema: (Arten von) Beziehungen
Fach: Deutsch
Einbettung: –
Alter: 8 bis 15 (je nach Variation)
Zeit: 1–3 UE
Material: Papier, Tafel, Klassensatz »... Na Nu? Von Liebe, Sex und Freund-
             schaft« (kostenlos zu beziehen durch die Bundeszentrale für gesund-
             heitliche Aufklärung, 51101 Köln)
Literatur: A: Sanders/Swinden 1992, S. 81, 101; »... Na Nu?«

Problemabriss:

Problematisch an der Behandlung des Themas *Beziehungen* im Unterricht kann mitunter sein, dass die Unterschiedlichkeit der Beziehungen zu anderen Menschen aus Vermeidung von Kränkungen und Eifersucht oder aus persönlicher Vorsicht nicht offen ausgesprochen werden. Ein persönliches Gespräch zu diesem Thema im Unterricht kann daher Abwehr provozieren.

Um dies zu vermeiden, bieten sich als Erschließungsstrategien Methoden an, die wie hier von Filmserien oder von literarischen Vorlagen (vgl. *Anmache*) ausgehen, die Gespräche in kleinen Gruppen anbieten (vgl. *Karussell*) oder die um Spielszenen zentriert sind (vgl. *Anmache*). Die Thematisierung der je eigenen Beziehungen im Unterrichtsgespräch sollte durch diese Methoden ermöglicht und erleichtert, nicht aber erzwungen werden.

Ziele:

● Verschiedene Arten von Beziehungen unterscheiden und benennen können,
● Reflexion interpersoneller Wahrnehmung,
● Üben von Metakommunikation im Beziehungsbereich.

Ablauf:

● In der Klasse wird ein Gespräch darüber geführt, dass wir manche Menschen mögen und andere nicht und dass wir unterschiedliche Beziehungen zu verschiedenen Menschen haben.
   TA: Darstellung dieser Beziehungstypen durch Symbole,

A $\Longrightarrow$ B	A mag B
A $\Longleftrightarrow$ B	A und B mögen sich
A $=\!\!/\!\!\Rightarrow$ B	A mag B nicht
A $\Leftarrow\!\!/\!\!\Rightarrow$ B	A und B mögen sich nicht
A $=\heartsuit\!\!\Rightarrow$ B	A ist in B verliebt
A $\Leftarrow\!\!\wedge\!\!\Rightarrow$ B	A und B haben sich verkracht
A $\cdots\!\!\cdots\!\!>$ B	A bewundert B
A $\wedge\!\!\wedge\!\!\wedge\!\!\rightarrow$ B	A ist auf B eifersüchtig
A $\sim\!\!\sim\!\!\sim\!\!\rightarrow$ B	A hat ein komisches Gefühl zu B
A $\rightarrow \leftarrow$ B	A steht in Konkurrenz zu B
A $\equiv\!\!\equiv\!\!\equiv$ B	A und B sind unzertrennliche Freund/innen
A $-\cdot\!\!-\cdot\!\!-\!\!>$ B	A fühlt sich o.k. mit B, hat aber keine starke Beziehung zu B
	usw.

- Die Klasse kann dazu eigene Symbole entwickeln und weitere Beziehungstypen ergänzen.
- Evtl. Diskussion: Sind diese Beziehungstypen häufig oder selten?
- GA in 2er-Gruppen: »Versucht, gemeinsam ein Beziehungsdiagramm der Personen in eurer Lieblingsfernsehsendung zu zeichnen.«
- Vorstellen der Ergebnisse im Plenum, evtl. TA einer besonders gelungenen Darstellung.
- UG 1: »Gibt es Begriffe, die diese Beziehungsformen möglichst genau benennen?« (etwa: Freundschaft, Hass, Liebe, Sehnsucht, Eifersucht, Bewunderung, Rivalität usw.). Fixierung dieser Begriffe als TA oder auf Folie.

Variation/Fortsetzung 1: UG 2 (anstelle von UG 1): Welche Eigenschaften sind es, die jeweils dazu führen, dass zwei Personen sich mögen oder nicht mögen? (Diskussion am Beispiel einer Fernsehsendung oder an realen Beispielen.) Falls hierbei die Beziehungen einzelner S der Klasse zueinander Thema werden sollten, so ist dies ein Prüfstein für die Kommunikationskompetenz der Klasse: Bleibt der Bericht in Anschuldigungen und Emotionen hängen, oder kommt es zu echter Metakommunikation?

- Ergänzungsfragen für ältere S: Handelt es sich hierbei um Eigenschaften, die diese Personen an sich haben, oder werden sie nur vom jeweils anderen so gesehen? Sind diese Personen immer so oder nur in der Kommunikation mit dem jeweiligen anderen? (Problematisierung von Attribution, Projektion und kommunikativer Interdependenz)
- Einzelarbeit: Die S fertigen ein Diagramm ihres eigenen Beziehungsumfeldes an und tragen die Eigenschaften der darin vorkommenden Personen ein (soweit sie als ein Grund für die Art der jeweiligen Beziehung angesehen werden).

● Gespräch: Wen mag ich und warum? Zu wem habe ich Vertrauen und warum? Zu wem kann ich gehen, wenn ich ein Problem habe? usw.

Die L weist darauf hin, dass alle ihr Blatt für sich behalten können und nur denjenigen zeigen sollten, denen sie es »ganz persönlich« zeigen wollen.

Fortsetzung 2 (für jüngere S): Die S notieren alle Personen, zu denen sie Vertrauen haben. Die S suchen sich eine bestimmte Vertrauensperson aus, der sie eine »Danke-Karte« malen/schreiben und senden.

Fortsetzung 3: Die S lesen zu Hause oder während des Unterrichts das Heft »Na nu...?« (bis S. 10). Danach wird die Diskussion über Beziehungstypen und über die kurzfristigen Veränderungen in Beziehungen fortgesetzt. Im Anschluss daran kann entweder das Thema *Anmache*, das in diesem Heft als Einstieg benützt wird, behandelt werden (s. S. 103) oder es können Unterrichtseinheiten zum Thema Aids folgen (Hauptinhalt des Heftes *Na nu ...?*).

»Ein/e Freund/in« oder »Mein/e Freund/in«

Thema: Vergleich von Charakteristika von und Werten in Freundschafts- und Liebesbeziehungen

Fach: Deutsch (mündlicher Sprachgebrauch) u.a.

Einbettung: –

Alter: Variabel

Zeit: 1 UE oder weniger (evtl. in Kombination mit *Gute Beziehungen*)

Material: Plakate, Stifte

Literatur: –

Ziele:

- Reflexion der Kennzeichen von und Werte in Freundschafts- und Liebesbeziehungen;
- Vergleich von Freundschaft und Liebe.

Ablauf:

- Die S bilden (evtl. geschlechtshomogene) Kleingruppen (4–6 S), die jeweils einen großen Bogen Papier und Stifte erhalten. Die S teilen das Papier in zwei Spalten mit den Überschriften »Meine Beziehung zu meiner besten Freundin/meinem besten Freund« und »Liebesbeziehungen«.
- Die S werden gebeten, in der Gruppe zu diskutieren und auf dem Plakat einzutragen, was für diese Beziehungen jeweils charakteristisch und wichtig ist.
- Auswertung im Plenum: Zusammenschau der einzelnen Gruppenarbeitsergebnisse und Vergleich von Freundschafts- und Liebesbeziehungen

Variation: Wenn die GA in geschlechtshomogenen Gruppen durchgeführt wurde, dann sollte ein Vergleich zwischen den Charakteristika von und Werten in Mädchen- und Jungenfreundschaften durchgeführt werden. Dies kann z.B. in Form von Plädoyers geschehen: Die Sprecher/innen der Mädchen- bzw. Jungengruppen treten anhand der Punkte auf ihren Plakaten für »Die Kennzeichen einer echten Mädchenfreundschaft/Jungenfreundschaft« ein.

Gute Beziehungen

Thema: Merkmale von »guten« bzw. »schlechten« Beziehungen; Werte in festen Beziehungen
Fach: Deutsch, Sozialkunde, Religionslehre, Ethik
Einbettung: evtl. Fortführung durch AB *Beziehungsfundamente* (ab 16)
Alter: ab 12
Zeit: 1 UE
Material: mehrere große Papierbögen, evtl. Klebepunkte (Variation 1)
Literatur: A: Sielert u.a. 1993, S. 238

Problemabriss/Ziele:
- Sammeln und Gewichten von Kennzeichen »guter« bzw. »schlechter« Beziehungen. Je nach dem Alter der S und der Klassenatmosphäre kann dabei den i.e.S. sexuellen Aspekten mehr oder weniger großer Raum gegeben werden.
- Diskutieren und Abwägen von Wertentscheidungen.

Ablauf:
- Die S bilden (evtl. geschlechtshomogene) Kleingruppen (4–6 S), die jeweils einen großen Bogen Papier und Stifte erhalten. Die S teilen das Papier in zwei Spalten mit den Überschriften *Gute Beziehung* und *Schlechte Beziehung*.
- Arbeitsauftrag: »Überlegt euch, was zu einer guten und was zu einer schlechten Beziehung gehört, woran man sie erkennt, was sie auszeichnet. Mit Beziehung ist dabei eine feste, langfristige Beziehung, wie z.B. eine Ehe oder eine andere intime Lebensgemeinschaft von einer Frau und einem Mann oder von zwei Frauen oder zwei Männern, gemeint.«
- Nach der Gruppenarbeit werden die Ergebnisse im Plenum diskutiert und evtl. als TA festgehalten (s.u.). Wenn geschlechtshomogene Kleingruppen gebildet wurden, dann sollten dabei auch die Vorstellungen von Mädchen und Jungen miteinander verglichen werden. Leitfragen für die (weitere) Plenumsrunde: Wie entwickelt sich eine »gute« dauerhafte Beziehung? Wie kommt es dazu, dass eine Beziehung »schlecht« wird? Gibt es Regeln, deren Befolgung eine »gute Beziehung« garantiert? Wie kann eine schlechte Beziehung verbessert werden? Lässt sich schon von Anfang an erkennen, wie sich eine Beziehung entwickeln wird? Haben bestimmte Beziehungsformen (z.B. Ehe) einen Vorteil in ihren Entwicklungschancen gegenüber anderen? Gelten die gesammelten Kennzeichen für homosexuelle Beziehungen genauso wie für heterosexuelle?
- Wichtig ist, dass im Gespräch klar wird, dass die Wertung als »gut« oder »schlecht« auch eine Frage der persönlichen Einschätzung und der jeweils gewünschten Beziehungsform ist.

Variation 1 (Fortsetzung): Die in den Gruppenberichten mehrfach genannten Kennzeichen von guten bzw. von schlechten Beziehungen werden in je eine Rangfolge (»Hitliste«) gebracht. Dies kann erfolgen durch: a) offene Plenumsdiskussion und TA; b) Punkteverteilung: Jede/r S erhält drei rote und drei schwarze Klebepunkte, die er/sie an die drei seiner/ihrer Meinung nach entscheidenden Kennzeichen von guten bzw. schlechten Beziehungen verteilt (auf den Bögen der Gruppenarbeit). Zuletzt wird die Rangfolge durch Auszählen ermittelt und festgehalten.

Gruppenarbeit: Zwei Halbgruppen erarbeiten je eine in der Gruppe konsensfähige Rangliste der wichtigsten Kennzeichen von guten bzw. von schlechten Beziehungen. Diese werden dann dem Plenum vorgestellt und miteinander verglichen.

Variation 2 (Fortsetzung): Anstelle der Gewichtung der hier ermittelten Kennzeichen kann auch mit dem AB der Einheit *Beziehungsfundamente* (s. S. 109) weitergearbeitet werden.

Variation 3 (Alternative): Der Arbeitsauftrag für die Gruppenarbeit in der Grundversion wird nicht auf intime Beziehungen eingeschränkt: Die S sammeln Kennzeichen guter und schlechter Beziehungen, die sowohl Freundschafts- wie intime Beziehungen (und evtl. auch andere Formen von Beziehung) betreffen können. Die S erhalten Klebepunkte in zwei verschiedenen Farben, die den Kategorien *Freundschafts-* und *intime Beziehung* zugeordnet sind, und kennzeichnen die auf dem Plakat genannten Werte danach, für welche Art von Beziehung sie wichtig sind. Dabei sind auch Zweifachkennzeichnungen möglich. Auswertung der GA wie in der Grundversion, zusätzlich Diskussion: Welche Unterschiede und Gemeinsamkeiten zeigen sich bei Freundschafts- und intimen Beziehungen? Danach weiter wie in der Grundversion, u.U. mit paralleler Betrachtung von Freundschafts- und intimen Beziehungen.

mögliche TA zu *Gute Beziehungen* (Grundversion)

Gute Beziehung	Schlechte Beziehung
• gleiche Interessen (z.B. Sport, Hobbys) • den Partner/die Partnerin sich selbst entwickeln lassen • in Schwierigkeiten zusammenhalten • Toleranz für die Eigenarten des/der Anderen • bei Konflikten nicht aufgeben, sondern nach Lösungen suchen, unter Umständen auch mit Hilfe von Freund/innen, Berater/innen oder Therapeut/innen • zuhören können • dem Partner/der Partnerin seine/ihre Freiheit lassen • gemeinsamer Freundeskreis • Zärtlichkeit und sexuelle Anziehung zwischen den Partner/innen • sich gegenseitig trösten können	• aneinander Vorbeileben • vom Partner/von der Partnerin abhängig sein (emotional, sexuell) • unterschiedliche sexuelle Interessen und (heimliche) Nebenbeziehungen • Selbstaufgabe • ständiger Streit • kein Interesse mehr aneinander (sexuell und allgemein) • sich bei der Selbstverwirklichung gegenseitig im Weg stehen Unnachgiebigkeit bei Konflikten • Eifersucht und gegenseitige • Kontrolle

Hinweis: Diese hier als Beispiel angegebene TA gibt die Arbeitsergebnisse der GA und die Ergebnisse der anschließenden Plenumsdiskussion wieder – und nicht die Meinung der Lehrperson oder hinter ihr stehenden Autoritäten. Nicht Dogmatik ist gefragt, sondern der Prozeß der Reflexion aufgrund eigenen Wissens und eigener Erfahrung.

Lebenskurve

Thema: Beziehungen und eigene Entwicklung
Fach: Deutsch, Religion, Ethik, Kunsterziehung u.a.
Einbettung: –
Alter: ab 15
Zeit: 1 UE
Material: Papier, Stifte
Literatur: A: Sengebusch/Potrz 1990, S. 124; Sielert u.a. 1993, S. 206

Ziele:
Bewusstmachung des Einflusses zwischenmenschlicher Beziehungen auf unsere Entwicklung.

Ablauf:
- Die S erhalten je ein großes Blatt Papier oder Karton und zeichnen darauf eine (waagrechte) Zeitachse von der Geburt bis jetzt, unterteilen sie in Jahre und zeichnen in den Ursprung eine vertikale Plus-Minus-Achse.
- Die S überlegen in einer stillen Phase (etwa 5′), welche Beziehungen zu welchen Menschen für sie in ihrem Leben bisher wichtig waren.
- Die S tragen positive und negative/kritische Lebensereignisse im Hinblick auf zwischenmenschliche Beziehungen auf der Plus- bzw. Minus-Seite der Zeitachse ein und kennzeichnen sie durch knappe Begriffe oder Symbole. (Als Hilfestellung können Beispiele von Ereignissen genannt werden: Geburt eines Geschwisters, erste Begegnung, sich ineinander verlieben, Trennung, Tod eines Familienmitglieds oder eines/einer Freundes/Freundin, Wohnortwechsel, Zerwürfnis u.a.)
- Die S zeichnen ihre Lebenskurve zwischen diesen Beziehungsereignissen ein.
- Die S stellen ihre Lebenskurven in Kleingruppen (Zusammensetzung nach eigener Wahl) oder in der Klasse vor.

Variation 1: Die Lebenskurve kann auch über die Gegenwart hinausreichen und Zukunftswünsche beinhalten.

Variation 2: Die Lebenskurve kann auch zu anderen Themen, etwa der sexuellen Biografie im engeren Sinne, gezeichnet werden.

Hinweise: Diese Übung kann u.U. negative Erlebnisse in Erinnerung rufen und sollte daher nur von L angeleitet werden, die Erfahrung mit Methoden der Selbsterfahrung haben. Diese negativen Erlebnisse können in der Klasse zwar mitgeteilt und kurz besprochen werden, es sollte aber nicht der Versuch unternommen werden, sie in therapeutischer Absicht »aufzuarbeiten«. Dazu ist der Sozialraum einer Schulklasse ungeeignet.

Karussell / Was wäre, wenn ...

Thema: Verhütung, Jugendsexualität, Beziehungen ... – auf alle Themen
               ausdehnbar
Fach: Schullandheim, Projekt- bzw. Studientag
Einbettung: Sexualität sollte schon oft Gegenstand des Unterrichtsgesprächs
               gewesen sein
Alter: ab 13 (je nach Fragenauswahl)
Zeit: je nach S-Zahl (pro S sind ca. 5′ zu rechnen)
Material: Karteikarten mit Fragen, Umschläge
Literatur: A: Nespor 1993, S. 28 ff.

Problemabriss/Ziele:

Diese Übung ermöglicht offene Gespräche zu heiklen Themen in Zweiergruppen. Durch den laufenden Wechsel der Gesprächspartner/innen kann dabei erfahren werden, dass einerseits je nach Partner/in unterschiedlich intensive Gespräche entstehen, dass aber andererseits auch außerhalb engerer Beziehungen relativ viel mitteilbar ist.

Ablauf:

● Vor Beginn werden zwei konzentrische Kreise von Stühlen in die Mitte des Raumes gestellt, und zwar so, dass sich jeweils ein äußerer und ein innerer Stuhl gegenüberstehen. Die Anzahl der Stühle entspricht der Zahl der S. (Eine gerade Anzahl von S ist optimal. Bei ungerader Anzahl bleibt jeweils ein/e S ohne Partner/in. Für diesen Fall sollte ein Stuhl ohne Gegenüber bleiben. Auf diesem kann ein Briefumschlag mit speziellen Überlegungsfragen liegen, s. u.)

● Die S setzen sich auf die Stühle (in geschlechtsgemischten Gruppen, so, dass sich Jungen und Mädchen auf beide Kreise verteilen). Jedes sich gegenübersitzende Paar erhält einen Umschlag mit 4–8 Fragekarten.

● Erklärung der Spielregel: »In den Umschlägen sind Karten, auf denen Fragen zu Liebe, Beziehung und Sexualität stehen. Die Innensitzenden beginnen, indem sie eine Frage ziehen und dem/der Außensitzenden stellen. Nach der Beantwortung ist der/die andere dran. Die Antwort ist wie immer freiwillig. Wer nicht antworten will, sollte aber sagen, was ihn/sie daran hindert und wie er/sie sich dabei fühlt. Jedes Paar hat etwa 10 Minuten Zeit, alle oder auch nur einen Teil dieser Fragen zu beantworten. Ihr könnt selbst bestimmen, wie viele ihr machen wollt und über welche Frage ihr länger reden wollt. Danach steckt ihr die Karten wieder in den Umschlag, lasst ihn auf dem Stuhl liegen und rückt jeweils um einen Platz nach rechts weiter, sodass neue Paare entstehen, die mit neuen Fragen weitermachen.«

● Die Übung ist zu Ende, wenn sich wieder die gleichen Paare gegenübersitzen. (Bei ungerader Anzahl von Paaren treffen sich die Paare erst wieder, wenn alle im

Außenkreis mit allen im Innenkreis zusammengekommen sind, bei gerader Anzahl von Paaren schon nach einem halben Durchlauf. Dann verhilft der »Hammelsprung« zur zweiten Hälfte: Der Außenkreis geht einmal um zwei Plätze weiter.)

● Aussprache z.B. zu folgenden Leitfragen: Was war schwierig? Was war unerwartet? Habt ihr viele Fragen unbeantwortet gelassen? Warum? Welche davon würdet ihr nur außerhalb der Schule besprechen? Welche Fragen habt ihr vermisst?

Hinweise: Unter Umständen ist es günstig, leichte und schwer zu beantwortende Fragen zusammen in einen Umschlag zu stecken. Es kann vereinbart werden, dass die Fragen der Reihe nach zu beantworten sind. Die einfacheren Fragen liegen dann obenauf.

Die L sollte unter den unten angegebenen Fragen eine Auswahl treffen, die der Atmosphäre in der Klasse und dem Grad an Offenheit gegenüber diesem Thema entspricht.

Variation 1: Einfacher als die Grundversion: Die Fragen liegen nicht in Kuverts auf den Stühlen, sondern werden von der L nach jedem Partner/innenwechsel jeweils angesagt. Auf diese Weise sprechen alle S zur gleichen Zeit über dieselbe Frage, es kann aber nur eine begrenzte Zahl von Fragen behandelt werden.

Variation 2 (Was wäre wenn ...): Die Fragen dieser Übung können auch in Kleingruppen (bis max. 8 S) besprochen werden.

Ablauf: Die S sitzen im Kreis, in der Mitte liegt ein Stapel mit Fragekarten. Ein/e S zieht eine Karte, liest die Frage laut vor und gibt sie an eine/n andere/n S weiter. Diese/r liest die Frage nochmals vor und beantwortet sie so weit, wie er/sie dies gegenüber den anderen tun möchte. Erst wenn der/die »Gefragte« ausgeredet hat (darauf achten, dass seine/ihre Redezeit nicht von anderen unterbrochen wird!), können die anderen ihre Meinung zu der Frage sagen.

Wichtig: Alle S erhalten zu Beginn der Übung einen farbigen Papierstreifen, der als »Joker« fungiert: Wenn ein/e S eine Frage nicht beantworten will, weil sie ihm/ihr zu heiß ist, dann kann er/sie den Joker setzen. Die Frage muss dann an eine/n andere/n S weitergegeben oder abgelegt werden.

Hinweis: Grundversion und Variation 1/2 dieser Methode können auf viele Themenbereiche der Sexualpädagogik angewendet werden. Es sind im Folgenden zunächst Fragen zum Themenbereich *Beziehung* zusammengestellt, darauf folgen Fragen zu anderen Bereichen. Es kann u.U. spannend sein, wenn sich Fragekarten zu sehr verschiedenen Themen zusammen in einem Umschlag befinden.

Fragen zum Thema *Beziehungen*

Wen fragst du, wenn du auf sexuellem Gebiet etwas wissen willst?

Welche Verhaltensweisen von Jungen/Mädchen in Beziehungen findest du ätzend?

Was magst du an dir selbst?

Hast du schon einmal andere danach gefragt, was sie an dir mögen? Was ist es bzw. was glaubst du, daß es ist?

Jemand, den/die du eigentlich magst, verlangt mehr von dir, als du mitmachen willst.
Wie verhältst du dich?

Wie verhältst du dich, wenn Freunde/Freundinnen über ihre sexuellen Erfahrungen sprechen?

Stell dir vor: Du hast mit deinem Freund oder deiner Freundin geschlafen und deine Erwartungen wurden enttäuscht. Was nun?

Welche Berührungen magst du?
Von wem?
Welche nicht?
Von wem?

Was würdest du zu jemandem sagen, den du nicht so toll findest und der/die dir sagt, daß er/sie in dich verliebt ist?

Jemand in deiner Clique sagt, er würde den ersten Schwulen, der ihn anfasst, umbringen.
Wie reagierst du?

Wie würdest du reagieren, wenn jemand deines eigenen Geschlechts zu dir sagt, das er/sie in dich verliebt ist?

Wie merkst du, wenn jemand auf dich steht?

Ist es normal, sich selbst zu befriedigen, wenn du eine feste Beziehung hast?

Was machst du, wenn deine Eltern deinen Freund/deine Freundin nicht gut finden?

Was würde sich in deinem Leben ändern, wenn du ein Kind hättest?

Wenn du merken würdest, daß du lesbisch oder schwul bist, wem würdest du davon erzählen?

Fragen zum Themenbereich *Beziehungen* AB

Wie würdest du reagieren, wenn dein Freund/deine Freundin mit einem anderen/einer anderen geschlafen hat? Wie würdest du reagieren, wenn du es von jemandem anderen erfährst?

Was tust du, wenn es in deiner Beziehung Schwierigkeiten gibt? An welche Schwierigkeiten denkst du?

Überlegungsfragen für den Platz ohne Gegenüber

Worüber würdest du niemals mit jemandem sprechen?

Hättest du bei manchen Fragen in diesem Spiel gerne mehr sexuelle Erfahrung gehabt, damit du mehr erzählen könntest?

Hast du bei den Fragen, die du in diesem Spiel bis jetzt beantwortet hast, manchmal ein bisschen geflunkert?

War es für dich manchmal peinlich, die Fragen in diesem Spiel zu beantworten?

Anmache

Thema:	Kontaktaufnahme
Fach:	Deutsch, Videokurs, fächerübergreifend
Einbettung:	nach UE *Beziehungsdiagramm*
Alter:	ab 12
Zeit:	1 UE (oder längeres Projekt)
Material:	Klassensatz »... Na Nu? Über Liebe, Sex und Freundschaft« (kostenlos zu beziehen durch die Bundeszentrale für gesundheitliche Aufklärung, siehe Adressen)
Literatur:	A: Na Nu?

Inhalt:

In dem Heft *Na Nu?* (in dem das Thema »Anmache« nur die Funktion des Aufhängers hat, während der Rest speziell der Aids-Aufklärung dient) wird eine Gruppe von Jugendlichen dargestellt, die einen Film drehen wollen und sich als Thema dafür »Anmache« ausgewählt haben. Während der Dreharbeiten spielen sich die Beziehungsgeschichten der »Schauspieler« ab.

Ziele:

● Abbau von Angst vor Kontaktaufnahme,
● Abbau von Mythen über die optimale Anmache,
● Steigerung der sozialen Kompetenz,
● Förderung von Empathie in die Lage des jeweils anderen Geschlechts.

Ablauf:

● Die S lesen zu Hause oder im Unterricht das Heft *Na Nu?* bis S. 16 oder 19 (Inhalt: Vorstellung der Personen des Heftes und ihrer Beziehungen zueinander, Entstehung des Filmprojekts, verschiedene Tipps zur Anmache. – Vor allem S. 7 [→ AB] sollte genau gelesen werden.)
● L: »Glaubst du, dass diese Touren von Anmache auch bei uns laufen würden?« – Gespräch, bei dem auch Formen der Anmache aus dem Leben der S zur Sprache kommen können.
● GA (3er- oder 4er-Gruppen): Erarbeiten je eines Rollenspiels zu einer Form von Anmache entweder aus dem Heft oder aus dem »Leben« selbst. Dabei sollte darauf geachtet werden, dass nicht nur die Jungen die Rolle des Anmachers übernehmen, sondern dass auch die Mädchen ihre (z.T. anders gelagerten) Möglichkeiten des Initiativ-Werdens ausspielen und dass die Möglichkeit gleichgeschlechtlicher Anmache nicht ausgeklammert wird.
● Auswertung nach folgenden Leitfragen: Wie hat sich der/die Anmacher/in gefühlt, wie der/die Angemachte? Hat die Taktik zum Erfolg geführt? Wenn nein: War sie

zu direkt, zu hart, zu ...? Was hätte er/sie besser machen können? Welchen Wert haben überhaupt vorgefertigte Strategien? Entsprechende Ergebnissicherung durch TA.

Variation/Fortsetzung (Vertauschte Rollen):
Für den Fall, dass nur die Jungen als Anmacher agieren: Wiederholung desselben Rollenspiels, nur mit vertauschten Rollen (Mädchen macht an, Junge wird angemacht).
Danach Aussprache über
a) Lage des/der Mädchen: Wie hat das Mädchen sich in der ungewohnten Rolle gefühlt? Könnte sie diese ungewohnten Verhaltensweisen auch in der Realität bringen? Was könnte sie dabei gewinnen?
b) Lage des/der Jungen: Wie hat sich der Junge in der ungewohnten Rolle gefühlt? Hat es ihm gefallen, so angemacht zu werden? Welche Anmache würde er als Junge positiv bewerten?

Hinweise:
Falls es an der Schule einen Videokurs gibt, eignet sich dieses Thema auch für ein größeres Medienprojekt, in dem die S Spielszenen zum Thema *Anmache* drehen.
Eine einfachere Form davon ist das Verfassen eines Fotoromans (ähnlich wie im Heft *Na nu ...?*).
Falls der Begriff »Anmache« hier zu grob wirken sollte, so kann er selbstverständlich auch ersetzt werden mit »Kontaktaufnahme«, »Ansprechen« usw. Gerade in dem umgangssprachlichen Begriff *Anmache* steckt aber eine treffende Bezeichnung für dieses ambivalente Phänomen: *Anmachen* bzw. *blöd anmachen* kann auch provozieren bedeuten.
Wegen des großen Zeitaufwandes ist bei dieser Einheit mehr als bei den anderen darauf hinzuweisen, dass ihr Ertrag nicht allein in der *action* des S liegt, sondern in deren Auswertung im anschließenden Unterrichtsgespräch. Dazu ist es entscheidend, dass dieses von allen Beteiligten ernsthaft und authentisch, einfühlsam und unterstützend geführt wird. Dies setzt Übung im Gespräch über persönlich bedeutsame Themen voraus.

Die besten Tipps zur Anmache (1)

Tipp zur Anmache von Frechen

Woran man Freche erkennt

Outfit	zeitlose Jeans, T-Shirt
Auftreten	immer ganz direkt
Spruch	»Willkommen in meinem Leben!«
Buch	»Hoppla, jetzt komm' ich.«
Wie man Freche anmacht	Eigentlich sinnlos, denn das macht er oder sie selber (besser)!

Tipp zur Anmache von Ausgeflippten

Woran man Ausgeflippte erkennt

Outfit	wie auch immer – nur nicht normal
Auftreten	wie auch immer – nur nicht normal
Spruch	»Ein Kerl, den alle Menschen hassen, der muß was sein.« (Goethe)
Buch	»Der Wahnsinn der Normalität«
Wie man Ausgeflippte anmacht	Liebe ihn oder sie. Und du wirst lebenslang lustige Erinnerungen haben.

Tipp zur Anmache von Wehleidigen

Woran man Wehleidige erkennt

Outfit	von Mama ausgesucht
Auftreten	wehleidig
Spruch	»Mich versteht ja doch keiner.«
Buch	»Anleitung zum Unglücklichsein«
Wie man Wehleidige anmacht	Vergiß es!

Tipp zur Anmache von Schönen

Woran man Schöne erkennt

Outfit	trendy
Auftreten	schön
Spruch	»Oh – wie schön.«
Buch	»Ich liebe mich, so wie ich bin.«
Wie man Schöne anmacht	Bewunderung, Bewunderung und noch einmal Bewunderung (als Schritt Nummer eins!). Für langfristige Beziehungen unbedingt die inneren Werte in die Bewunderung mit einbeziehen.

(Nach: Bundeszentrale für gesundheitliche Aufklärung: Nanu …? Von Liebe, Sex und Freundschaft, S. 7)

Die besten Tipps zur Anmache (2)

Tipp zur Anmache von Geistreichen

Woran man Geistreiche erkennt

Outfit	dezent
Auftreten	herablassende Überheblichkeit
Spruch	lehnt selbstverständlich alle Sprüche ab
Buch	»Genie im Alltag«
Wie man Geistreiche anmacht	Stell dich dümmer, als du bist. Zeige Mutterwitz und naive Sinnlichkeit. Das haut sie oder ihn um. Immer.

Tipp zur Anmache von Übersinnlichen

Woran man Übersinnliche erkennt

Outfit	Naturfasern
Auftreten	stetiges Lächeln
Spruch	»Das muß ich erst einmal auspendeln.«
Buch	»Sprechfunk mit Verstorbenen«
Wie man Übersinnliche anmacht	Richte dich genau nach seinem oder ihrem Horoskop.

Tipp zur Anmache von Unnahbaren

Woran man Unnahbare erkennt

Outfit	distanziert
Auftreten	abgeklärt
Spruch	»Ich brauche niemanden.«
Buch	»Das Rätsel der Gefühle«
Wie man Unnahbare anmacht	Falle in Ohnmacht oder überrumple mit einem anderen Drama, das Nähe schafft. Wenn sie oder er nicht anbeißt: Wende dich erfolgreicheren Partner/innen zu

Tipp zur Anmache der oder des EINEN

Woran man die EINE oder den EINEN erkennt

Outfit	stimmt
Auftreten	stimmt
Spruch	stimmt
Buch	stimmt

**Für alle, die mit den Tipps nichts anfangen können, hier der Generaltipp:
Wenn es einen erwischt, sind sowieso alle Tipps überflüssig.**

(Nach: Bundeszentrale für gesundheitliche Aufklärung: Nanu …? Von Liebe, Sex und Freundschaft, S. 7)

Werte und Normen

Das folgende Kapitel über Werte, Normen und Moral weicht von den übrigen Kapiteln dieses Abschnitts insofern ab, als es nicht eine Palette isolierter »Methoden« zur Wahl stellt, sondern die Bedeutung dieser Dimension unterstreichen will. Werte und Normen spielen in allen Themenbereichen der Sexualpädagogik eine zentrale Rolle. Keines der bisher angesprochenen Themen kann im Unterricht behandelt werden, ohne dass dabei auch die Frage von Werten und Normen mit Thema würde:

- Wir sprechen von Werten, wenn wir – wie im Kapitel »Ich und die anderen« – fragen, was mich stört und was mich zufrieden macht (*Gesammelte Gefühle*), was ich zum Leben brauche (*Was ich brauche, was ich möchte*) oder wie meine und deine Bedürfnisse in Einklang gebracht werden können (*Was ich will, was du willst*).
- Wir setzen Werte voraus und üben ihre konkrete Verwirklichung, wenn wir – wie im Kapitel »Körper, Sinne, Bewegung und Vertrauen« – zärtlichen, nicht verletzenden Körperkontakt üben, körperliche Entspannung, Vertrauen und Interaktionsbereitschaft fördern und die Wahrnehmungsfähigkeit der Sinne fördern.
- Wir fordern die Schüler/innen auf zu werten, wenn wir die Frage stellen – wie im Kapitel »Geschlechtsrollen« –, was am Rollenverhalten der Geschlechter gut und schlecht ist (*Mein Typ*), wie zeitgemäßere Formen von Geschlechterverhältnissen aussehen könnten (*Wir sind mehr als unsere Rollen*) und wie die Darstellung von Geschlechtsrollen in den Medien zu bewerten ist (*Schulbuchanalyse*).
- Wir leiten die Schüler/innen an, verschiedene Werte gegeneinander abzuwägen, wenn wir z.B. – wie im Kapitel »Beziehungen« – fragen, was eine Beziehung eher stabilisiert bzw. schädigt (*Gute Beziehungen*).

Über Werte, Normen und Moral im Bereich der Sexualpädagogik zu sprechen bedeutet also nicht, bestimmte Werte vorzugeben, die dann (in Form eines Bekenntnisses oder wie auch immer) von den Schüler/innen übernommen werden sollen, oder bestimmte von religiösen oder anderen Autoritäten vorgegebene Moralgrundsätze zu verbreiten. Werterziehung und Wertelernen im Bereich der Sexualpädagogik bedeutet vielmehr, günstige Voraussetzungen dafür zu schaffen, dass Schüler/innen die Fähigkeit, Werte zu erkennen und gegeneinander abzuwägen, entwickeln, differenzieren und in ihrem konkreten Leben anwenden können. Es geht also, um das Beispiel »Beziehungen« herauszugreifen, nicht darum, abstrakte Regeln darüber zu erlernen, was an einer Beziehung gut oder schlecht ist, sondern darum, die Sensibilität dafür zu entwickeln, was die Entwicklung einer Beziehung fördert oder blockiert, dies auf die eigene Beziehungserfahrungen zu beziehen und durch deren Reflexion Kompetenzen für deren künftige Gestaltung zu erwerben.

Der Beitrag der bewusst geplanten schulischen Erziehung an diesem Prozess sollte nicht überschätzt werden. Er beschränkt sich auf eine Begleitung der Entwicklung des moralischen Urteils- und Handlungsvermögens, das sich im Wesentlichen in der Auseinandersetzung des Individuums mit seinen fortwährenden Sozialerfahrungen stufenweise differenziert und erweitert. Nicht moralische Belehrung, sondern Reflexion dieser Erfahrungen ist der Ansatzpunkt einer pädagogischen Begleitung.

Wie die Erforschung der Entwicklung des moralischen Urteilsvermögens gezeigt hat, verläuft diese Entwicklung in einer Abfolge von Phasen mit je charakteristischer Gestalt (vgl. u.a. Kohlberg/Turiel 1978). Eine Förderung des Urteilsvermögens muss von dem Reflexionsniveau der jeweiligen Phase ausgehen, muss Kinder und Jugendliche in ihrer jeweiligen Interpretationsform des sozialen Geschehens ernst nehmen und auch Phasen der Rebellion gegen die Konventionen der Erwachsenenwelt als wichtige, ja notwendige Schritte auf dem Weg zu moralischer Autonomie begreifen (vgl. Turiel 1982).

In einer pluralistischen Gesellschaft, die den Individuen die Option zu sehr unterschiedlichen Formen sexuellen Lebens gibt, kann es nicht das Ziel der Sexualpädagogik sein, dieses Spektrum an Lebensmöglichkeiten zu begrenzen und auf eine konkrete Form des Sexualverhaltens hin zu erziehen. Das Ziel der Erziehung ist vielmehr sexuelle Selbstbestimmung.

Sexuelle Selbstbestimmung bedeutet jedoch nicht, um hier einem Missverständnis zuvorzukommen, eine Beliebigkeit nach dem Muster »anything goes«. Dazu bedürfte es keiner groß angelegten Erziehung. Es geht vielmehr um die Entwicklung einer individuellen Entscheidungs- und Handlungskompetenz im Spannungsfeld von eigenen Bedürfnissen und Wünschen, Bedürfnissen und Wünschen des Partners bzw. der Partnerin und den im jeweiligen sozialen Umfeld geltenden Normen (wobei Geltung noch nicht rational begründete Gültigkeit heißen muss). Ein Subjekt, das in diesem Feld von z.T. divergierenden Ansprüchen handlungsfähig bleibt, ist das Ziel einer Erziehung zu sexueller Selbstbestimmung (vgl. auch *Vermittlung eines offenen Normhorizonts*, S. 19).

Beziehungsfundamente

Thema: Werte in festen Beziehungen
Fach: Deutsch, Sozialkunde, Religionslehre, Ethik
Einbettung: Es sollte eine Übung aus dem Bereich *Beziehungen* vorausgehen
Alter: ab 16
Zeit: 1 UE
Material: AB (1 pro Kleingruppe)
Literatur: A: Nespor 1993, S. 44

Ziele:

● Werte in Bezug auf feste Beziehungen diskutieren und abwägen können;
● erkennen, dass es unterschiedliche Prioritäten von Werten gibt/Wertungen und Prioritäten der anderen kennen lernen;
● erkennen, dass es geschlechtstypische Bewertungsunterschiede geben kann.

Ablauf:

● Bildung von Kleingruppen zu 4 bis 6 S. Jede Gruppe wählt einen Sprecher/eine Sprecherin, der/die von der L eine Liste erhält und sie in der Gruppe laut vorliest (evtl. mehrmals).
● Gruppenarbeit/Arbeitsauftrag: »Einigt euch in der Gruppe in 20 Minuten auf eine Reihenfolge dieser 12 Punkte nach der Wichtigkeit, die sie eurer Meinung nach für eine Beziehung haben!«
● Gruppenberichte: Vorstellung der Prioritätenlisten und Plenumsdiskussion. Ablauf: Die L liest jeweils einen Punkt vor, die Gruppen nennen die Platzziffer, die sie diesem Merkmal gegeben haben (Fixierung auf TA), und begründen ihre Entscheidung. Daraus kann sich bereits eine erste Diskussion der jeweiligen Punkte entwickeln.
● Abschließende Auswertung, evtl. mit folgenden Leitfragen: Welche Unterschiede in den Reihenfolgen der einzelnen Gruppen sind erkennbar? Liegen sie an der Gruppenzusammensetzung, oder sind sie zufällig? Ist ein Trend in der Gruppenmeinung erkennbar? Wie sieht er aus? Ist er geprägt durch Stereotypen aus den Medien? Oder durch persönliche Erfahrungen? Oder durch Meinungsführer/innen in der Gruppe? Welche Rolle spielen persönliche Erfahrungen bei Auseinandersetzungen über Beziehungen oder in Beziehungen? Welche Rolle spielen die persönlichen Werte bei der Partner/innenwahl? Wie offen konnten die Gruppenmitglieder über dieses Thema reden? Was war peinlich? Gibt es geschlechtsspezifische Unterschiede bei der Bewertung der einzelnen Punkte? Wenn ja: Welche Bereiche wurden von Jungen, welche von Mädchen besonders betont? Werden Erfahrungen mit den (eigenen) Eltern und mit deren Beziehungsleben angesprochen? Wenn ja: Welche? Gilt die jeweilige Reihenfolge für verschiedene Formen

von Beziehungen in gleicher Weise, also sowohl für homo- wie für heterosexuelle Beziehungen und für beginnende wie für schon lange bestehende Beziehungen?

Variation: Die Gruppenarbeit findet in geschlechtshomogenen Kleingruppen statt. Die Auswertung befasst sich dann schwerpunktmäßig mit den Unterschieden und Gemeinsamkeiten der Mädchen- und Jungengruppen.

Hinweis: Sehr interessant kann es werden, wenn S verschiedener Kulturen in der Klasse sind. Einige Werte, wie z.B. »Gutes Verhältnis zur Familie des Partners/der Partnerin«, der im Allgemeinen weit hinten rangiert, können von S aus weniger individualistischen Kulturen u.U. als sehr wichtig eingestuft werden.

Beziehungsfundamente AB

Was ist wichtig für eine Beziehung?

☐ sexuelle Anziehung und Übereinstimmung (gleich starke Bedürfnisse und gleiche Vorlieben) zwischen den PartnerInnen

☐ politisch-weltanschauliche und religiöse Übereinstimmung

☐ gleiches Herkunftsmilieu (Nationalität, Sozialschicht, Geld, Lebensstil)

☐ Geduld und Toleranz füreinander

☐ annähernd gleiche Intelligenz und Bildung

☐ gleiche Charaktereigenschaften

☐ Eigenständigkeit beider PartnerInnen

☐ gute Verständigungsmöglichkeiten bei Meinungsverschiedenheiten

☐ gemeinsame Freizeitinteressen

☐ gemeinsamer Freundeskreis

☐ gemeinsame Freundinnen und Freunde, mit denen beide auch mal über Schwierigkeiten in der Beziehung reden können

☐ gutes Verhältnis zur Familie des Partners/der Partnerin

Einigt euch in der Gruppe auf eine Reihenfolge dieser 12 Punkte nach der Wichtigkeit, die sie eurer Meinung nach für eine Beziehung haben!

Wertegebirge

Thema: Werte in Beziehungen
Fach: Deutsch, Sozialkunde, Religionslehre, Ethik
Einbettung: –
Alter: ab 14 bzw. bei passender Auswahl bzw. Austausch der Wertbegriffe
auch früher
Zeit: 1–2 UE
Material: AB
Literatur: A: Sielert u.a. 1993, S. 320

Ziele:

● Die S sollen sich über ihre eigenen Wertvorstellungen in Zusammenhang mit
Sexualität und Beziehungen klarer werden und diese in ihrer Wertigkeit unterscheiden lernen.
● Die S sollen ihre individuelle Wertehierarchie diskursiv vertreten und den möglicherweise davon abweichenden Hierarchien anderer mit Verständnis und kriti-
scher Toleranz begegnen können.

Ablauf:

● Die S erhalten das AB mit folgender Erläuterung: »Auf diesem Blatt sind verschiedene Dimensionen angegeben, die in einer intimen Beziehung wichtig sein können. Überlege dir, wie hoch du persönlich den Wert dieser Dimensionen für dich
einschätzt. Die ›Höhe‹ des Wertes kannst du ähnlich wie die Höhe eines Berges
anhand der angegebenen Meterskala bestimmen.«
Kommentierung der auf dem AB angegebenen Werte durch die L (mit Ergänzung
durch die S) zur Klärung, was jeweils darunter zu verstehen ist. Hier einige
Moderationsbeispiele:

Offenheit im Gespräch:	Sich gegenseitig alles Wichtige erzählen, die eigenen Wünsche und Bedürfnisse ausdrücken, Probleme zur Sprache bringen.
Spaß haben:	Viele schöne Dinge miteinander machen können, auch mal »Blödsinn« zusammen machen, es sich gut gehen lassen.
Streiten können:	Bei Konflikten die eigene Position vertreten können, es aushalten, wenn der/die andere seine/ihre Position vertritt, Bereitschaft zur Klärung von Konflikten, sich versöhnen können.
Sicherheit:	Sich gegenseitig Sicherheit in der Beziehung geben, Verbindlichkeit, sich füreinander entscheiden.

Ganzheitlichkeit:	Beide haben nicht nur im Gespräch oder nur im Sex, nur beim gemeinsamen Inline-Skaten oder nur durch das Zusammenleben miteinander zu tun – sondern auf allen wichtigen Ebenen der Person: körperlich, seelisch, geistig, sozial und spirituell.
Treue:	Beide stehen zueinander, verraten die/den andere/n nicht, hintergehen einander nicht; das kann auch körperlich-sexuelle und/oder emotionale Ausschließlichkeit bedeuten.
Offene Beziehung:	Beide sind »fest zusammen«, lassen sich aber die Freiheit, andere kennen zu lernen, sich mit ihnen zu treffen und (je nach individueller Vereinbarung) auch Sex mit anderen zu haben.
Verzicht:	Bereitschaft, für die Intensität und/oder Stabilität der Beziehung auch auf etwas verzichten zu können, was die Beziehung gefährden oder von ihr ablenken könnte.
Menschen kennen lernen:	Im sexuellen Kontakt einen (oder mehrere, evtl. viele) Menschen besonders intensiv kennen lernen, seine/ihre Ausdrucksformen, Bedürfnisse und Eigenschaften erkennen, sich selbst dabei erfahren.

● Die S bestimmen die Wichtigkeit der einzelnen Werte, wobei die »Höhen« auch mehrfach verändert werden können, bis die endgültige Gewichtung feststeht. Dann werden die einzelnen »Gipfelpunkte« zu einer »Bergkette« verbunden.

● Die S stellen ihr persönliches Wertegebirge vor. Leitfragen für die Vorstellung bzw. die nachfolgende Diskussion können sein: Warum ist für dich dieser Wert so wichtig/so wenig wichtig? Hast du die Höhen einzelner Werte auf dem Arbeitsblatt mehrmals verändert? Warum? Welche Übereinstimmungen und Unterschiede zwischen den einzelnen Wertungen zeigen sich? Sind diese Unterschiede durch persönliche Lebenserfahrungen begründet? Welche Werte hast du auf dem Arbeitsblatt vermisst?

Hinweis: Das AB dient nur als Einstieg und Gesprächsgrundlage und sollte nicht zu ernst genommen werden. Wichtig ist die Verständigung über die je individuellen Werthaltungen.

Wertegebirge AB

Werte	Offenheit im Gespräch	Spaß haben	Streiten können	Zärtlichkeit	Leidenschaft	Sicherheit	Ganzheitlichkeit	Verantwortung füreinander	Treue	Freiheit	Verzicht	Lust	Solidarität	Gleichberechtigung	Selbstständigkeit	Sexuelle Erfahrungen	Gesundheit	Menschen kennen lernen
10 000 m																		
9 000 m																		
8 000 m																		
7 000 m																		
6 000 m																		
5 000 m																		
4 000 m																		
3 000 m																		
2 000 m																		
1 000 m																		
0 m																		

Sexualwissen und Jugendsexualität

Die Übungen dieses Kapitels sollen die Schüler/innen dazu anregen, über Sexualität zu sprechen, das bisher gesammelte Wissen über Sexualität in das Unterrichtsgespräch einzubringen und sich aus den bereitgestellten Medien weitere Informationen über dieses Thema anzueignen.

Die dazu vorgeschlagenen Unterrichtseinheiten enthalten methodische Anregungen für die Unterrichtsgestaltung, aber keine sachlich informierenden Texte. Dies hat folgende Gründe:

In einer großen Zahl von Kinder- und Jugendbüchern wie auch in einigen Schulbüchern finden sich mehr oder weniger ausführliche, der Sache wie dem Verständnis der jeweiligen Adressatengruppe angemessene Darstellungen von Zeugung, Schwangerschaft und Geburt. Solche Bücher sollten in jeder Leseecke und in jeder Klassen- oder Schulbücherei stehen und den Schüler/innen frei zugänglich sein. Eine Darstellung dieses Sachgebietes ist daher hier nicht erforderlich.

Zu den am weitesten verbreiteten (und empfehlenswerten) Büchern zählen:
a) Kinderbücher:
   Fagerström/Hansson: Peter, Ida und Minimum (1987); Herrath/Sielert: Lisa & Jan (1991).
b) Jugendbücher:
   Müller/Geisler: Ganz schön aufgeklärt (1993); Gee/Meredith: Wachsen und Erwachsenwerden (1987); Schneider/Rieger: Das Aufklärungsbuch (1990); Amendt: Das Sex-Buch (1993); Bell: Wie wir werden, was wir fühlen (1993); Schneider: Wie verhüte ich richtig? (1993); Nilsson: Ein Kind entsteht (1990); SchülerDuden Sexualität (1997).
c) Bücher für Oberstufenschüler/innen und (junge) Erwachsene:
   Schmidt: Das große DER DIE DAS (1988); Dunde: Handbuch Sexualität (1992).

Die zentralen biologischen, geschichtlichen, sozialwissenschaftlichen, juristischen und anthropologischen Informationen über Sexualität sollten als integrierte Bestandteile des Lernstoffs einzelner Schulfächer gelten. Informierende Texte für die Hand der Schüler/innen sollten daher in die Lehr- und Arbeitsbücher dieser Fächer aufgenommen werden, sodass sich eine Wiederholung in didaktischen Handreichungen für Lehrkräfte erübrigt.

Auch in diesem Kapitel sind die dargestellten Methoden daher mehr am Prozess der Aktualisierung und Aneignung von Wissen und der Befähigung zu handlungsrelevantem Umgang mit diesem Wissen interessiert als an der Vermittlung eines in sich geschlossenen und ggf. abfragbaren Wissensbestandes.

Didaktische Materialien zur Biologie der Sexualität bieten: Etschenberg/Pommerenke: Empfängnisregelung. Materialangebote für Schulen, 1989 (kostenlos zu beziehen von einigen Verhütungsmittelherstellern); übersichtlich aufbereitete Informationen über Verhütungsmittel für die Hand von Jugendlichen finden sich in den o.g. Jugendbüchern sowie in Sielert u.a. 1993, S. 106–112, in den Broschüren des Pro-Familia-Bundesverbandes und der Bundeszentrale für gesundheitliche Aufklärung (siehe Adressen). Eine ausführliche didaktische Analyse führt Müller 1979, S. 129–176, durch.

Zwei besonders »heiße Eisen« aus dem Themenbereich Sexualwissen und Jugendsexualität werden an anderer Stelle ausführlicher behandelt, und zwar Selbstbefriedigung und Homosexualität (s. S. 144ff. und 150ff.).

Die Vermittlung von Sexualwissen sollte nicht nur aus einer mehr oder weniger trockenen Form der Informationsdarbietung bestehen, sondern auch eine realitätsnahe Begegnung mit zentralen Fragen und Thematiken der Lebensgestaltung beinhalten. Neben den angegebenen interaktiven Arbeitsformen bietet es sich daher auch an, externe Besucher/innen in die Schule einzuladen (als Expert/innen oder als Betroffene) bzw. außerschulische Lernorte aufzusuchen (als originale Begegnung, z.T. im Rahmen größerer Projekte). Mehr dazu findet sich im Kapitel »Ideenkiste« unter den Überschriften »Einladung von externen Referent/innen« und »Außerschulische Lernorte«.

Warten auf den ersten Kuss

Thema: der erste Kuss, Kennenlernen, Bedeutung der äußeren Erscheinung
Fach: Deutsch/Literatur
Einbettung: –
Alter: 12–16 (entweder als Ausblick oder als Rückblick)
Zeit: 1 UE
Material: AB
Literatur: S: Mourier/Tournier 1985; A: → AB

Problemabriss/Ziele:
- Diese UE ist ein Beispiel für eine kritische Prüfung des Inhalts von Jugendzeitschriften, vor allem ihres Anspruchs, ernst zu nehmende Sexualaufklärung zu betreiben (→ *Wir kontra Dr. Sommer*). Das hier ausgewählte Textbeispiel liegt allerdings qualitativ über dem Durchschnitt der Jugendmagazine.
- Anders als die auf genitale Sexualität bezogenen Texte aus Jugendzeitschriften erlaubt es das Thema *Küssen*, diese Fragestellung bereits einige Jahre früher anzugehen.

Ablauf:
- Stummer Impuls: Bilder von sich küssenden Paaren: Entweder klassische Bilder wie von Rodins »Der Kuss« (Marmorstatue 1886) oder Doisneaus »Le baiser de l'hotel de ville« (1950) oder große Filmküsse (etwa Clark Gable/Vivian Leigh) wie in Mourier/Tournier, Kleines Kuss-Lexikon (1985) abgebildet – vielleicht kann der/die Kunstlehrer/in mit Bildmaterial aushelfen!
- Die S lesen den Text »Warten auf den ersten Kuss«.
- UG, evtl. zu folgenden Leitfragen: Wie findet ihr die Geschichte? Glaubt ihr, dass Yvonne alles so erzählt, wie es wirklich gewesen ist? Habt ihr euch auch schon mal solche Fragen gestellt wie Yvonne: wie das Küssen geht, ob es dafür Regeln gibt usw.? Warten Jungs auch darauf, dass sie geküsst werden? Wie wichtig ist das Styling, wenn du einen Freund/eine Freundin suchst? Wie ist das mit der Brille? Mit den Klamotten? Mit der Zahnspange?

Variation 1: Die S bringen selbst Texte aus Jugendzeitschriften zu diesem oder zu einem anderen vorher vereinbarten Thema mit.

Warten auf den ersten Kuss

Yvonne, 14, erzählt der Journalistin Bettina Koch ihre Story

»Mit 12 wäre es fast passiert. Da hat mich ein Junge aus meiner Klasse gefragt, ob ich mit ihm gehen möchte. Im ersten Moment war ich richtig stolz, denn ich hatte nur mal so ausprobiert, ein bisschen mit ihm zu flirten – und es hat sofort geklappt. Mir war das Ganze dann unendlich peinlich, weil ich dann doch nichts von ihm wollte und nicht gewusst habe, was ich mit ihm anfangen soll. Und so habe ich den ersten richtigen Kuss, den ich hätte bekommen können, sausen lassen.

Jetzt bin ich 14 und habe immer noch nicht geküsst. Die Jungs in meiner Klasse tun so, als hätten sie schon fürchterlich viel Erfahrung, und sprechen ständig davon, mit wie vielen Mädchen sie schon rumgeknutscht haben. Ich rechne schon immer nach: Da sind pro Junge drei Mädchen – vielleicht sogar jünger als ich, die sind schon mal geküsst worden. Warum ich nicht? Andererseits habe ich auch keine Lust, ein Übungsobjekt für Jungs zu sein, damit die ihre Erfahrungen machen können. Und dann lästern sie nachher vielleicht über mich. Ich stelle mir immer vor, dass ich den Jungen, der mich küsst, auch richtig liebe und dass wir lange zusammen sind.

Neulich hat einer aus meiner Klasse von einem Mädchen erzählt, das ihm einen Zungenkuss gegeben hat. Da bin ich richtig erschrocken: Muss ich das auch machen, wenn mich mal ein Junge küsst? Keine Ahnung, wie das geht. Ich habe Angst, dass ich bei meinem ersten Kuss vor Aufregung alles falsch machen werde. Gibt es zum Beispiel eine Regel, in welche Richtung man den Kopf drehen muss? Das muss man doch wissen – sonst kommt einem doch die Nase in den Weg. Ich gucke im Fernsehen jetzt immer ganz genau hin, weil ich denke, vielleicht kann man da was lernen. Aber eigentlich erkennt man nie so richtig was. Ich habe gehört, dass sich die Schauspieler im Film gar nicht echt küssen und statt dem Mund nur die Kuhle überm Kinn berühren.

Aber wahrscheinlich kann man Küssen durch Zugucken sowieso nicht lernen. Man muss es einfach üben. Vielleicht sollte ich doch nicht so wählerisch sein? In der Tanzschule, in der einige aus meiner Klasse gerade einen Kurs machen, muss man ja auch mit ganz ekligen Typen zusammen tanzen. Jedenfalls tut es mir heute Leid, dass ich damals zu schüchtern gewesen bin. Dann wäre es jetzt nicht so schwierig. Ich hätte nicht diese Angst, irgendwas falsch zu machen. Allerdings bin ich froh, dass ich nicht so ein Erlebnis hatte wie meine beste Freundin: Bei der war der erste Kuss total peinlich. Der Kuss hat sich nicht einfach ergeben, sondern der Junge hat sie gefragt: ›Darf ich dich küssen?‹, und dann musste sie natürlich erst Ja sagen – dadurch war die Situation total künstlich und der Kuss überhaupt nicht mehr spontan. Es war gar nicht romantisch. Meine Freundin sagt, danach hätte sie am liebsten die Spucke ausgespuckt.

Was mich auch beschäftigt, ist zum Beispiel, wo man sich überhaupt küssen kann: Zu Hause kann jeden Moment meine Mutter an die Tür klopfen, wenn etwa jemand für mich am Telefon ist. Und in der Schule würde ich mich nie trauen, käme ein Lehrer vorbei, würde ich im Boden versinken. Ich mag Leute nicht, die in der U-Bahn oder auf der Straße knutschen, wo es alle sehen können. Ich weiß dann nie, wo ich hingucken soll. Und bin immer etwas traurig, weil es mich eben daran erinnert, dass ich niemanden habe, der mich küsst.

In den letzten Sommerferien habe ich mich in einen Jungen verliebt, den ich öfter im Freibad gesehen habe. Aber er hat mich, glaube ich, überhaupt nicht bemerkt. Meine Mutter sagt, herbeigucken könne man sich einen Jungen nun mal nicht. Man müsse schon etwas tun, um einen Freund zu finden. Einige Mädchen auf unserer Schule stylen sich ganz schön auf, nur um den

Warten auf den ersten Kuss AB

Jungs zu gefallen. Die waschen sich jeden Tag die Haare, lackieren sich die Fingernägel und schminken sich die Augen. Ich weiß gar nicht, ob Jungs das überhaupt mögen. Ich habe auf jeden Fall keine Lust, morgens vor der Schule eine Stunde vor dem Spiegel zu stehen. Obwohl ich mich schon manchmal frage, ob man zum Beispiel täglich ein Mundwasser verwenden muss. Ich war nämlich mal in einem Skilager mit drei älteren Mädchen im Zimmer, die haben in zwei Wochen eine Flasche Odol aufgebraucht, weil sie panische Angst vor Mundgeruch hatten. Ich dachte immer, ich müsste erst damit anfangen, wenn ich einen Freund habe. Aber vielleicht ist es umgekehrt: Ich kriege den Jungen nur, wenn ich ständig darauf vorbereitet bin.
Seit kurzem habe ich Kontaktlinsen. Die musste ich meinen Eltern vielleicht abschwätzen! Ich habe ihnen natürlich erzählt, dass die Brille beim Sportunterricht gefährlich ist und ich beim Radfahren nichts mehr sehe, sobald es nur etwas nieselt. Aber in Wirklichkeit war die Angst, dass die Brille meinen ersten Kuss verhindern könnte, der Hauptgrund, dass ich Kontaktlinsen wollte. Muss man die Brille absetzen? Wo tut man die hin? Was, wenn ich die Brille extra absetze und es kommt gar kein Kuss? Das ist alles keine Frage mehr.
Wie ich mich anziehe, darauf achte ich natürlich. Die richtigen Klamotten zu tragen ist ganz wichtig, sonst ist man sofort draußen. Wir haben zum Beispiel eine in der Klasse, die trägt immer so komische Röcke, also die gehört einfach nicht richtig zu uns, die wird immer ausgeschlossen. Dabei besitzen ihre Eltern vielleicht einfach nicht so viel Geld, und die Mutter näht ihr das Zeug immer selber, weil das billiger ist.
Mit der Art, wie man sich anzieht, entscheidet man sich ja schon für einen bestimmten Typ von Jungen. Ich mag zum Beispiel die sportlichen am liebsten, und ich ziehe mich ja auch so an: mit Jeans, Turnschuhen und Body-Oberteil. Vor ein paar Wochen dachte ich, dass ich endlich am Ziel wäre. Ich habe einen aus der Klasse über mir angesprochen, den ich von der Klassensprecherversammlung kannte. Wir haben uns ganz gut unterhalten, weil wir beide Klassensprecher sind, und ich finde ihn wahnsinnig nett. Seitdem waren wir schon ein paar Mal zusammen im Kino und Eis essen. Ich finde, wir passen wirklich gut zusammen. Wir standen auch schon so eng beieinander, dass ich dachte: Jetzt küsst er dich gleich. Aber es passierte nichts. Ich weiß nicht, wie lange ich noch warten soll. Offenbar bleibe ich noch ewig in der CDU, das heißt bei uns: Club der Ungeküssten.«

(Aus: jetzt. Das Jugendmagazin der SZ, Nr. 21 v. 24.05.93, S. 18–20)

Mein Bild von Sexualität

Thema: Sprechen über Sexualität, Wünsche und Idole; Sexualität in der
                 Lebenswelt von Jugendlichen
Fach: Deutsch, Kunstunterricht, Religionslehre oder Ethik
Einbettung: –
Alter: ab 14 bzw. je nach Bildauswahl (siehe Hinweise)
Zeit: 1 UE
Material: viele Bilder (Fotos, Zeitschriftenausschnitte)
Literatur: A: Nespor 1993, S. 24

Problemabriss/Ziele:
Sexualität hat viele Anteile, die nicht so leicht ausgesprochen werden können, die aber
dennoch in Bildern ausgedrückt oder dort wieder gefunden werden können. Dies gilt
insbesondere für Jugendliche, die noch nicht so viel über Sexualität reflektiert haben.
Die Übung soll helfen, diese Aspekte von Sexualität bewusst und kommunizierbar zu
machen.

Ablauf:
- Die S sitzen in einem Kreis auf dem Boden. In der Mitte werden viele Bilder
  ausgelegt, die in allegorischer Weise mit Sexualität in Verbindung gebracht werden
  können (mindestens doppelt so viele Bilder wie S). Auf den Bildern sind Menschen, Landschaften, Gegenstände usw. zu sehen.
- L: »Sieh dir die Bilder in Ruhe an und wähle ein Bild aus, das für dich einen
  wichtigen Aspekt von Sexualität ausdrückt und das dich besonders anspricht.
  Wenn alle ein Bild ausgewählt haben, dann kannst du dein Bild an dich nehmen.«
- L: »Wenn mehrere dasselbe Bild gewählt haben, dann bleiben sie zusammen. Die
  anderen suchen sich einen Gesprächspartner/eine Gesprächspartnerin und erklären einander, warum sie gerade dieses Bild ausgewählt haben. Die Leitfragen für
  euer Gespräch könnten sein (TA): Was drückt dieses Bild aus? Was hat dieses Bild
  mit Sexualität zu tun? Was hat dieses Bild mit mir zu tun? Was ist für mich
  Sexualität?«
- Abschluss: Die Ergebnisse dieses Partnergesprächs werden *nicht* im Plenum mitgeteilt, es erfolgt nur ein kurzer Bericht, wie das Gespräch gelaufen ist und wie die
  S sich dabei gefühlt haben. (Dies sollte vorher mitgeteilt werden, damit die S freier
  miteinander sprechen können.)
- Wenn Zeit bleibt, können die ausgewählten Bilder mit jeweils einer kurzen Bild-
  unterschrift versehen und ausgehängt werden.

Variation 1: Die S stellen das von ihnen gewählte Bild nicht einer Person, sondern
einer Kleingruppe vor und beantworten die oben angegebenen Leitfragen.

Variation 2: Die S beschreiben jeweils ihre persönliche Vorstellung von Liebe und/oder Sexualität unter Verwendung von Motiven des von ihnen gewählten Bildes. Die anderen versuchen, anhand dieser Beschreibung das betreffende Bild herauszufinden.

Variation 3: Mit Bildersammlungen lässt sich noch viel mehr anfangen:

- Die S können aus Starbildern ihre Vorbilder/Idole auswählen und erklären, was sie an ihnen fasziniert. (Hinweis am Ende: Wir sehen in andern das, was mit uns selbst in Beziehung steht, was auch in uns steckt oder was wir gerne selbst hätten.)
- Die S können Bilder aussuchen, die zeigen, wie ihre Eltern (oder ihr/e Freund/in) möchten, dass sie selbst aussehen oder sein sollten.
- Für ältere S: Eine Sammlung von Postkarten wird ausgelegt, die entweder direkt oder allegorisch mit Sexualität zu tun haben (bzw. damit in Beziehung gebracht werden können) und die sich auf die »hellen/guten/schönen« ebenso wie auf die »dunklen/hässlichen/schlechten« Seiten von Sexualität beziehen können. Die S wählen sich wie in der Einheit *Mein Bild von Weiblichkeit/Männlichkeit* (s. S. 76) je ein positives und ein negatives Bild und sprechen in Paaren, Kleingruppen oder im Plenum darüber.

Hinweise: Die Auswahl der Bilder sollte in jedem Fall dem Alter der S und dem Stand an Kommunikationsfähigkeit über Sexualität angepasst werden. Bei jüngeren S kann auch das Thema *Freundschaft* oder *Liebe in der Familie* im Mittelpunkt stehen.
In einem Fotokurs oder Fotoprojekt können die S selbst Bilder zum Thema Sexualität machen und anschließend in einem Heft oder einer Ausstellung zusammenstellen bzw. vervielfältigen.
Ein Beispiel dafür ist das Projekt »Liebe am Wochenende«, das im Jugendtreff Bergstraße in Wuppertal durchgeführt wurde (Tel. 0202/5636295). Die Ergebnisse sind als 16-seitiges Heft oder als Ausstellung erhältlich (Näheres dazu ist zu erfahren bei: Ev. Arbeitsgemeinschaft für Klubarbeit e.V., Stalburgstr. 38, 60318 Frankfurt, Tel. 069/591346).
Weitere Beispiele sind:
Motiv Liebe. Ein Fotoprojekt der Volkshochschule Recklinghausen für Mädchen. Münster 1991.
Bei Liebe klickt's. Jugendliche fotografieren Jugendliche zum Thema »Liebe, Freundschaft, Sexualität«, Berlin 1989 (zu beziehen über Institut für Sexualpädagogik, Huckarder Str. 12, 44147 Dortmund, Tel. 0231/144422).

Fantasiereise

Thema: Selbsterfahrungsbezogene Information über die weiblichen
Geschlechtsorgane für Mädchengruppen
Fach: Fächerübergreifend
Einbettung: Längerfristige sexualpädagogische Mädchenarbeit
Alter: ab 13
Zeit: 45´
Material: Meditationsmusik, Decken
Literatur: A: Dilcher/Esch/Hellwig (1994)

Problemabriss:
Informationen über die inneren Geschlechtsorgane sind fester Bestandteil des Biolo-
gielehrplanes und der entsprechenden Fachlehrbücher. Leider bleibt das von den S
dabei erworbene Wissen häufig abstrakt und wird nicht auf das eigene Erleben und
Fühlen bezogen. Eine Möglichkeit, sachliche Information und eigenes Körpererleben
zu verbinden, stellen Fantasiereisen wie die Folgende dar.
   Die hier wiedergegebene Fantasiereise wurde von Helga Dilcher, Ulrike Esch und
Kirsten Hellwig im Rahmen des Münchner »Mädchenprojekts Körpererfahrung«
(1991–93) entwickelt und ist Teil eines auf 8 Gruppenstunden angelegten Program-
mes für Mädchengruppen in Schulen (vgl. auch S. 27).

Ablauf:
1. Teil: Tiefenentspannung
(nach Dilcher/Esch/Hellwig 1994, S. 25)
- stehen, Kontakt der Füße zum Boden spüren
- federn aus dem Fußgelenk heraus, wie setzt sich die Bewegung im Körper fort?
- stärker federn, Fersen dabei vom Boden abheben, auch Arme ausschütteln
- stehen, nachspüren: wie fühlen sich Beine und Arme an, wie fließt der Atem?
- ins Gehen kommen, dabei locker im Oberkörper sein, Arme schwingen mit,
  eigenes Tempo finden
- gehen auf Zehenspitzen, Fersen, Außenkanten, Innenkanten, Watscheln in der
  Hocke
- dann fallen lassen, am Boden liegen, Augen schließen, nachspüren:
  Atem, Herzschlag, Berührung zum Boden, Auflagefläche
- fällt es leicht oder schwer, ruhig dazuliegen?
- bei jedem Ausatmen sich schwerer werden lassen
- das Gewicht immer mehr dem Boden überlassen
- was verändert sich mit der Zeit?
- dann aus der Ruhe heraus räkeln, dehnen, strecken, hinsetzen
- Frage: Wie ist es euch während der Entspannung ergangen?

2. Teil: Reise zu den inneren Organen
(nach Dilcher/Esch/Hellwig 1994, S. 22)

- Leg dich bequem hin, am besten auf den Rücken, vielleicht kannst du die Augen schließen, um mit der Aufmerksamkeit ganz zu dir selbst zu kommen,
- wenn du dann so daliegst, kannst du deine Hände auf deinen Bauch legen und spüren, wie deine Atembewegung deine Hände auf- und abbewegt,
- unter deinen Händen, in deinem Bauch, tief in deinem Inneren, liegen die Organe, die dich zu einer Frau machen.
- Da ist zum einen die Gebärmutter, die ungefähr die Größe und die Form einer kleinen Birne hat, oben auf der Gebärmutter, rechts und links wie zwei Hörner, befinden sich die Eileiter, die sich am Ende verbreitern und ausschauen wie Trichter, vor dem trichterförmigen Ende des Eileiters liegt jeweils ein Eierstock, der ungefähr die Größe und die Form einer kleinen Mandel hat.
- Nach unten zur Scheide hin hat die Gebärmutter eine Öffnung, den Muttermund, dieser ragt ein Stück in die Scheide hinein, er hat eine kleine Öffnung von 2 mm, dadurch kann das Menstruationsblut hindurchfließen, bei der Geburt eines Babys kann sich diese Öffnung auf ungefähr 10 cm erweitern,
- wenn du in deiner Vorstellung dann weiter durch die Scheide nach außen gehst, kommst du zu den äußeren Sexualorganen: Vor der Scheidenöffnung liegt die Öffnung der Harnröhre, noch ein Stück weiter davor deine Klitoris, dies alles ist eingebettet in den inneren Schamlippen, außen herum befinden sich dann noch die äußeren Schamlippen.
- Vielleicht hast du dich mit einem Spiegel schon einmal angeschaut, wie es dort bei dir aussieht, vielleicht hast du auch nur eine ungenaue Vorstellung davon, vielleicht kennst du ein Bild aus einem Aufklärungsbuch.
- Wenn du ein Bild vor Augen hast, dann bitte ich dich, nachdem du dich erst einmal langsam räkelst und streckst und in deinem eigenen Tempo wieder zum Sitzen kommst, das Bild zu malen.

Fortsetzung: In einer späteren Einheit kann diese Fantasiereise durch eine ähnliche Reise durch den Zyklus der Frau ergänzt werden. Ein ausführlicher Text dazu wurde ebenfalls von Dilcher/Esch/Hellwig (1994, S. 23f.) entwickelt.

Der Text ist in der mit vielen Praxisinformationen versehenen Dokumentation des Projekts enthalten, die beim Gesundheitsreferat der Landeshauptstadt München, Abt. 2, FB 3 (Stichwort »Mädchenprojekt Körpererfahrung«) bestellt werden kann.

Verhütungsmittel-Show / Verhütungskoffer

Thema: Verhütungsmittel
Fach: Biologie, Deutsch, Schulspielgruppe, Schullandheim
Einbettung: evtl. vorausgehende Information über Verhütungsmittel
Alter: ab 12
Zeit: 1–2 UE
Material: Verhütungskoffer (siehe Anmerkung), KK mit Arbeitsaufträgen, Broschüren zu Verhütungsmitteln (Bestelladressen siehe Anhang)
Literatur: –

Problemabriss/Ziele:

Die Behandlung des Themas Verhütungsmittel sollte weder langweilig noch peinlich sein, sondern die S dazu motivieren, sich weiter zu informieren und das für sie passende Verhütungsmittel auszuwählen und anzuwenden. Wissen über Verhütungsmittel alleine reicht nicht aus – sie müssen auch konkret handhabbar sein. Dieses Spiel soll Gelegenheit geben, Wissen über und konkretes Handhaben von Verhütungsmitteln zu verbinden und beides in einer lockeren Atmosphäre Thema werden zu lassen.

Ablauf:

Die S bilden drei Gruppen. Jede Gruppe erhält eine KK mit je einem der folgenden Arbeitsaufträge:

Gruppe 1:

Ihr seid ein Team von **Jugendarbeiter/innen**. Ihr kommt in ein **Jugendhaus**, um dort die Verhütungsmittel aus eurem Koffer vorzustellen.

Die Jugendlichen sind etwas gelangweilt und sagen euch gleich, dass sie lieber in die Disko gehen, wenn es hier nichts Interessantes zu sehen gibt.

Also müsst ihr euch was Besonderes für die Präsentation der Verhütungsmittel einfallen lassen!

Gruppe 2:

Ihr veranstaltet eine Podiumsdiskussion, bei der außer dem Moderator/der Moderatorin folgende Verhütungsmittel auftreten:

- Herr Dr. Condom
- Frau Professor Pille
- Madame Diaphragma
- Monsignore Calendario Schleim
- Schwester Abstinenzia
- Lady Spi

sowie evtl. als Vertreter der »Anti-Verhütungsmittel-Liga«:

- Genosse Coitus Interruptus

– Wählt aus, wen ihr auftreten lassen wollt! –

Alle Verhütungsmittel preisen gegenüber dem Publikum ihre Vorteile an und versuchen, die anderen schlecht zu machen. Sie können ihren Einsatz und ihre Wirkungsweise demonstrieren, das Publikum zum Mitmachen animieren usw.
Lasst euch etwas Spannendes einfallen und informiert euch in den bereitliegenden Broschüren über die Vor- und Nachteile der einzelnen Verhütungsmittel.

Gruppe 3:

Eure Aufgabe ist es, eine **Szene aus einem romantischen Theaterspiel** aufzuführen

Ein junges Liebespaar sitzt auf einer Wiese. Beide möchten Sex miteinander haben. Daraufhin treten alle möglichen Verhütungsmittel und -methoden auf die Bühne und bequatschen das Liebespaar, z.B.:

»Nehmt mich, denn ich habe die und die Vorteile. Nehmt bloß nicht …, denn das hat die und die Nachteile!«

Das Liebespaar kann den Verhütungsmitteln auch Rückfragen stellen, z.B.:

»Wie ist es denn bei dir mit der Sicherheit?«,

und es kann sich beraten, z.B.:

»Möchtest du, dass wir dieses Verhütungsmittel nehmen?«

Eure Gruppe spielt sowohl das Liebespaar wie auch die Verhütungsmittel. Informiert euch in den bereitliegenden Broschüren darüber, welche Vor- und Nachteile jede Verhütungsmethode hat!

- Die S haben ausreichend Zeit, die Aufführungen vorzubereiten. Der Verhütungsmittelkoffer, die Broschüren und andere Demonstrationsmaterialien stehen ihnen dabei zur freien Verfügung.
- Je eine Gruppe führt ihr Spiel vor, die anderen schauen zu. Wenn ein Fotoapparat zur Hand ist: Die besten Szenen fotografieren!
- Ausführliche Schlussbesprechung: Was hat es gebracht? Welches Verhütungsmittel ist in welcher Situation das beste? Was war eklig? Sollten Paare miteinander über Verhütung sprechen? Ist es gut, wenn so offen über Sexualität geredet wird? Über welches Verhütungsmittel möchtest du jetzt gerne mehr wissen? Wie können wir an weitere Information gelangen?

Variation: Das Thema kann auch ohne Vorgabe von bestimmten Spielszenen angegangen werden. Der Auftrag lautet dann: »Stellt euch vor, ihr müsstet in einer Schulklasse mit jüngeren Schülern und Schülerinnen die einzelnen Verhütungsmittel erklären. Wie könntet ihr das machen, ohne dass es langweilig und uninteressant wird?«

Fortsetzungsmöglichkeiten:
Die Klasse plant gemeinsam, wie weitere Informationen beschafft werden können (arbeitsteilige GA und Referate, Einladung externer Referent/innen). Oder: Die Klasse bereitet eine Ausstellung vor, die auf einem Studientag zum Thema *Sexualität* anderen Klassen präsentiert wird. Dazu werden für jedes Verhütungsmittel ein Plakatkarton mit den wichtigsten Informationen geschrieben, Ausstellungsstücke ausgewählt und Demonstrationen für eine Führung durch die Ausstellung vorbereitet. Die in der Klasse geplante Präsentation wird in einer Gruppe von jüngeren S durchgeführt. – Für eine weitergehende Information zur Beteiligung älterer Jugendlicher an sexualpädagogischen Aktionen mit jüngeren Jugendlichen (»peer involvement«) vgl. Learn to love, 1995, S. 80ff.

Anmerkung: Ein Verhütungskoffer sollte an jeder Schule vorhanden sein und mindestens ein Exemplar bzw. eine Packung der gängigsten Verhütungsmittel enthalten. Falls Sie sich selbst einen zusammenstellen wollen, können Sie anhand der folgenden Packliste vorgehen. Bei der Zusammenstellung kann Ihnen auch der Schularzt oder das örtliche Gesundheitsamt behilflich sein, außerdem gibt es bei Frauenärzten, Apotheken oder Arzneimittelfirmen u.U. Probepackungen. Die örtlichen Beratungsstellen von Pro Familia oder Aids-Hilfe können Sie dabei weiter beraten.
Die Zusammenstellung des Verhütungskoffers könnte auch durch die Schüler/innen im Rahmen eines Projekts erfolgen (Beschaffung der einzelnen Artikel bei den genannten Quellen durch Briefe oder persönliche Besuche).

Inhalt des Verhütungskoffers AB

Inhalt des Verhütungskoffers

- mehrere verschiedene Pillenpackungen,
- reichlich Kondome, evtl. mit »Holzpenis« (kostenlos zu beziehen von vielen Kondomherstellern) oder – besser – Deko-Banane zur Demonstration der Anwendung,
- 1 Diaphragma und je 1 Tube chemisches Gel und Gel auf Pflanzenbasis,
- 1–3 verschiedene Spiralen, evtl. mit Einführhülse,
- 1 Femidom (Kondom für die Frau, derzeit in Deutschland noch nicht im Handel),
- 1 Packung Scheidenzäpfchen bzw. -creme,
- 1 Portiokappe,
- 1 Lea (neu entwickeltes, kleineres Diaphragma),
- 1 Prospekt bzw. Modell eines Verhütungsmittel-Computers (z.B. Persona).

daneben:
- 1 Schwangerschaftstest,
- Tampons, Slipeinlagen, Menstruationsschwämmchen,
- 1 Beckensagittalschnittmodell (kostenlos zu beziehen von Johnson & Johnson)
- farbige und sonst wie ausgefallene Kondome,
- 1 Tube/Fläschchen Gleitcreme/-gel,
- evtl. 1 Spekulum,

sowie:
- ausreichend Broschüren zu den einzelnen Verhütungsmitteln (Bezugsquellen siehe Adressen).

Ein entsprechender Koffer kann bei der Pro Familia Versand GmbH bestellt (siehe Adressen) oder bei den örtlichen Pro Familia Beratungsstellen ausgeliehen werden. In Österreich gibt es daneben die etwas magerere (und zu Unrecht verleumdete) Version des kultusministeriellen »Sexkoffers« (vgl. *Initiative Bildung* 1989).

Wichtig an einem Verhütungsmittelkoffer ist, dass alles zum Anfassen ist. Es sollte z.B. möglich sein, das Diaphragma-Gel auf die Hand zu drücken und daran zu riechen oder die Kondome abzurollen (z.B. über Karotten, Bananen usw.) und aufzublasen oder mit Wasser zu füllen. Das hilft, die Scheu vor den einzelnen Verhütungsmitteln abzubauen, damit im »Ernstfall« nicht unbegründete Ängste und Hemmungen ihren Einsatz vereiteln. Aus diesem Grund darf es bei der Behandlung von Verhütungsmitteln im Unterricht auch mal etwas turbulent und unernst zugehen – solange dabei die wichtigen Informationen nicht untergehen.

Unter Umständen stellen einzelne S erst nach Abschluss der Einheit persönliche Fragen, was dann die Chance einer individuelleren Besprechung eröffnet.

Grabbelsack

Thema: (Assoziationen zu) Sexualität, Sprache und Sexualität
Fach: Deutsch, Religionslehre oder Ethik, Schullandheim
Einbettung: längere Sequenz zu Sexualität
Alter: ab 14
Zeit: 30´
Material: Sack oder Kissenbezug mit Gegenständen (s. u.)
Literatur: –

Ziele:
● Ausdruck von Assoziationen zum Themenbereich Sexualität;
● Kommunikation über persönliche Einstellungen zum Themenbereich Sexualität.

Ablauf:
● In einem Sack oder einem Kopfkissenbezug befindet sich eine möglichst breit gefächerte Mischung von Gegenständen, die mehr oder weniger direkt mit Sexualität assoziiert werden können, z.B. (je nach Alter und Gesprächsstand der Klasse auszuwählen): ein Kondom oder ein Gummiband, eine Cremetube, eine Feder, ein *Marshmallow*, ein Vorhängeschloss, eine Computerdiskette, ein Stück Besenstiel oder eine Banane, eine He-Man- oder Barbie-Puppe, ein Slip, Strapse, ein Lippenstift, ein Tampon oder Slipeinlage, eine Muschel, ein Stück Fell, ein Pfirsich, ein Plüschtier, eine abgerissene Kinokarte, eine Videokassette, eine CD-Hülle, ein Handschmeichler oder Kieselstein, ein Schraubenzieher, ein Reißnagel, ein Wattebausch, ein Wollknäuel u.v.m.
● Alle S sitzen im Kreis, der Sack wird weitergereicht, ein/e S greift jeweils hinein, betastet die Gegenstände und wählt einen aus, den er/sie mit Sexualität assoziiert.
● Der/Die S zeigt den Gegenstand und berichtet seine/ihre Assoziationen. Danach können die anderen ihre Assoziationen dazu sagen (vor allem diejenigen, die den Sack schon gehabt und den betreffenden Gegenstand betastet haben).
● Gegen Ende der Runde muss der Gegenstand nicht immer gezeigt werden. Er kann nach Berichten der Assoziationen auch von den Zuhörer/innen erraten werden.

Hinweise: Diese Übung setzt eine positive Atmosphäre und viel Übung in Kommunikation (über persönliche Themen) voraus. Sie kann als Einstieg für eine längere sexualpädagogische Sequenz dienen.

Das erste Mal

Thema: Jugendsexualität, Beziehungen
Fach: –
Einbettung: kontinuierliche Sexualpädagogik (auch: Jungenarbeit)
Alter: ab 14
Zeit: 1 UE
Material: AB
Literatur: A: Hanswille 1990, S. 134ff.   S: Geiger 1986; Kienzl 1993;
             van Dijk 1996; Sechs mal Sex und mehr 1994, S. 14–30.

Problemabriss/Ziele:

Das »erste Mal« wird von vielen Jugendlichen lange ersehnt und mit Erwartungen überfrachtet. Die realen Erfahrungen bleiben aber oft so weit hinter diesen Erwartungen zurück, dass eine Enttäuschung die Folge ist. Die UE thematisiert diese überzogenen Erwartungen und zeigt, woher sie kommen und dass sie nicht von selbst in Erfüllung gehen, sondern dass beide Partner/innen sich aufeinander einstellen müssen und dass dies Zeit und Kommunikation braucht.

Ablauf:

- Einstieg: Video »Sechs mal Sex und mehr«, Folge 1: »Das erste Mal« (Ausschnitte – eine ausführliche Diskussion der Thematik und des Inhalts des Videofilms findet sich in dem gleichnamigen Begleitheft, hrsg. von der BZgA, S. 14–30), oder Video »Sex – eine Gebrauchsanweisung für Jugendliche« (Auszug die ersten 5 bis 6 Minuten: unterschiedliche Verhaltensformen und Erwartungen).
- Gespräch: Welche Erwartungen haben die Jugendlichen in diesen Videos an Sexualität und intime Beziehungen? Gehen diese Erwartungen leicht in Erfüllung?
- L: »Hier sind drei Erfahrungsberichte von Jugendlichen über das erste Mal.«
- Lesen von AB »Das erste Mal«.
- Gespräch zu folgenden Leitfragen: Haltet ihr diese Berichte für realistisch? Woher kommen die hohen Erwartungen an das »erste Mal«? Woher kommt es, dass diese Erwartungen nicht immer erfüllt werden?
- Evtl. Fixierung auf TA (Beispiel s. S. 130) oder Folie.

Gründe für hohe Erwartungen:	Gründe für enttäuschende Erfahrungen
Sex und »das erste Mal« werden in Filmen und Jugendzeitschriften hochgejubelt.	Beide haben wenig Erfahrung.
Beide haben nur tolle Erzählungen von Freunden und Freundinnen gehört.	Beide wissen nichts von den Wünschen des/der anderen und sprechen auch nicht darüber.
Sie glauben, dass alles wie von selbst klappen müsste.	Er hat Angst vor Versagen.
Sie haben sich in ihrer Fantasie schon ausgemalt, wie schön es sein wird.	Sie hat Angst vor Schmerzen.
Sie machen sich falsche Vorstellungen von einem Orgasmus.	Unterschiedliche Erwartungen von Mädchen und Jungen.
...	Sie haben keine Gelegenheit für ein ruhiges und ungestörtes Zusammensein.
....	...

Variation: Alternativer Einstieg (falls keine Videos zur Verfügung stehen): »Viele von euch lesen Bravo, Pop Rocky oder eine andere Jugendzeitschrift. Darin schreiben viele Jugendliche, wie es für sie war, als sie zum ersten Mal mit ihrem Freund oder ihrer Freundin geschlafen haben. Zeichnet sich da ein Trend ab, wie die meisten das erleben?«
Die S können auch entsprechende Beiträge aus Jugendzeitschriften in den Unterricht mitbringen, z.B. Geschichten aus der ständigen Kolumne »Mein erstes Mal« in BRAVO, die dann anstelle der auf dem AB abgedruckten Berichte besprochen werden.

Hinweise: Voraussetzung dieser UE ist, dass in der Klasse kontinuierlich sexualpädagogische Themen behandelt werden und unter den S und zwischen S und L entsprechende Kommunikationsformen eingeführt sind und gegenseitiges Vertrauen besteht. Das Gespräch sollte sich in jedem Fall auf die Themen beschränken, die ohne Peinlichkeit angesprochen werden können.

Das erste Mal AB 11

Dave (17)

»Wo wir schon dabei waren, vielleicht 10 Minuten davor, da wurde mir es erst richtig bewußt. Ich konnte es erst gar nicht glauben, daß es jetzt wirklich passiert. Endlich. Was man immer so zwei, drei Jahre nach dem ersten Petting erhofft hat. Dann wird's wirklich 'ne wunderschöne Sache, und danach fühlt man sich irgendwie ›Och, jetzt bin ich ein Mann, jetzt hab ich's endlich.‹

Ich hab mich wirklich saugut gefühlt. Ich war auch irgendwie stolz auf mich selber. Auch gegenüber meinem Freund. Ich hab's gleich meinem besten Kumpel erzählt. Ich war so glücklich.«

Oliver (18)

»Ich war von meinem ›ersten Mal‹ echt enttäuscht. Ich hatte mir in der Fantasie oft vorgestellt, wie es sein würde. In Filmen sieht man ja oft, wie toll das ist, und auch in Romanen ist es immer wieder beschrieben. Ich hatte Vorstellungen von totaler Leidenschaft und Geilheit mit viel Stöhnen und langem Orgasmus und ganz tollen Gefühlen. Aber es kam ganz anders. Mein Penis wurde nicht steif, und ich hatte Mühe, dann hinterher in die enge Scheide meiner Freundin eindringen zu können, und dann hatte ich ganz schnell einen Orgasmus, und das war es dann schon. Es war ganz ernüchternd für mich.«

Iris (18)

»An das ›erste Mal‹ kann ich mich gar nicht mehr genau erinnern. Es war, glaube ich, auch nichts Besonderes. Mit der Zeit ist es aber immer schöner und intensiver für mich geworden. Wir machen uns jetzt auch keinen Stress mehr zusammen und lassen uns viel Zeit. Am Anfang war es so, dass wir uns beide bemüht haben, alles möglichst toll und richtig zu machen. Wir haben auch nicht viel darüber gesprochen, wie es dann nun am besten sei und ginge. Ich dachte immer, dass das klar sei und von selbst klappen müsste. Wir mussten beide einiges lernen, und jetzt lassen wir uns immer viel Zeit und versuchen auch, darüber zu sprechen, was für uns schön ist und was nicht.«

(Nach: F. Herrath u.a.: Sechs mal Sex und mehr, 1994, S. 20 [Dave] und R. Hansville: Fragen zum Sex, 1990, S. 134f. [Iris und Oliver])

Wir kontra Dr. Sommer

Thema: Jugendsexualität, Jugendzeitschriften
Fach: Deutsch, fächerübergreifend
Einbettung: medienpädagogische Sequenz zu Jugendzeitschriften
Alter: ab 13
Zeit: 1 UE+
Material: Briefe von Jugendlichen auf KK; Nachschlagewerke und Aufklärungs-
                  literatur (z.B. Kentler 1983; Borneman 1984; Hanswille 1990;
                  Amendt 1993; SchülerDuden Sexualität 1997 o.a.); Papier und Stifte
Literatur: A: Nespor 1993, S. 21;   S: Wenzel (1990)

Problemabriss/Ziele:

Dieses Spiel erlaubt, Jugendsexualität zu thematisieren, ohne dass die Kinder/Jugend-
lichen selbst direkt betroffen sind. Das Gespräch ist daher weniger angstbesetzt, ja
kann sogar lustig werden, ohne dass der Ernst des Themas ganz verloren geht.

Das Spiel wirft ein kritisches Licht auf Jugendzeitschriften, auf die Patentrezepte
von Sexualberatern in den Medien und auf die Hoffnung, von einem Ratgeber im
Handumdrehen und ohne eigenes Nachdenken alle Probleme gelöst zu bekommen.

Ablauf:

● L: »Ich habe einige Briefe gesammelt, die Jugendliche an die Ratgeber bei Jugend-
  zeitschriften (wie das Dr.-Sommer-Team von Bravo) geschickt haben. Teilt euch
  in 4 (5) Gruppen auf und versucht, auf die Fragen in diesen Briefen selbst eine
  Antwort zu finden. Danach werden wir sie mit der Antwort vergleichen, die in der
  Zeitschrift abgedruckt war.«
● GA (unter Zuhilfenahme von Lexika und anderen Büchern).
● Vorlesen und Diskutieren von jeweils einer (oder mehreren) Gruppenant-
  wort(en), dann Vorlesen der gedruckten Antwort und Vergleich.

Variation: Die Gruppenantworten werden vor dem Vorlesen einmal unter den Gruppen ausgetauscht, sodass sie von einer zweiten Gruppe *(Qualitätskontrolle)* verbessert
werden können.

Sprache und Sexualität

Sprache und Sexualität stehen in einem engen, aber nicht immer problemlosen Verhältnis zueinander. Sexualität ist einerseits auf Kommunikation angewiesen, ja sie *ist* eine Form von Kommunikation (mit besonderen verbalen, paraverbalen und nonverbalen »Zeichen«). Andererseits kann Intimität auch zerstört werden durch zu viel Reden sowohl in der intimen Situation wie über sie (miteinander und mit anderen). Vor dem Hintergrund dieses spannungsgeladenen Verhältnisses sollen die Einheiten dieses Kapitels dazu dienen,

- das Verhältnis von Sprache und Sexualität zu reflektieren,
- die verschiedenen Sprachebenen (Fach-, Schrift-, Umgangs- und Vulgärsprache), auf denen wir über Sexualität sprechen können, bewusst zu machen und voneinander zu unterscheiden und
- die Möglichkeiten des verbalen und nonverbalen Ausdrucks und Verstehens in der Kommunikation über Sexualität und in sexuellen Beziehungen zu erweitern und zu differenzieren.

Ziel dieser Übungen ist nicht, das (ohnehin allgegenwärtige) Reden über Sexuelles als Selbstzweck weiter zu verstärken. Verbale und nonverbale Kommunikation über Sexualität sind aber erforderlich, wenn Personen sich verständigen wollen – sowohl unter »Normalbedingungen« wie in kritischen Situationen. Die Kommunikation über Sexualität sollte daher rechtzeitig gelernt werden.

Daneben ist Sprache das wichtigste Medium des Unterrichts. Sexualpädagogik kommt nicht darum herum, offen über Sexualität zu sprechen, und im offenen authentischen Gespräch bietet sich die besondere Chance, den »Kosmos« der Sexualität aufscheinen zu lassen und den Blick auf weitere Horizonte zu lenken. Sprechen über Sexualität sollte daher

- reflektiert geschehen, damit sich nicht über den Sprachgebrauch unkontrolliert Wertungen und Diskriminierungen verbreiten, und
- so differenziert wie möglich geschehen, damit im Unterrichtsgespräch auch die feineren Bedeutungs- und Bewertungsnuancen kommunizierbar werden.

Metaphern der Liebe

Thema: Sexualität und (poetische) Sprache
Fach: Deutsch
Einbettung: –
Alter: ab 12
Zeit: 30´
Material: Papier
Literatur: –

Ziele:
(Mehr oder wenige) poetische Umschreibungen für Sexualität und Liebe finden und solche Umschreibungen stilistisch bewerten können.

Ablauf:
- Die S bekommen mehrere kleine Zettel bzw. schneiden selbst Papier zurecht.
- L: »Liebe und Sexualität können wir nicht genau definieren, aber wir können sie beschreiben, wir können Bilder dafür verwenden, um anderen mitzuteilen, wie wir Liebe und Sexualität empfinden, was wir unter diesen beiden Begriffen verstehen.«
- So könnten wir z.B. sagen: »Liebe ist *wie ein warmer Wasserfall*«, »Liebe ist *wie auf einer Blumenwiese in der Sonne liegen*«, »Sex ist *wie unter Strom stehen*«, »Sex ist *wie eine Achterbahnfahrt*«.
- Die S schreiben zu »Liebe ist wie …« und »Sex ist wie …« jeweils so viele Metaphern auf, wie ihnen einfallen (pro Blatt nur 1 Metapher), und legen die Blätter umgedreht auf zwei getrennte Haufen.
- Jeweils ein/e S zieht ein Blatt (abwechselnd von Stapeln für »Liebe …« und »Sex …«) und liest die Metapher vor (ohne dass erkennbar wird, wer was geschrieben hat).
- Gespräch: Interpretation und stilistische Bewertung (»Was davon findet ihr gut? Warum?«). Dabei sollten v.a. auch die negativen Metaphern (»Liebe ist wie in klebrige Zuckerwatte fallen« oder »Sex ist wie eine monotone Maschine«) ernst genommen werden. Über die stilistische Interpretation sollte das Verständnis für die je individuellen Wahrnehmungen von Liebe und Sexualität geweckt werden.

Variation/Fortsetzung: Vorlesen und diskutieren von Beispielen aus der Literatur. (Zum Stichwort *Liebe* bietet Mackensen [1981, S. 480ff.] eine umfangreiche Auswahl an Zitaten und Redewendungen, die allerdings nicht immer sehr poetisch ausfallen.)

Penivagitus, Dödel & Co.

Thema: Sprachebenen, Situationsangemessenheit von Begriffen
Fach: Deutsch, Schullandheim
Einbettung: vor Wortschatzarbeit; nach Provokationen durch vulgärsprachliche Ausdrücke; als Einstieg in längere Sequenzen
Alter: ab 12
Zeit: 45′+
Material: Tapetenbahnen, Stifte
Literatur: A: Var. 6: Sielert u.a. 1993

Problemabriss/Ziele:

Oft verfügen Schüler/innen über eine nur wenig entwickelte Umgangs- oder Vulgärsprache, um über Sexualität zu sprechen. Wird diese in der Schule kategorisch abgelehnt, so werden diese S mundtot gemacht, was im Hinblick auf das Ziel »Kommunikationsfähigkeit über Sexualität« kontraproduktiv ist. Diese Übung zeigt, dass mehrere verschiedene Sprachebenen nebeneinander bestehen und zur Kommunikation zur Verfügung stehen, sie akzeptiert diese in einem ersten Schritt, zeigt dann aber, dass sie nicht alle gleich bewertet werden – wobei die Bewertung nicht von der Lehrperson, sondern aus der Klasse selbst kommt und durchaus individuelle Schattierungen aufweisen kann.

Es soll deutlich werden, dass wir verschiedene Sprachebenen (Fach-, Schrift-, Umgangs- und Vulgärsprache) zur Bezeichnung von Sexualität verwenden, die ihren je eigenen Situationsbezug haben, und dass alle Ebenen spezifische Vor- und Nachteile haben (entweder zu lebensfern oder zu derb, zu blumig oder sexistisch usw.). Es sollen Begriffe ausgesprochen werden, die sonst in der Schule nicht oder nur zur Provokation gebraucht werden. Dies nimmt ihnen etwas die Spitze.

Ablauf:

- Schreibphase: Auf 3 Papierbahnen steht jeweils einer der Begriffe *Scheide, Glied, miteinander schlafen* (bzw. *Penis, Vagina, Koitus*). Die S schreiben unzensiert alle Synonyme und benachbarten Begriffe (wie *Kitzler, Hoden, einen blasen*) dazu, die ihnen einfallen.
- Bewertungsphase: Wenn die S alle Wörter, die ihnen einfallen, aufgeschrieben haben, bewertet jede/r S die einzelnen Begriffe mit einem + oder einem –. Begriffe, die gleichgültig lassen, erhalten keine Wertung. Danach werden die positiven und negativen Punktzahlen der besonders viel bewerteten Begriffe zusammengezählt und die »akzeptabelsten« und »übelsten« Begriffe ermittelt.
- Auswertungsphase: Die Einheit sollte abgeschlossen werden durch ein Gespräch über Sprachebenen, Angemessenheit in bestimmten Situationen und über individuellen Sprachgebrauch sowie evtl. über die Bezeichnungen in den Mutterspra-

chen ausländischer Mitschüler/innen. Leitfragen dazu können sein: »Wann sagst du ... ?« »In welchen Situationen kannst du es auf keinen Fall bringen, ... zu sagen?« »Was passiert, wenn du in der und der Situation ... sagst?«

Variation 1: Bei der Bewertung erhalten die Mädchen rote und die Jungen grüne Stifte (oder umgekehrt). Danach wird verglichen, ob manche Begriffe nur von Jungen oder nur von Mädchen gemocht bzw. abgelehnt werden. – Erstaunlicherweise sind die Bewertungen in der Regel nicht sehr unterschiedlich.

Variation 2: Statt der Bewertung durch + und – werden Begriffe (zunächst ohne Diskussion) durchgestrichen. Danach erfolgt eine Aussprache im Sitzkreis.

Variation 3 (turbulent): Die Klasse wird in eine Mädchen- und eine Jungengruppe aufgeteilt, die jeweils die drei Papierbahnen erhalten und die Übung getrennt durchführen. Sind beide Gruppen zur gleichen Zeit im Raum, so können in der Bewertungsphase die Bögen ausgetauscht werden.

Variation 4 (ruhiger): Je eine (geschlechtsheterogene oder -homogene) Teilgruppe bearbeitet eine Papierbahn zu nur einem Begriff. Die vorgegebenen Begriffe sind etwas neutraler formuliert (*weibliche Sexualorgane, männliche Sexualorgane, Geschlechtsverkehr*). Es findet danach keine Bewertung der Begriffe statt (wie in Variation 1–3). Die Auswertungsphase konzentriert sich stattdessen auf die subjektiven Empfindungen bei der Übung und auf die je individuelle Begriffsverwendung. Leitfragen dazu: »Welche Begriffe hast du ohne weiteres aufschreiben können, welche hast du erst nach einigem Zögern hingeschrieben?« – »Gibt es Begriffe, die du aufgeschrieben hast, obwohl du sie beim Sprechen nie verwenden würdest?« – »Gibt es Begriffe, die ihr alle als korrekt akzeptieren würdet?« (Diese Übung ist für den Elternabend geeignet.)

Variation 5: Es werden mehrere Gruppen (gleich- oder gemischtgeschlechtlich) gebildet, die jeweils die drei Papierbahnen erhalten und die Schreibphase getrennt durchführen. Danach wird ausgezählt, wie viele Begriffe jede Gruppe gesammelt hat (wobei auch über die Gebräuchlichkeit einzelner Wörter kontrovers diskutiert werden kann). Die Gruppe mit den meisten Begriffen erhält einen Preis, z.B. ein Kondom für jede/n.

Alternative für die Variationen 1–5: Statt der Synonyme für Penis, Vagina und Koitus können auch Synonyme für andere Begriffe gesammelt werden, wie z.B. für *weiblich, männlich, Homosexuelle, Onanie* u.a.

Fortsetzung: Als Fortsetzung für die Variationen 1–5 eignet sich eine Zusammenstellung der schriftsprachlichen und/oder medizinischen Bezeichnungen für Sexualorgane und sexuelle Vorgänge (*Lexicon of Love*, s. S. 140). Wie eine solche Sammlung von Begriffen grafisch ansprechend gestaltet werden kann, zeigt das Aufklärungsbuch »Ganz schön aufgeklärt« (Müller/Geisler 1993, S. 53).

Variation 6 (Von Tussis und Bürschchen): Ähnlich wie in der Grundversion werden auf 2 Wandzeitungen alle Synonyme gesammelt für *Mann* und *Frau.* Danach Aussprache: »Welche Begriffe verwende ich und welche nicht?« »Welche werten Menschen ab? Welche reduzieren sie auf Funktionen?« »Was sagen diese Begriffe über den/die aus, der/die sie verwendet?«

Ich sag dir was, was du nicht hörst

Thema: Nonverbale Kommunikation

Fach: –

Einbettung: Die Spiele können zu einer UE über nonverbale Kommunikation kombiniert werden (vgl. Beldermann/Beldermann 1979)

Alter: Grundschule; Var. 4: Sek I

Zeit: variabel

Material: Var. 1: Bilder; Var. 2: Lose; Var. 3: Comics, Papier und Stifte; Var. 4: Zettel, Bücher

Literatur: A + D: Beldermann/Beldermann 1979

Ziele:

- Signale der Körpersprache erkennen und deuten können;
- Sensibilisierung der Wahrnehmungsfähigkeit und Differenzierung der Mitteilungsfähigkeit im Bereich der nonverbalen Kommunikation.

Ablauf:

- Die S sitzen im Kreis. Ein/e S fängt an und sagt: »Ich sag dir was, was du nicht hörst« und stellt dann einen Gefühlszustand durch Pantomime dar (z.B. Freude, Trauer, Angst, Wut, Verlegenheit, Müdigkeit ...).
- Wer das dargestellte Gefühl zuerst errät, darf weitermachen.

Variation 1 (Gefühle raten):

- Die L teilt Bilder (z.B. Illustriertenausschnitte) aus, die Menschen in ganz verschiedenen Gefühlszuständen zeigen.
- Die S beraten sich jeweils zu zweit, welches Wort den Gefühlszustand der Person auf ihrem Bild/ihren Bildern am besten bezeichnet.
- Danach werden die Bilder alle in die Mitte gelegt. Aus der Runde der S wird jeweils eines der Wörter genannt und die anderen müssen raten, welches Bild damit gemeint ist.
- Zwischendurch kann auch mal versucht werden, einige der Bilder pantomimisch nachzustellen (alle S gleichzeitig).
- Gespräch: Manche Gefühle sind leicht, andere schwer zu erkennen bzw. darzustellen. In unserem Alltag ist es wichtig, dass wir die körpersprachlichen Mitteilungen über Gefühle anderer Menschen erkennen können (z.B. um Hilfe zu leisten) und dass wir unsere eigenen Gefühle ausdrücken können.

Variation 2 (Botschaften senden):

- Die S sitzen im Kreis, ein Stuhl ist frei. Jeweils ein/e S aus dem Kreis sendet eine *Botschaft* an den/die S, der/die rechts (oder links) vom freien Stuhl sitzt. (Ob rechts oder links, kann vorher ausgemacht werden, oder es kann offen gelassen werden, wer gemeint ist.) Der/die S zieht dazu aus einem Korb ein Los, auf dem steht, wie die Botschaft zu senden ist, wie z.B.:

- »Sende eine gesprochene Botschaft!«
- »Sende eine Botschaft. Du darfst dabei aber nicht sprechen.«
- »Sende eine Botschaft. Du darfst dabei aber weder sprechen, noch mit den Händen oder mit dem Kopf Zeichen geben.«
- »Sende eine Botschaft. Du darfst dabei aber weder sprechen, noch mit dem Gesicht Zeichen geben.« usw.

Die Botschaften können am Anfang einfach sein (z.B.: *mach das Fenster auf, setz dich auf den freien Stuhl, steh auf, knie dich auf den Boden*) und werden allmählich differenzierter (*darf ich neben dir sitzen?, treffen wir uns nach der Schule?, nimm die Flöte aus dem Schrank und spiele eine Melodie, kommst du mit zum Fußball spielen?* usw.). Wenn die Botschaft richtig beantwortet bzw. der darin enthaltene Auftrag richtig ausgeführt worden ist (kurze Bestätigung), dann setzen sich alle S um, und das nächste Los wird gezogen. Gespräch: Womit können wir Botschaften senden? (Stimme, Hände, Körperhaltung, Mimik, Blicke, Kopfbewegungen ...) Wie können wir sie wahrnehmen?

Variation 3 (Auch stumme Comics sprechen): Die S bringen einige Hefte ihrer Lieblingscomics mit. Arbeitsauftrag: Suche ein Bild, bei dem du genau siehst, in welchem Gefühlszustand die Figur gerade ist. Dann zeichne die Figur so nach, dass andere erraten können, was mit ihr los ist. Nach dem Zeichnen und Raten: Könnt ihr die auf den Bildern dargestellten Gefühle selber (pantomimisch) nachmachen? Alle üben gleichzeitig, dann macht jeweils ein/e S eine Darstellung vor, und die anderen müssen raten, welches Bild es ist.

Variation 4 (Launische Marktschreier): Jeder S schreibt den Namen für ein Gefühl auf einen Zettel. Die Zettel werden eingesammelt und jede/r S (oder je eine Kleingruppe) zieht einen davon (ohne den andern zu zeigen, was gezogen wurde). Nacheinander nimmt jede/r der S (oder jede Kleingruppe) eines der vorbereiteten Bücher (Lesebuch, Krimi, Tageszeitung, Mathebuch, Englischbuch ...) und liest eine Minute lang ausdrucksvoll vor, entsprechend dem Gefühl auf dem gezogenen Zettel. Die andern müssen das Gefühl erraten. Evtl. turbulenter Abschluss: Jede/r wählt sich selbst einen Text und einen Gefühlszustand, in dem er diesen vorlesen will. Dann gehen alle durcheinander und tragen ihre Texte gleichzeitig vor. (Variation: Mit einem Tamburinschlag kann der Ton zu dieser Show jeweils ab- bzw. angeschaltet werden.) Kurze Auswertung: → *Blitzlicht* (s. S. 166).

Lexicon of Love

Thema: Fach- und allgemeinsprachliche Bezeichnungen für Geschlechts-organe, sexuelle Vorgänge u.a.

Fach: Sachkunde, Deutsch, Biologie

Einbettung: Längere Sequenz zur Sexualität

Alter: ab 12 (je nach ausgewähltem Einstieg)

Zeit: 1–2 UE

Material: Wörterbücher (Kentler 1983; Borneman 1984; SchülerDuden Sexualität 1997 o.a.) oder Biologiebücher

Literatur: –

Ziele:

Kennen der schriftsprachlichen/fachsprachlichen Begriffe für Geschlechtsorgane, sexuelle Vorgänge u.Ä.; Unterscheidung von umgangs- und vulgärsprachlichen Begriffen.

Problemabriss:

Oftmals wird nur der biologisch-medizinische Wortschatz (deutsch oder lateinisch) eingeführt, nicht aber die Begriffe, die sexuelles Verhalten, sexuelle Empfindungen u. Ä. bezeichnen. Wenn diese wie hier einbezogen werden, so kann auch die Wortschatzarbeit in einem Bezug zum Lebenszusammenhang von Sexualität stehen.

Ablauf:

Als Einstieg in die Themeneinheit empfehlen sich entweder

● die Übung *Penivagitus* (vgl. S. 135) (a),

● das Video *Sex – eine Gebrauchsanweisung für Jugendliche* (b) oder

● ein Bericht von einer kurz zurückliegenden Biologiestunde über die Anatomie der Geschlechtsorgane (c) oder

● das Aufgreifen eines aktuellen Vorfalls (z.B. einer Provokation mit sexuellen Ausdrücken) (d).

In einem Unterrichtsgespräch werden die im Text der Einstiegsphase vorkommenden Begriffe gesammelt und als TA notiert. Unterstützungsfragen dabei:

● Welche Wörter aus dem Spiel (Penivagitus) könnt ihr immer gebrauchen, ohne dass sich jemand darüber aufregt? (a)

● Welche neuen Wörter habt ihr gehört? (b/c)

● Welche Wörter aus dem Bereich von Sexualität sind es, über die sich manche Leute aufregen? (d)

Die gesammelten Begriffe werden unterschieden nach hochsprachlich akzeptiert oder nicht akzeptiert (Kennzeichnung auf TA). In Partnerarbeit oder arbeitsteiliger GA (in 3er- oder 4er-Gruppen) finden die S mit Hilfe eines Lexikons der Sexualität bzw. anderer Fachbücher Übersetzungen bzw. passende Umschreibungen der an der Tafel gesammelten Begriffe. In einem abschließenden Unterrichtsgespräch werden die Umschreibungen diskutiert im Hinblick auf sachliche Richtigkeit und Angemessenheit der Sprachebene.

Variation 1: Parallel zu den Wörterbüchern können auch die Erklärungen einzelner Fremdwörter aus der Broschüre »Let´s talk about sex« (S. 10/11) verwendet werden. Spannend ist dann ein Vergleich mit den Umschreibungen aus »seriösen« Wörterbüchern.

Hinweis: Als Gegengewicht gegen die distanzierte Auflistung von Begriffen sollte eine mehr auf Gefühle bezogene Übung angeschlossen werden, wie z.B. *Metaphern der Liebe* (s. S. 134).

Variation 2 (für die Grundschule): Für die Wortschatzarbeit in der Grundschule finden sich sehr schöne Vorschläge und AB-Vorlagen in dem Buch von Claudia Eichmanns: *Freiarbeit-Kartei Sexualerziehung in Grundschule (und Kindergarten)*, Mülheim 1990. Darin schlägt die Autorin z.B. (S. 51ff.) verschiedene Formen von Kreuzworträtseln vor. In einem sind die Wörter *Pickel, Bartwuchs, Liebeskummer, Brust, Händchenhalten, Samenerguss, Periode* und *Teeny* zu erraten, in einem anderen *Eileiter, Zeugung, Schwangerschaft, Eierstöcke, Gebärmutter, Säugling, Spermien, Spalte, Penis, Hoden, Embryo* und *Scheide* – wobei die Wörter jeweils vorgegeben werden und nur in die Kästchen einzusetzen sind. Ein anderer Vorschlag von C. Eichmanns (S. 48) ist ein Puzzlespiel zum Körperschema, bei dem ein in einfache Puzzlesteine zerschnittenes Bild von einem Jungen bzw. einem Mädchen auf einen Untergrund gelegt wird, der mit Fragen nach dem Namen der jeweiligen Körperteile versehen ist (»Jeder Junge und jeder Mann hat einen ... und zwei ...«, »Die äußeren Geschlechtsorgane von Frauen und Mädchen nennen wir ...«).

Was ist sexuell?

Thema: Sprache und Sexualität
Fach: Deutsch
Einbettung: –
Alter: ab 14 (je nach ausgewählten Wörtern)
Zeit: 45′
Material: Papier und Stifte
Literatur: –

Ziele:
- Die S sollen erkennen, dass der Sprachgebrauch und die Bedeutung von Wörtern subjektiv sind, d. h. uneindeutig und von persönlichen Vorerfahrungen abhängig.
- Sie sollen erkennen, dass die Bedeutung von Wörtern kontextabhängig ist und dass durch die Tabuisierung des direkten Ansprechens von Sexualität eine Fülle von Andeutungen produziert werden, ja dass im Extrem fast jedes Wort eine sexuelle Bedeutung erlangen kann.
- Sie sollen erfahren, wie unterschiedlich eng oder weit die Begriffe »sexuell« und »Sexualität« von Einzelnen jeweils verstanden werden.

Ablauf:
L: »Teilt euer Papier in zwei Spalten mit den Überschriften *sexuell* und *nicht sexuell*. Ich lese euch jetzt einige Begriffe vor, und ihr ordnet sie spontan, ohne viel nachzudenken und ohne zu reden, in eine der beiden Spalten ein.«

I	II
hart arbeiten, spazieren gehen, sich schön machen, Auto fahren, über Sex reden, sich entschuldigen, über Sex Witze machen, rot werden, sportlich sein, lange schlafen, jammern, sich streiten, etwas besitzen wollen, telefonieren, Lust auf Sex haben, schwitzen, sich selbst befriedigen ...	*flüstern, streicheln, saugen, kratzen, abheben, ficken, weich, beißen, Möse, schlagen, schmusen, scharf, sensibel, geil, geborgen, erregt, sanft, drängend, hart, sich fallen lassen, küssen, Schwanz, egoistisch, warm, reibend, rücksichtsvoll, nahe, feucht, Rohr, stöhnen ...*

- L: »Bildet (Dreier- oder) Vierergruppen. Jede Gruppe einigt sich auf eine Liste, mit der alle in der Gruppe einverstanden sind. Stellt eure Gruppenliste den anderen Gruppen vor. Die anderen können sagen, wenn sie etwas anders sehen.

● Plenumsdiskussion: Welche Wörter sind schwer einzuordnen? Woran liegt das?
Bei welchen Wörtern ist es schwierig, sich in der Kleingruppe zu einigen? Warum?
Gibt es geschlechtstypische Unterschiede bei der Zuordnung? Woran liegt das?
Für welche Bereiche gibt es mehr Ausdrücke: für den gefühlsmäßigen Erlebnisbe-
reich oder für den technischen Vorgang? Durch wen wird der Sprachgebrauch
mehr bestimmt: durch Männer oder durch Frauen?

Selbstbefriedigung

Das Thema Selbstbefriedigung ist ein heißes Eisen sowohl für Schüler/innen wie für Lehrer/innen. Selbstbefriedigung ist die häufigste Befriedigungsform von Jugendlichen, ist aber mit mehr Tabus befrachtet als das Thema Geschlechtsverkehr.

In den Richtlinien für die schulische Sexualerziehung wird Selbstbefriedigung nur in drei Bundesländern (Berlin, Brandenburg und Hamburg) positiv bis neutral und in zwei Bundesländern eher problematisierend erwähnt – der Rest setzt sich damit nicht auseinander. Trotz dieser Ambivalenz des Themas ist es aber wichtig, dass es aus dem sexualpädagogischen Themenspektrum nicht ausgegrenzt wird, denn:

- die alten Schauermärchen über die Folgen der Selbstbefriedigung sind immer noch in Umlauf und haben eine unterschwellige Wirkung (auch wenn niemand mehr zugibt, daran zu glauben);
- für diese Form von Sexualität gibt es viel mehr abwertende als wertschätzende Bezeichnungen;
- Selbstbefriedigung ist im Jugendalter ein zentraler Bestandteil der sexuellen Entwicklung: Die sexuellen Reaktionen des eigenen Körpers können dabei besonders deutlich erfahren werden, und es werden wesentliche Teile des sexuellen Skripts gelernt (vgl. Gagnon/Simon 1973, S. 54ff., und Forstreuter 1993).

Als Zeitpunkt der Behandlung dieses Themas empfiehlt Heid (1989, S. 131f.), den Schwerpunkt im 6./7. Schuljahr anzusetzen und eine vertiefende Behandlung bis in die Sekundarstufe II fortzusetzen.

Ziele:
- Vermittlung sachgerechter Informationen, wie z.B.: Selbstbefriedigung ist nicht gesundheitsschädlich, wird von weitaus den meisten Menschen praktiziert, von beiden Geschlechtern (wenn auch mit unterschiedlicher Häufigkeit) und in allen Lebensaltern;
- Diskussion persönlicher Bewertungen von Selbstbefriedigung vor dem Hintergrund individueller Ängste und Gewissensnöte, allgemeiner Bewertung (z.B. in der Sprache) und religiös-weltanschaulicher Stellungnahmen;
- Abbau von Ängsten und Minderwertigkeitsgefühlen;
- Abbau des Sprachtabus über Selbstbefriedigung;
- Ermutigung zu einer Erkundung des eigenen Körpers mit den Fernzielen:
  - bewussterer Umgang mit sich selbst (sexuelle Erregung ohne Leistungsdruck erleben und der eigenen Lust nachspüren können, den sexuellen Erregungsablauf kennen zu lernen und ggf. steuern zu können),

– positives Verhältnis zu sich selbst und der eigenen Sexualität zu gewinnen,
– Entwicklung einer nicht nur genital- und orgasmusfixierten Autoerotik (v.a. bei Männern).

Methodenvorschläge:
Im Folgenden sind einige Möglichkeiten angegeben, wie das Thema in der Schule aufgegriffen werden kann. Sie verstehen sich als Bausteine, die je nach Situation gewählt und kombiniert werden können. Wegen der unterschiedlichen Bedeutung der Selbstbefriedigung für beide Geschlechter und wegen der Peinlichkeit des Sprechens darüber empfiehlt sich in vielen Fällen eine Trennung der Geschlechter in zwei parallele Gruppen.

Texte und Videos von Jugendlichen

Eine Möglichkeit, an das Thema heranzugehen, ist die Diskussion von Texten Jugendlicher. Ein Beispiel dafür ist das Gedicht »Ich« von Thomas Gostischa (siehe Kasten).

Ich

Ich hab es mir selber gemacht
Heute Nacht
Ganz sacht
Ich habe dabei an gar nichts gedacht
Ich habe gelacht

Ich habe gedacht ich kann nicht mehr
Hinterher
War ich geschafft
Ich habe geschlafen fest wie ein Bär
Nichts drückte mich mehr

Ich weiß nicht genau wie ist das geschehn
Es war schön
Zum Vergehn
Ich hoffe es hat mich keiner gesehn
Kannst du das verstehn

Thomas Gostischa (aus J. Fuhrmann: Tagtäglich. Reinbek (Rowohlt): 1976)

Ein vergleichbarer Prosatext aus der Sicht eines Mädchens ist: Maria Marcus: Das Himmelbett, S. 116ff.

Eine Alternative zu schriftlichen Texten sind Videoproduktionen von Jugendlichen. Diese regen sehr viel stärker zu weiterer Diskussion an. Ein Beispiel dafür ist der von Jugendlichen im Rahmen des Wuppertaler Medienprojektes produzierte 3-minütige Videoclip »Das ist wie ´ne Sucht, ne« (auf der Kassette *Borderline 2*, zu bestellen beim Jugendamt Wuppertal, Medienprojekt, Tel. 0202/5 63 26 03).

Ebenso können auch Interviewtexte mit Jugendlichen verwendet werden, wie z.B. die Äußerungen der Jungen in der Folge 3 (»Halbe Hemden, ganze Kerle«) der Fernsehreihe *Sechs mal Sex und mehr* (dazu ein kurzer Kommentar in dem von der Bundeszentrale für gesundheitliche Aufklärung herausgegebenen Begleitheft auf S. 56f.).

Literarische Texte

Auch in der Literatur gibt es Darstellungen der Selbstbefriedigung bis hin zu mehr oder weniger pornografischen Texten, wie sie u.a. im *Handbuch der literarischen Hocherotik* von Kinder 1986, S. 347–374, zusammengestellt wurden. Texte dieser Art können im Zusammenhang einer Diskussion erotischer Literatur (oder literarischer Pornografie) im Deutschunterricht behandelt werden, wobei sie ebenso differenziert zu betrachten sind wie andere Literatur.

Eine andere, gegenwärtigere Darstellung von (männlicher) Selbstbefriedigung ist das etwas skurrile Kapitel *Wichsen* in Philip Roths *Portnoys Beschwerden* (1974, S. 16–29), das in der Sekundarstufe II diskutiert werden könnte.

Statements zu Selbstbefriedigung

Eine Möglichkeit, in ein persönlicheres Gespräch über Selbstbefriedigung zu kommen, stellt die Konfrontation mit Statements (z.B. von Jugendlichen) zu diesem Thema dar, in denen unterschiedliche Haltungen und Ängste zum Ausdruck kommen. Sie können kurze, provokative Aussagen sein wie die folgenden Beispiele:

● Selbstbefriedigung ist für mich nur ein Ersatz für Sexualität mit einem Partner/einer Partnerin.
● Selbstbefriedigung ist für mich lustvoller als Sexualität mit einem Partner/einer Partnerin.
● Selbstbefriedigung passt eigentlich nicht zu richtigen Männern.
● Eine Frau, die sich selbst befriedigt, nimmt ihrem (künftigen) Partner dadurch etwas weg.
● Wenn ich mich selbst befriedige, schäme ich mich hinterher vor mir selbst.
● Du hast nur 1000 Schuss.

- Bei der Selbstbefriedigung fehlt mir das Wichtigste.
- Selbstbefriedigung muss ja nicht unbedingt zum Orgasmus führen. Ich finde es schön, mich zu streicheln und meine Erregung im ganzen Körper zu spüren.
- Selbstbefriedigung ist Sex mit jemandem, den ich mag und sehr genau kenne.
- Selbstbefriedigung machen nur die, die keinen Partner/keine Partnerin abkriegen.

Die Statements können auch länger sein, wie die folgenden Ausschnitte aus einem (fiktiven) Gespräch von Jungen über Selbstbefriedigung (in Anlehnung an Schnack/Neutzling 1993, S. 141ff., und Forstreuter 1993, S. 201):

- »Wenn ich ehrlich bin, fühl ich mich nach dem Wichsen meistens total komisch. Ich denk dann oft: Verdammte Scheiße, jetzt hab ich schon wieder gewichst. Ich will's oft gar nicht, und dann ist es auch total öde und flutscht nur so weg, ich hab heiße Ohren und nix gewesen.«
- »Manchmal ist es toll. Besonders wenn ich mal ein paar Tage nicht wichsen konnte, wie letztens bei meiner Blinddarmoperation. Als ich mir zu Hause dann zum ersten Mal wieder einen runterholte, kam das ganz stark. Ich hob richtig ab. Ich glaube, ich bin in Fantasie wirklich geflogen.«
- »Wenn ich mir einen runterhole, dann meine ich immer, dass mir das hinterher jeder ansieht, weil ich ein knallrotes Gesicht habe und so. Und dann denk ich auch immer, dass die andern heimlich über mich reden.«
- »Wenn ich mir einen in der Badewanne runterhole, dann hab ich immer Angst, dass meine Mutter davon schwanger werden könnte, wenn sie mal nach mir badet. Ich weiß, dass das wahrscheinlich gar nicht geht, aber ich stell's mir trotzdem immer wieder vor. Und ich schrubbe nachher wie blöd die Wanne.«
- »Wenn ich mich langweile, sauer bin, wenn mir alles auf den Geist geht oder wenn ich mich beschissen allein fühl und mir dann einen runterhole, dann fühl ich mich manchmal richtig dreckig. Und beim nächsten Mal denke ich dann: Ist ja egal, du bist halt dreckig, und mach mir wieder dreckige Gedanken. Aber manchmal ist es einfach klasse. Da könnte ich die ganze Welt umarmen, und hinterher ist es auch in Ordnung.«
- »Mich hat meine Mutter mal erwischt. Da hat sie mir dann gesagt, du hast nur ein bestimmtes Quantum an Energie, und wenn du das jetzt durch Onanieren verschwendest, ist nachher nichts mehr da, und außerdem bleibt der Pimmel klein. – Ich habe ihr natürlich kein Wort geglaubt und weitergemacht, aber ich habe doch Schuldgefühle gehabt und Angst, dass sie wieder mal reinplatzt.«

Solche Statements können in Jungengruppen ein Einstieg sein, um über Selbstbefriedigung zu sprechen. Die Statements können dazu z.B. auf Karteikarten kopiert werden, die verdeckt auf einem Stapel liegen. Ein Schüler zieht jeweils eine Karte, liest das Statement vor und gibt seinen Kommentar dazu ab (wobei auch Kritik am Text oder Abwehr möglich sind). Danach können die anderen in der Runde etwas dazu sagen.

Sachliche Texte über Selbstbefriedigung

Für die Behandlung des Themas in der Sekundarstufe II eignen sich auch Sachbuchtexte, in denen Selbstbefriedigung aus mehr oder weniger wissenschaftlicher Sicht dargestellt wird. Beispiele von Texten über männliche Selbstbefriedigung sind u.a. Schnack/Neutzling 1993, S. 153–164, und Forstreuter 1993, S. 197–212 (davon S. 199–201 besonders geeignet für das Fach Geschichte und S. 203–206 als Grundlage für eine – allerdings auch textkritische – psychologische Betrachtung). Beispiele von Texten über weibliche Selbstbefriedigung sind der knappe, zu Diskussion Anstoß gebende Text von Friedrich u.a. 1992, S. 37f., ferner Kinsey u.a. 1970, S. 143–179 (davon S. 143–149 als geschlechtsunabhängige theoretische Betrachtung z.B. für den Biologieunterricht), und Hite 1977, S. 40–106. Die beiden letzten Texte eignen sich wegen ihres Umfangs mehr als Grundlage für Facharbeiten.

In der Sekundarstufe I können in ähnlicher Weise entsprechende Kapitel aus Aufklärungsbüchern gelesen werden, wie z.B. der klare und informative Text bei Bell 1983, S. 178–184 (beide Geschlechter).

Eine andere Möglichkeit ist, (vorgeblich) sachlich informierende Texte aus Jugendzeitschriften zu lesen und auf ihre Richtigkeit hin zu prüfen. Dies kann auch im Rahmen der Übung *Wir kontra Dr. Sommer* (s. S. 132) geschehen.

Historische Texte

Im Geschichts-, Religions- und Deutschunterricht können historische Texte gelesen werden, anhand derer die Beurteilung der Selbstbefriedigung in früheren Jahrzehnten diskutiert und mit den heute anzutreffenden Einstellungen kontrastiert werden kann. Texte dazu sind in K. Rutschky, Schwarze Pädagogik (1977, S. 300–303 und 322ff.), sowie in P. Ariés, Geschichte der Kindheit (1975, S. 175–182), zusammengestellt.

Eine etwas flapsige Form dieses Vorgehens findet sich in dem Buch zur Fernsehserie *Sechs mal Sex und mehr* von Herrath u.a. (1994, S. 45) unter der Überschrift »Wie sündig bist du?«

Selbstbefriedigung und Anatomie

Die Behandlung des Themas *Bau und Funktion der Geschlechtsorgane* im Biologieunterricht kann auch vor dem Hintergrund der Erfahrungen mit Selbstbefriedigung erfolgen. Der Ablauf der sexuellen Reaktion muss nicht zwingend im Zusammenhang mit dem Koitus dargestellt werden, und es kann darauf hingewiesen werden, dass Selbstbefriedigung dazu dienen kann, die eigene sexuelle Reaktionskurve besser kennen zu lernen, den (vorzeitigen) Samenerguss besser kontrollieren zu können und die Anwendung des Kondoms erst mal alleine zu üben.

Sonderpädagogische Aspekte

Selbstbefriedigung ist in der Sonderpädagogik mit geistig behinderten Schüler/innen ein sehr zentrales Thema, allerdings in ganz eigener Weise: Hier geht es in erster Linie darum, den Schüler/innen ein Verständnis dafür zu vermitteln, an welchen Orten sie sich selbst befriedigen dürfen und an welchen nicht, d.h., welche Räume und Situationen als privat definiert und damit für Intimität geeignet sind und welche nicht.

Eine sehr anschauliche Möglichkeit zur Vermittlung dieses Wissens bieten die Bildkarten von Dixon/Craft (1993). Auf diesen werden in einem Kartensatz verschiedene Tätigkeiten mit unterschiedlichen Graden von Intimität gezeigt (unter vielen anderen auch Selbstbefriedigung und Geschlechtsverkehr), ein anderer Kartensatz zeigt Fotos von Räumen und Situationen, die mehr oder weniger öffentlich bzw. privat sind (z.B. U-Bahn, Wohnzimmer u.a.). Die Schüler/innen können nun durch Gegenüberstellen von jeweils einer Karte aus jedem Satz zeigen, welche Handlungen wo angebracht sind und wo nicht. – Wichtig ist, dass bei Problemen mit situationsunangemessener Selbstbefriedigung den Schüler/innen nicht nur gezeigt wird, wo Selbstbefriedigung *nicht* stattfinden soll, sondern auch, wo sie erlaubt und passend ist. Solche Räume müssen für sie dann auch erreichbar sein.

In einzelnen Fällen geht es auch um das Problem, den Jugendlichen die Technik der Selbstbefriedigung zu vermitteln, wenn diese aus motorischen und/oder intellektuellen Gründen nicht dazu in der Lage sind, sie selbst zu entdecken. Bei Dixon/Craft (1993) findet sich dazu auch je ein Kartensatz, der den Ablauf von männlicher bzw. weiblicher Selbstbefriedigung darstellt (einschließlich Aufsuchen passender Räume, korrekter Beseitigung des Taschentuchs und Händewaschen).

Weitere Hinweise zu sonderpädagogischen Fragen finden sich bei Walter (1992) und in den Themenheften zu *Sexualität und Behinderung* des Pro Familia Magazins/Zeitschrift für Sexualpädagogik, H. 1/1990 und H. 4/1997.

Homosexualität

Das Thema Homosexualität ist eines der spannungsgeladensten Themen der schulischen Sexualpädagogik:

- Unter Lehrer/innen und Eltern hat es die geringste Akzeptanz von allen »heißen Eisen« (Glück u.a. 1992, S. 70).
- Schüler/innen haben gegenüber Homosexualität im Durchschnitt eine aufgeschlossenere Haltung als ihre Lehrer/innen (ebd., S. 60), ihr Interesse an einer schulischen Behandlung dieses Themas ist jedoch (oder deswegen?) ambivalent – in der Untersuchung von Starosta (1991, S. 22) sind es fast doppelt so viele Mädchen (61%) wie Jungen (34%), die das Thema als »ganz besonders wichtig« einstufen.
- In den Richtlinien der einzelnen Bundesländer wird Homosexualität sehr unterschiedlich behandelt: Von der Mehrzahl von neun Ländern wird sie als gleichwertige Lebensform anerkannt, vier Länder erwähnen sie nicht, und in drei Fällen (Bayern, Hessen und Thüringen) ist eine Negativbewertung festzustellen (vgl. Glück/Hilgers 1994, S. 54).
- Es ist derjenige Themenbereich der Sexualpädagogik, der seit Jahrzehnten politisch am stärksten in Bewegung ist. Die Schule kann daher nichts Abschließendes dazu sagen, sondern muss auf aktuelle gesellschaftliche Auseinandersetzungen hinweisen, was eine schwierige Balance zwischen Engagement und Neutralität erforderlich macht.
- Das Selbstverständnis homosexueller Lebensformen artikuliert sich vor allem in den Subkulturen der Schwulen- und Lesbenszene, die Interessen von Homosexuellen werden vor allem von Inititiativgruppen aus diesem Umfeld vertreten. Die Schule als Vertreterin der offiziellen Kultur kann und soll mit diesen Subkulturen und Initiativen in einen Dialog treten, sollte aber nicht versuchen, sie pädagogisch zu kolonisieren (vgl. Sielert/Herrath 1991, S. 5). Homosexuelle Lebensweisen stellen eine Herausforderung für die herrschenden Normalitätsvorstellungen und Geschlechterverhältnisse dar – dem Thema diese Dimension des Provokativen zu nehmen hieße, es zu verkürzen.

Prinzipien:

- Politisch und rechtlich hat sich – auch wenn die gesellschaftliche Lebensrealität noch hinterherhinkt – die Überzeugung von einer (noch nicht vollständigen, aber doch weitgehenden) Gleichwertigkeit homo- und heterosexueller Lebensweisen durchgesetzt. Jede pädagogische Behandlung dieses Themas muss daher von der ethischen Grundlage der Gleichwertigkeit der sexuellen Orientierungen ausgehen.

- Ein Aufgreifen des Themas in speziellen Unterrichtseinheiten ist zwar sinnvoll, wiederholt aber die gesellschaftliche Ausgrenzung homoerotischer Lebensweisen (als Abweichung, Besonderheit). Es ist daher wichtig, dieses Thema in den Kontext einer allgemeinen Pluralität von Lebensweisen zu stellen (»multisexueller Blick«), die Gegenüberstellung von Normalität und Abweichung zu vermeiden und die Frage nach der Gleichstellung von homo- und heterosexuellen Lebensformen mit der Frage der Gleichstellung der Geschlechter zu verbinden.

- Gleichgeschlechtliche Lebensweisen sollten bei allen sexualpädagogischen Themen mitgedacht werden: Themen wie Beziehung, Kontaktaufnahme, Liebeskummer, Männlichkeits- und Weiblichkeitsvorstellungen, Sexualpraktiken, Lebensperspektiven u.v.m. betreffen sowohl gleich- als auch gegengeschlechtliche Orientierungen, wobei sich sowohl Ähnlichkeiten wie Unterschiede zwischen beiden finden. Es sollten immer beide Orientierungen im Horizont der Diskussion enthalten sein.

- Die Lehrpersonen sollten sich darüber klar sein, dass unter ihren Schüler/innen mit hoher Wahrscheinlichkeit sowohl homo- wie heterosexuelle Orientierungen vertreten sind. Der Unterricht sollte daher bei allen Themen so gestaltet sein, dass er beide Seiten anspricht und nicht für eine langweilig wird (z.B. beim Thema Empfängnisverhütung).
  Speziell in Bezug auf das Thema Homosexualität ist zu beachten, dass es für beide Seiten von unterschiedlichem Stellenwert ist: Für Schüler/innen mit heterosexueller Orientierung geht es vor allem um die Akzeptanz von und Einfühlung in andere Lebensformen, für Schüler/innen mit homosexueller Orientierung geht es um Hilfestellungen bei wesentlich existenzielleren Fragen, etwa der Identitätsentwicklung, dem Aufbau einer Lebensperspektive und dem Coming-Out.

- Die Lehrperson sollte sich bewusst sein, dass ihre eigene sexuelle Orientierung ihr (pädagogisches) Verhalten, ihre Wahrnehmung und insbesondere ihre Sicht sexualpädagogischer Fragen prägt.

- Der Schulalltag sollte kritisch darauf hin geprüft werden, ob sich in ihm nicht eine Tendenz zur Unterdrückung von homoerotischen Lebensäußerungen zeigt. Dagegen sollte situativ Stellung bezogen werden.

Lernziele:
Das Thema ist außerordentlich umfangreich, die Schule wird sich auf einige zentrale Lernziele konzentrieren müssen, wie vor allem:

- Vermittlung grundlegender Informationen über Homosexualität (darunter auch lebenspraktische Informationen für homosexuelle Schüler/innen),
- Abbau von Vorurteilen gegenüber Schwulen und Lesben und Förderung von Einsicht und Einfühlung in ihre Lebenslage,
- Akzeptanz der eigenen homosexuellen Orientierung bzw. eigener homoerotischer Anteile,

● Befähigung zur Teilnahme am gesellschaftlichen Diskurs über die Frage der Gleichstellung unterschiedlicher sexueller Lebensweisen (als Teil der politischen Bildung).

Methodenvorschläge:

Neben dem bereits angesprochenen Mit-Bedenken von Homosexualität bei allen sexualpädagogischen Themen und in allen Altersstufen können in den Jahrgangsstufen 9 bis 11 mehrere Unterrichtseinheiten speziell zu diesem Thema eingeplant werden, und zwar sowohl zu schwulen als auch zu lesbischen Lebensformen (ggf. in je eigenen Einheiten). Wenn eine Sequenz von mehreren Einheiten geplant ist, so empfiehlt sich z.B. ein Aufbau in:

1. UE: Weckung des Problembewusstseins (Methodenvorschläge 1, 3, 5, 7, 8);

2. UE: Abbau von Vorurteilen und Förderung von Einfühlung in und Verständnis für die Lebenslagen von gleichgeschlechtlich empfindenden Menschen (Methodenvorschläge 1–9, 12, 13);

3. UE: Vermittlung von grundlegenden Informationen (Methodenvorschläge 2 und 9 sowie alle Phasen der Literaturarbeit in den anderen Vorschlägen);

4. UE: Historische und politische Aspekte des Themas (Methodenvorschläge 2, 7, 9, 10, 11).

In allen Unterrichtseinheiten sollten Hilfen für die Identitätsentwicklung homosexueller Schüler/innen enthalten sein oder besonders zum Thema gemacht werden (Methodenvorschläge 6–10).

Provokative Statements (1)

Die Schüler/innen werden mit provokativen Statements (s.u.) konfrontiert und äußern dazu ihre Meinung. Dabei kann der Kenntnisstand in der Klasse ermittelt werden, wobei wichtige Fragen und zentrale Vorurteile sichtbar werden.

● »Homosexualität und Heterosexualität sind absolut gleichwertig.«

● »Ich würde mich dafür schämen, wenn jemand aus meinem Freundeskreis schwul oder lesbisch wäre.«

● »Homosexualität sollte von der Gesellschaft wirklich voll akzeptiert werden.«

● »Homosexualität ist eine verfehlte Sexual- und Lebensform, da sie Fortpflanzung ausschließt.«

● »Wenn mich ein Schwuler angrapschen würde, dann würde ich ihm gleich eine reinhauen.«

● »Lesbische Frauen und schwule Männer leben in vieler Hinsicht bewusster als andere Frauen und Männer.«

Fragekarten (2)

Die Schüler/innen erhalten Karten, auf denen vorformulierte Fragen stehen (vgl. Sielert u.a. 1993, S. 216) oder auf die Fragen geschrieben werden,

- die sich aus dem bisherigen Unterrichtsgespräch ergeben oder
- die die Schüler/innen anonym notieren.

Die Fragenkarten werden verteilt und in Einzel- und Gruppenarbeit beantwortet, ggf. unter Zuhilfenahme von Literatur. Die Ergebnisse werden im Plenum vorgetragen und diskutiert (vgl. auch die Arbeitsform *Was wäre wenn ...*, s. S. 100).

Leserbriefe (3)

Die Schüler/innen lesen Fragen zu Homosexualität, die Jugendliche bei Beratungsstellen oder anderen geschulten Berater/innen gestellt haben (→ AB1, S. 158) und diskutieren mögliche Antworten darauf. Ergeben sich daraus schwierige Fragen, so werden diese in Kleingruppen unter Verwendung von Sachbüchern, Broschüren und Jugendliteratur geklärt, schriftlich festgehalten und im Plenum vorgetragen.

In ähnlicher Weise können auch Leserbriefe, wie sie in den Fragerubriken von Jugendzeitschriften abgedruckt sind (Beispiele auf → AB 2, s. S. 159) diskutiert und beantwortet werden (in Gruppenarbeit). Im Anschluss werden die Antworten aus der Klasse mit den in der Zeitschrift abgedruckten Antworten verglichen (vgl. auch *Wir kontra Dr. Sommer*, s. S. 132).

In der abschließenden Diskussion sollten neben inhaltlichen Fragen auch textkritische Fragen gestellt werden, wie z.B.:

- Handelt es sich dabei um einen originalen Brief einer/eines Jugendlichen oder wurde er redaktionell so aufbereitet, dass er für die Leser/innen interessanter wird (wie?) oder dass sich darauf gut antworten lässt – oder wurde er völlig frei erfunden, um den Leser/innen den Stoff zu bieten, den sie lesen wollen?
- Falls es sich um einen (halbwegs) originalen Brief eines/einer Jugendlichen handelt: Warum wurde genau dieser vom Autor/von der Redaktion ausgewählt?
- Welche Funktion haben diese Ratgeberrubriken für die Jugendzeitschriften? Welche Rolle spielt das Thema Homosexualität in diesem Zusammenhang?
- Welche Funktion hat der Text für den/die Leser/in:
  - Information,
  - Angstabbau (sehen, dass andere auch solche Problemen haben),
  - sexuelle Erregung (»sanfte Pornografie« für Jugendliche),
  - ...?
- Gibt der Text wirklich nur aufklärende Informationen, oder verstärkt er auch bestehende Vorurteile über Gefühle und Verhalten von lesbischen Mädchen und schwulen Jungen?

Fotoromane in Jugendzeitschriften (4)

Im Rahmen einer ausführlicheren Behandlung von Jugendzeitschriften im Literaturunterricht kann das Genre der Fotoromane besprochen werden. Unter diesen sind hin und wieder auch Storys von gleichgeschlechtlicher Liebe zu finden (wie z.B. »Es passierte in unserem Geheimversteck« in Bravo, H. 19, 1994, S. 20f.). Diese werden inhaltlich besprochen und (ggf. anhand von Literatur über Homosexualität) kritisiert.

Sollte die Kritik der Klasse an der Story sehr negativ ausfallen (z.B. als zu konventionell oder zu vorurteilsbelastet), so kann eine alternative Story entwickelt werden (und ggf. im Fotokurs als Fotoroman mit Bildern und Text ausgeführt werden).

Neben den bei Methodenvorschlag 3 angegebenen textkritischen Leitfragen sollte dabei auch die Rolle von Jugendzeitschriften einer kritischen Analyse unterzogen werden (vgl. das Projekt von Brozio u.a. 1980).

Brainstorming (5)

Auf je eine Hälfte der Tafel werden die Begriffe »heterosexuell« und »homosexuell« (evtl. mit Zusatz »schwul/lesbisch«) geschrieben. Die S können frei dazu assoziieren, die L fixiert die Beiträge in Stichwörtern an der Tafel.

Im Anschluss daran werden die einzelnen Punkte klärend durchgesprochen, schwierige Fragen werden unter Zuhilfenahme von Literatur geklärt. Wichtige Begriffe, die dabei auftreten, werden an der Tafel notiert und kurz erklärt.

Biografische Berichte (6)

Eine sehr ergiebige Diskussionsgrundlage stellen Texte homosexueller Jugendlicher und Erwachsener dar, die über ihr Leben und speziell über ihr Coming-Out berichten und die ihre sexuelle Entwicklung eingebettet in ihre Gesamtentwicklung beschreiben.

Ausgezeichnete Beispiele dafür finden sich in dem für Jugendliche geschriebenen Buch *Schwul – na und?* von Thomas Grossmann, vor allem die ausführlichen Berichte von Willi und Barbara (S. 151–158 und S. 159–161) sowie die Coming-Out-Berichte von vielen (allerdings nur männlichen) Jugendlichen in der ersten Hälfte des Buches (z.B. Markus, S. 35–39 – auch geeignet als Einstieg in eine Diskussion über die Reaktionen von Klassenkamerad/innen). Andere, sehr direkte Darstellungen der eigenen Biografie männlicher Homosexueller finden sich in Siems 1980, S. 146–198.

Unter den audiovisuellen Medien bietet vor allem die Folge 5 *(Homo, Hetero, Bi oder Was?: Sexuelle Orientierungen)* der Reihe *Sechs mal Sex und mehr* eine Fülle von biografischen Berichten (vgl. dazu den Begleittext von Philipps 1994, S. 86–102).

Besuch von Vertreter/innen einer Homosexuellen-Inititative (7)

Der authentischste Eindruck von den Anliegen und Lebensweisen homosexueller Frauen und Männer kann durch eine persönliche Begegnung mit ihnen gewonnen werden. Langlebige Vorurteile (etwa: »alle Schwulen sind schrille Tunten«) und Kontaktängste lassen sich dadurch wirkungsvoll abbauen, und es wird den homosexuellen Schüler/innen die Gelegenheit gegeben, jenseits vom Zerrbild der Medien individuelle Formen homosexueller Lebensgestaltung kennen zu lernen. So werden homosexuelle Menschen aus einer neuen Perspektive erfahrbar: als Personen, in deren Leben und Selbstverständnis ihre sexuelle Orientierung ein (mehr oder weniger wichtiger) Faktor neben anderen ist.

Dazu kann die Klasse z.B. Vertreter/innen einer lokalen Schwulen- oder Lesbeninitiative in den Unterricht einladen und ihnen vorbereitete Fragen stellen (vgl. auch *Einladung von externen Referent/innen*, s. S. 168). Einige Initiativen haben auch bereits spezielle Unterrichtssequenzen für solche Besuche entwickelt, wie z.B. das seit 1990 bestehende *Jugendnetzwerk Lambda* (Ackerstr. 12–13, 10115 Berlin, vgl. Bronsert/Nassler 1993).

Eine solche Einladung sollte mit dem/der Schulleiter/in abgesprochen sein und wird nicht in allen Bundesländern gleich gern gesehen werden. Als erstes und bisher einziges Bundesland hat Berlin 1992 ausdrücklich dazu aufgefordert, Vertreter/innen von Lesben- und Schwulenorganisationen als Referent/innen in die Schulen einzuladen (vgl. Senatsverwaltung für Schule, Berufsbildung und Sport, Rundschreiben II Nr. 85/1992 vom 01.09.1992).

Aktuelle politische Auseinandersetzungen (8)

Für eine Thematisierung der politischen Dimension von Homosexualität bietet es sich an, aktuelle Aktionen oder Forderungen von Homosexuellen-Initiativgruppen sowie Zeitungsberichte über entsprechende politische Entwicklungen im In- und Ausland zu diskutieren. Geeignetes Material kann der Tagespresse entnommen werden oder von lokalen Homosexuellengruppen, in begrenztem Umfang von der *Aids-Hilfe*, vor allem aber von Dachorganisationen, wie z.B. dem *Schwulenverband in Deutschland (SVD)*, bezogen werden. Der SVD hat mehrere Faltblätter zum Thema »Wir wollen, dass Schwule ihr Recht bekommen« herausgegeben, die sich gut als Diskussionsgrundlage für den Sozialkundeunterricht eignen und die kostenlos beim Verband bestellt werden können.

Ähnliche Texte zur politischen Lage der Homosexuellen in Deutschland können von politischen Parteien, insbesondere vom *Schwulenreferat der GRÜNEN* bestellt werden.

Analyse von Schwulen- bzw. Lesbenwitzen (9)

Nicht selten kursieren Schwulen- und in geringerem Umfang Lesbenwitze in der Klasse und machen ein Aufgreifen dieses Themas unumgänglich. Eine Möglichkeit dazu ist, diese Witze selbst einer näheren Betrachtung zu unterziehen, vor allem im Hinblick auf drei Dimensionen:

● Trifft das, was in diesem Witz über Homosexuelle (explizit und implizit) gesagt wird, tatsächlich auf die Lebenslage und Lebensform von (einem Teil der) Homosexuellen zu?
● Auf welche Vorurteile über Homosexuelle und Ängste ihnen gegenüber spielt der Witz an bzw. welche setzt er beim Hörer voraus?
● Was konkret erzeugt den Lacheffekt?

Dabei müssen gar nicht alle derartigen Witze schwulen- bzw. lesbenfeindlich sein. Einige heben auch auf die Borniertheit unserer Normalitätsvorstellungen ab (siehe Kasten).

Vater: »Was is denn los mit dir, Bua, du hängst ja in letzter Zeit nur noch rum. Bist etwa verliebt?«
Sohn: »... no ja ...«
Vater: »Aha. Na, wer iss denn?«
Sohn: »... mmm ...«
Vater: »Is vielleicht die Resi vom Meier-Hof!«
Sohn: »... na, Papa ...«
Vater: »Die Betty vom Bösl-Hof?«
Sohn: »... na, Papa ...«
Vater   (erfreut): »Ja, dann muaß die Fanny vom Großbauer Huber sei!«
Sohn: »... na, Papa ...«
Vater: »Ja, dann sag halt!«
Sohn: »Ja, Papa, der Schorschi vom Lehnerhof iss.«

Umschreiben von Liebesgeschichten bzw. -gedichten (10)

Als eine mehr heitere Episode im Rahmen einer größeren Unterrichtssequenz zum Thema Homosexualität können Liebesgeschichten, -gedichte oder -lieder so umgeschrieben werden, dass sie von gleichgeschlechtlicher Liebe handeln. Unter Umständen reicht es schon, wenn ein Liebesgedicht oder -lied, das an eine bestimmte Person adressiert ist, von einem/einer Schüler/in desselben Geschlechts vorgetragen wird. In der Diskussion sollte vor allem auf die Frage eingegangen werden: Was verändert sich an unserer Interpretation des Textes, wenn er nicht mehr der heterosexuellen Norm entspricht?

Multisexueller Blick als Unterrichtsprinzip

Das Thema Homosexualität kann, entsprechend dem Grundverständnis von Sexualpädagogik als Unterrichtsprinzip, in vielen Fächern auch implizit aufgegriffen werden. Dazu einige Beispiele (vgl. a. Mücke 1993, S. 85):

- Im Englischunterricht (Landeskunde, Zeitungslektüre) können *lesbian* und *gay movement* als Bürgerrechtsbewegungen diskutiert werden, z.B. anhand von englischen oder amerikanischen Zeitungsberichten über einzelne Aktionen oder über die Subkultur einzelner Städte (z.B. San Francisco).
- Im Kunst- und Literaturunterricht sowie bei Filmbesprechungen können homoerotische Aspekte in den Werken einzelner schwuler und lesbischer Künstler/innen hervorgehoben werden (z.B. bildende Kunst: Michelangelo; Literatur: Hubert Fichte, Klaus Mann, Gertrude Stein, Rita Mae Brown; Film: Pier Paolo Pasolini, Rainer Werner Fassbinder).
- Im Sozialkundeunterricht kann die Struktur von Vorurteilen am Beispiel der Haltung gegenüber Homosexualität analysiert werden.
- Im Geschichtsunterricht kann die Rolle der Homosexualität in der Antike diskutiert werden, die Verfolgung und Ermordung von Homosexuellen im Nationalsozialismus, die Entwicklung der Strafverfolgung von Homosexuellen (vgl. Grossmann 1994, S. 119–121), die Drohung der Denunziation als Druckmittel gegen Homosexuelle (vgl. Koch 1995) u.v.m.
- Im Religionsunterricht können die Veränderungen in der Bewertung von Homosexualität in der jeweiligen Kirche und die Rolle kircheninterner Initiativen (wie z.B. *Homosexuelle und Kirche, HuK*) diskutiert werden (vgl. Wiedemann 1982).

Literatur zu Homosexualität für die Gruppenarbeit und für die Klassen- bzw. Schulbibliothek

- Dunde, Siegfried Rudolf (Hrsg.): Handbuch Sexualität. Weinheim: Dt. Studienverlag 1992, S. 24–32 (Stw. Bisexualität weiblich/männlich) und S. 95–110 (Stw. Homosexualität Lesben/Schwule).
- Grossmann, Thomas: Schwul – na und? Überarbeitete Neuausgabe, Reinbek: Rowohlt 1994.
- Herrath, Frank/Richter, Pim/Sielert, Uwe/Wanzeck-Sielert, Christa: Sechs mal Sex und mehr ... Weinheim und Basel: Beltz 1994, S. 85–102.
- Schmidt, Gunter: Das große DER DIE DAS. Über das Sexuelle, Reinbek: Rowohlt 1988, S.117–128.
- Selbstbestimmt schwul. § 175 ersatzlos streichen, hrsg. von DIE GRÜNEN, 3. Aufl., Bonn 1989.

Außerdem enthalten fast alle Aufklärungsbücher für Jugendliche ein Kapitel über Homosexualität.

Gleichgeschlechtliche Liebe AB

Briefe von Jugendlichen an einen Berater

»Ich bin 17 Jahre alt und habe schon mit 13 gemerkt, dass ich lesbisch bin. Zuerst glaubte ich, dass das nur an der Entwicklungsphase liege, aber mit der Zeit bin ich mir klar darüber geworden. Ich fühlte mich nur zu Mädchen hingezogen. Ich wollte immer wieder wegkommen von diesem Gefühl, aber es ging nicht. Jetzt akzeptiere ich es, denn ich habe gemerkt, dass ich mit keinem Jungen schlafen kann. Ich denke dabei immer an meine Freundin, die mir sehr nahe steht. Diese Freundin hat auch mehr Beziehungen zu Mädchen, und ich habe sie auf einer Party kennen gelernt. Ich merkte sofort, dass sie auch so ist wie ich. Ich habe ihr erklärt, dass ich mich sehr wohl fühle in ihrer Nähe, und sie hat das auch verstanden. Sie wollte sich aber mit der Zeit mit mir nicht mehr treffen, weil sie Angst hat, dass sie total abhängig werden könnte von mir. Ich habe das nie verkraftet und werde es auch nicht so schnell können. Ich habe sie wirklich lieb, ja, ich liebe sie sogar. So ein Gefühl habe ich bei einem Jungen noch nie gehabt. Ich träume sogar von ihr! Ich habe es schon mehreren Leuten gesagt, wie ich fühle. Natürlich nur solchen, denen man vertrauen kann. Sie verstehen mich alle, aber die meisten sagen, dass ich mir das nur einrede. Das ist aber nicht wahr. Ich bin am Anfang total fertig gewesen, denn so zu leben ist sehr schwer. Jetzt habe ich schon viel durchgemacht, vor allem Enttäuschungen, die ich sehr schwer verdaut habe. Nachdem mich meine Freundin im Stich gelassen hatte, war ich sehr traurig, ich schlief unruhig und musste dabei immer an sie denken. Ich dachte mir, dass das Leben für mich jetzt endgültig aus ist. Ich versuchte dann mein Glück bei einem anderen Mädchen. Sie verstand zwar meine Gefühle, aber sie sagte mir, dass sie nicht lesbisch sei. Ich habe es schon so oft probiert, eine Beziehung zu einem Mädchen anzufangen, aber es war nie eine dabei, die so ist wie ich. Die Einzige, mit der es hätte klappen können, wollte aus Angst nicht. Ich habe am Anfang auch Angst gehabt, aber jetzt ist diese Angst vorbei. Ich habe nur einen Wunsch: Ich möchte bald eine Freundin haben, mit der ich zusammen bin wie Mann und Frau. Das ist aber sehr schwer, denn die meisten, die lesbisch sind, fürchten sich vor der Öffentlichkeit. Was ich noch nicht erwähnt habe, ist, dass ich noch Jungfrau bin. Ich habe kurze Zeit einen Freund gehabt, und der wollte mit mir schlafen. Ich dachte, ich könnte dann endlich meine Gefühle für Mädchen loswerden, aber als wir probierten, miteinander zu schlafen, tat es mir sehr weh, und ich fühlte nichts dabei. Ich habe dann nicht mit ihm geschlafen. Wenn mich ein Mädchen berührt, das mir sehr nahe steht, spüre ich ein Kribbeln und bekomme schöne Gefühle. Wenn ich neben einem Mädchen liege, bekomme ich Gefühle, die ich bei einem Jungen nie bekommen könnte. Ich finde mich mit diesem Problem ab, aber ich weiß nicht, ob ich das noch lange verkraften kann, die ganzen Enttäuschungen.«

Bettina (17)

»Ich weiß nicht, was mit mir los ist. Als ich 14 war, hatte ich mehrere Freundinnen hintereinander, aber es ging immer wieder auseinander. Viel weiter als küssen ist es oft nicht gegangen. Ich hatte auch keine Lust dazu, obwohl meine letzte Freundin mich richtig verführen wollte. In letzter Zeit ist es aber anders. Ich interessiere mich fast nur noch für Jungen, in meinen Fantasien bin ich immer mit Männern und Jungen am Rummachen. Leider habe ich noch keinen Freund, ich traue mich nicht, einen anzusprechen, den ich nett und sympathisch finde. Ich glaube, ich bin schwul; obwohl, sicher bin ich mir nicht, ich weiß auch nicht so genau, was das ist und wie es dazu kommt, dass man homosexuell wird.«

Tommy (15)

(Aus: Reinert Hanswille: Fragen zum Sex, 2. Aufl., München: Kösel 1990, S. 164ff.)

Gleichgeschlechtliche Liebe AB

Ein Leserbrief an die Jugendzeitschrift BRAVO

»Vier Jahre lang waren wir ganz ›normale‹ Freunde. Aber das hat sich jetzt geändert. Als unsere Klasse vor zwei Monaten nach Prag fuhr, wohnten wir zusammen in einem Zimmer. Dort gab es nur ein Doppelbett. Am ersten Morgen wachten wir beide dicht aneinander gekuschelt mit einer Erektion auf. Stark erregt, fassten wir uns gegenseitig ans Glied. Schockiert über unser Verhalten, hörten wir abrupt auf. Am dritten Morgen passierte uns das Gleiche, doch diesmal gingen wir weiter und kamen gemeinsam zum Orgasmus. In den folgenden Tagen hatten wir noch häufiger Sex. Auch als wir wieder zurück waren, setzten wir unsere Liebesspiele fort. Schließlich gestanden wir uns ein, dass wir homosexuell sind. Aber wir trauten uns nicht, es den Eltern und Freunden zu gestehen. Deshalb gehen wir auch mit zwei Mädchen aus der Tanzschule, mit denen wir allerdings noch nicht geschlafen haben. Sie wissen natürlich nichts von unseren Neigungen. Wir befürchten aber, dass sie bald mehr von uns wollen. Wir wissen einfach nicht mehr weiter.«

Robert und Sascha (16)

(Unter der Überschrift »Wir sind schwul« abgedruckt in der Rubrik »liebe, sex und zärtlichkeit« in BRAVO, H. 2, 1994, S. 32)

Die in Bravo abgedruckte Antwort von »Frau Dr. med. Irene Kappler«

»Es ist verständlich, dass ihr große Probleme mit eurer erst kürzlich entdeckten Homosexualität habt. Ob es sich dabei nur um eine vorübergehende Erscheinung handelt, hängt von eurer Entwicklung ab. Viele Jungen machen in der Pubertät homosexuelle Erfahrungen und wenden sich später dem anderen Geschlecht zu. Sollte sich aber herausstellen, dass ihr tatsächlich homosexuell seid, müsst ihr euch darüber klar werden, ob ihr das Doppelleben so weiterführen und nach außen hin die Rolle der Jungen spielen wollt, die ›mit Mädchen gehen‹. Die daraus entstehenden Konflikte sind vorprogrammiert, und ihr seht das auch ganz realistisch, wenn ihr befürchtet, dass die Mädchen bald mehr von euch wollen. Wenn ihr zu engeren Kontakten mit den Mädchen nicht bereit seid, solltet ihr euch fairerweise von ihnen zurückziehen. Solltet ihr homosexuell sein, müsst ihr dazu stehen und euch über kurz oder lang zu euren homosexuellen Neigungen bekennen, damit ihr nicht ständig mit der Angst leben müsst, ›geoutet‹ zu werden. Ihr könnt in der Zukunft nur ein glückliches Leben führen, wenn ihr eure Homosexualität annehmt und nicht gegen sie ankämpft. Jegliche Form der Sexualität ist ›normal‹, und in unserer Zeit sollte jedem Menschen die Entscheidung freigestellt werden, welche sexuelle Betätigung für ihn am befriedigendsten ist. Ihr werdet sicher einige Schwierigkeiten bekommen, weil die Toleranz hinsichtlich Homosexualität immer noch nicht so ausgeprägt ist, wie sie sein sollte. Ihr müsst aber trotzdem mit euren Eltern sprechen und ihnen erklären, dass ihr euch zumindest momentan keine andere Art der sexuellen Beziehung wünscht. Hilfe findet ihr in jedem Fall in einer der Selbsthilfegruppen für Homosexuelle, die es in jeder größeren Stadt gibt.«

Ideenkiste

In diesem Kapitel sind einige didaktische Anregungen zu den folgenden Themen zusammengestellt:

- Einteilung von Gruppen,
- Auswertung von Unterrichtseinheiten,
- Einbringung von Schüler/innenfragen und -initiativen,
- Einladung von externen Referent/innen,
- Außerschulische Lernorte,
- Für alle Gelegenheiten,
- Interviews und Umfragen,
- Aufgaben und Gestaltung des Elternabends.

Diese Vorschläge verstehen sich nicht als speziell sexualpädagogische Methoden. Im Gegenteil: Es wäre sogar günstig, wenn sie auch in anderen Fächern und bei anderen Themen beachtet würden. Solange sie aber nicht zum schulischen Alltag gehören, ist es sinnvoll, in unserem Zusammenhang auf sie aufmerksam zu machen.

Gruppen einteilen

Oft ist es besser, wenn nicht immer die gleichen S miteinander in einer Arbeitsgruppe sind. Damit andere Aufteilungen nicht zu einer Willkür der Lehrperson werden, können folgende Methoden verwendet werden:

Abzählen: 1–2–3–4–…, 1–2–3–4–… Alle S mit derselben Zahl bilden eine Gruppe. *Vorteil:* Es geht schnell. *Nachteil:* Es ist nicht besonders kreativ.

Obst: Wie oben, nur dass statt der Zahlen Obstsorten in festgelegter Reihenfolge genannt werden, z.B.: Apfel, Birne, Pfirsich, Banane; Apfel, Birne …

Tiere: Wie oben, nur mit Tiernamen (Eisbär, Katze, Büffel, Hund …)

Familie Meier: Dieses Verfahren ist wesentlich aufwendiger, aber auch viel lustiger, vor allem in großen Klassen, bei längerfristiger Gruppenaufteilung und bei besonderen Gelegenheiten.
Klassischer Ablauf: Es gibt so viele Familiennamen, wie es Gruppen gibt. Alle klingen ziemlich ähnlich (Meier, Schleier, Reier, Geier, Beier usw.). Alle Familien haben eine fixe Anzahl von Mitgliedern: Mutter, Vater, Tochter, Sohn, Oma, Opa, Hund, Vogel usw. Alle diese Familien- und Mitgliedsbezeichnungen stehen auf je einer Karteikarte, also z.B. »*Mutter Schleier*«, »*Tochter Reier*«, »*Katze Beier*« usw.
Sexualpädagogische Variante: Nicht alle Familien müssen gleich zusammengesetzt sein, es können im sexualpädagogischen Zusammenhang auch Bindungsformen abseits der »Zwangsheterosexualität« und der »normativen Standardfamilie« vorkommen; vgl. *Kopiervordruck Familie Meier* (darin sind unterschiedliche Bindungsformen, Kinder und Partner/innen aus früheren Beziehungen, homo- und heterosexuelle Partnerschaften u.a. enthalten).
Die Karteikarten werden gemischt, verteilt und sofort wieder eingesammelt. In einer sehr turbulenten, aber meist kurzen Suchphase finden sich alle Mitglieder einer Familie zusammen und proben dann ein Familienbild wie vor dem Fotografen.
Wenn alle Gruppen damit fertig sind, werden die einzelnen Familien der Reihe nach aufgerufen (»Und nun: Familie Freier!«), sie stellen ihr Familienbild (das mit einer Sofortbildkamera festgehalten werden kann) und bekommen von allen anderen Applaus. Wenn ausreichend Zeit zur Verfügung steht, können die Zuschauer/innen jeweils raten, um welche Art von »Familie« es sich handelt und wer welche Stellung in ihr hat.
Vorteil: Diese Form der Gruppeneinteilung ist zugleich ein ausgezeichnetes Warming-up für die folgende Gruppenarbeit, weil sie Kooperation fördert und die themenbezogene Fantasie anregt. Sie kann auch zum Aufhänger für eine ganze UE zum Thema *Bindungs- und Familienformen* werden. *Nachteil:* hoher Zeitaufwand.

Karussell: Um bereits gebildete Gruppen neu zu mischen, werden die Mitglieder jeder Gruppe während der GA abgezählt (mit neuen Bezeichnungen, z.B.: »A, B, C, D ...«). Nach Ablauf der GA-Zeit werden alle As, Bs usw. aufgefordert, miteinander eine neue Gruppe zu bilden und sich gegenseitig die Ergebnisse der vorhergehenden GA mitzuteilen.

Vorteil: Intensität in der Kommunikation, vermeidet die altbekannte Auswertung im Plenum. *Nachteil:* Wenig Erfolgskontrolle über die Ergebnisse der Arbeit in den ersten Gruppen.

Wählen: Die S bestimmen nach einem vorgegebenen Kriterium (Wer hat heute am besten mitgearbeitet? Wer hat in letzter Zeit stark aufgeholt? Wer sollte endlich mal wieder im Mittelpunkt stehen? usw.) so viele S, wie Gruppen gebildet werden sollen. Diese S suchen sich je eine/n weitere/n S, beide zusammen (nach gemeinsamer Absprache!) wiederum eine/n weitere/n usw.

Vorteil: Es kommen Sympathiegruppen zusammen, dennoch wird die Bildung von In- und Out-Groups unterlaufen. *Nachteil:* Die zuletzt Gewählten bekommen ihre Randstellung in der Klasse deutlich vor Augen geführt.

Kopiervorlage für »Familie Meier« (6 Gruppen á 6 S)

Mutter Meier	Vater Meier
Tochter Meier	Sohn Meier
Tochter Meiers Freund	Sohn Meiers schwuler Freund
Mutter Reier	Vater Reier
Tochter Reier	Vater Reiers heimliche Geliebte
Sohn Reier	Sohn Reiers Ex-Freundin
Mutter Beier	Vater Beier
Mutter Beiers Geliebte	Sohn Beier
Tochter Beier	Tochter Beiers erfolgloser Verehrer

Kopiervorlage für »Familie Meier« (6 Gruppen á 6 S) AB

Mutter Dreier	Vater Dreier
Mutter Dreiers Freund	Vater Dreiers Freundin
Sohn Dreier	Tochter Dreier
Walter Geier	Walter Geiers Freund
Walter Geiers Sohn aus letzter Ehe	Sohn Geiers Freundin
Walter Geiers Ex-Freund	Pflegekind von Walter Geier und seinem Freund
Mutter Schleier	Sohn Schleier
Tochter Schleier	Tochter Schleiers Freund
Mutter Schleiers Ex-Mann	Sohn Schleiers Disko-Bekanntschaft

Auswertung von Unterrichtseinheiten

Am Ende einer UE sollte hin und wieder eine Auswertungsphase eingeplant werden, in der die S sagen können, was ihnen die UE gebracht hat, wie sie sich gefühlt haben usw. Das motiviert sie dazu, das Gelernte nochmals zu reflektieren, und zeigt ihnen, dass ihre Gefühle und ihre Meinung ernst genommen werden. Die S lernen so auch, konstruktive Kritik zu üben, und die L bekommt ein Feedback über die von ihr konzipierte UE. Wenn diese Methode eingeführt ist, wird sich die L nicht vor dem Feedback fürchten müssen.

Es sollte niemand gezwungen werden, etwas zu sagen. Manchmal ist es allerdings schwer zu unterscheiden, ob jemand nur zögert oder ob er/sie nichts sagen will.

Weil dieses Verfahren oft eingesetzt werden sollte, empfiehlt es sich, ein größeres Repertoire an Auswertungsmethoden zur Verfügung zu haben. Das nicht vorstrukturierte Plenumsgespräch, das als die einfachste Form der Auswertung erscheinen mag, ist hierbei nicht besonders günstig, weil es für viele S schwer ist, vor allen andern ohne Unterstützung persönliche Stellungnahmen abzugeben.

Für die unteren Klassen bieten sich folgende Methoden an:
- **Smiley:** Auf eine Auswertungswandzeitung werden für den jeweiligen Tag oder die UE entweder ein fröhliches, ein neutrales oder ein saures Gesicht gezeichnet oder geklebt.
- **Mimik:** Die S drücken ihre Meinung/ihr Gefühl durch (drastische) Mimik aus (nacheinander oder mehrere gleichzeitig).
- **Barometer:** Die S heben ihren Arm so hoch, wie es jeweils ihrer Meinung zu der UE oder ihrer Zustimmung zu einer speziellen Frage entspricht.
- **Körpersprache:** Analog zu »Barometer« bzw. »Mimik« kann das Gefühl zu einer UE auch in einer Körperhaltung ausgedrückt werden. Vorteil: Auflockerung durch Bewegung.
- **Zeichensprache:** Die Meinung wird durch vorher abgemachte Zeichen ausgedrückt, wie z.B. Daumen nach oben, waagrecht oder nach unten (oder alle Positionen dazwischen).

Für die höheren Klassen bieten sich folgende Methoden an:
- **Drei Hüte:** Drei Hüte werden aufgestellt, auf denen steht »Thema«, »Methode« und »Stimmung«. Die S schreiben ihr Gefühl/ihre Meinung dazu in Form eines Stichworts auf drei kleine Zettel, werfen diese in die jeweiligen Hüte und kommentieren dabei ihr Stichwort. Diese Methode ist relativ zeitaufwendig und eignet sich daher nur für Projekte oder Unterrichtssequenzen.
- **Leere Stühle:** Analog zu »Drei Hüte« können auch zwei oder mehr Stühle aufgestellt werden, auf denen jeweils angeschrieben ist, wofür sie stehen, also z.B. »Ich«/»Klasse«/»Thema« oder »Highlights«/»Schwachpunkte«/»Fortsetzung«. Die S setzen sich der Reihe nach (in beliebiger Reihenfolge) auf diese Stühle und

sagen ihre Meinung zu dem Punkt, für den der jeweilige Stuhl steht (ebenfalls relativ zeitaufwendig).

- **Ball zuwerfen:** Die S sitzen im Kreis und werfen sich einen Ball zu. Wer den Ball fängt, sagt seine Meinung zur UE oder sein augenblickliches Gefühl. (Wenn sie nichts sagen wollen: → *Joker*, S. 102.)
- **Blitzlicht:** Alle S können mit einem kurzen Satz das ausdrücken, was sie gerade empfinden, was sie in der UE gelernt haben, was sie noch wissen möchten, wie die Stimmung in der Gruppe war/ist usw. (zeitsparendste Methode).
- **Blitzlicht mit Vorgabe:** Bei jüngeren S ist es günstig, beim Blitzlicht Satzanfänge vorzugeben, wie:
  - Eine Sache, die ich heute gelernt habe, ist ...
  - Nächstes Mal möchte ich gerne noch mehr wissen über ...
  - Das Beste an diesem Vormittag war ...
  - Das Wort, das mein Gefühl jetzt am besten ausdrückt, ist ...
  - Ich fühle mich jetzt wie ein ...
- **Fragebogen:** Bei länger dauernden Projekten kann von den S am Ende auch ein statistisch auswertbarer Fragebogen ausgefüllt werden. Eine Möglichkeit dazu ist der folgende *Fragebogen zum Projekt* (in Anlehnung an Glück 1994, S. 127).

Fragebogen zum Projekt

Wie habe ich mich während der Arbeit an diesem Projekt in der Klasse/
im Kurs gefühlt?

Wie hat die Gruppe gearbeitet?

Was hat die Gruppe gearbeitet?

Welchen Wissens- und Erkenntniszuwachs hat mir die Arbeit an diesem Projekt gebracht?

    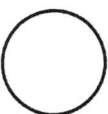

Bei Fragen, die mich im Zusammenhang mit unserem Thema persönlich bewegten,

stand ich allein – oder – wurde ich von der Gruppe unterstützt.

Hat mich die Arbeit an diesem Projekt eher entmutigt oder ermutigt, mich weiter
mit diesem Thema auseinander zu setzen?

Was hat mir die Gruppe an Anerkennung und Zuwendung entgegengebracht?

Einladung von externen Referent/innen

Problemabriss/Ziele:
Für manche Themen ist es günstig, externe Referent/innen einzuladen. Dies können Expert/innen örtlicher Institutionen oder Eltern von S sein, die über bestimmte Themen informieren, z.B.:

Person/Institution	Thema
Pro Familia, Frauengesundheitszentrum, Gesundheitsamt	Verhütung, Schwangerschaft und Schwangerschaftsabbruch
Väter oder Mütter mit ihren Säuglingen	Geburt, Säuglingspflege
Schwangere	Schwangerschaft
Notruf, autonomes Frauenhaus/Mädchenhaus, Polizei, Kinderschutzbund	Sexuelle Gewalt
Männerinitiativen	Männerrolle, Männerarbeit
Schwulen- und Lesbeninitiativen	Homosexualität
Ausländer/innen-Initiativen	Sexualität und Sexualmoral in anderen Kulturen
Prostituierte	Prostitution
Journalist/innen oder Zeitungshändler/innen	Sexualität in den Medien
Priester/innen oder andere Kirchenvertreter/innen	Sexualität und Sexualmoral in der jeweiligen Religion
Geburtshelfer/innen, Frauenärzt/innen	Schwangerschaft und Geburt
Aids-Hilfe, Gesundheitsamt	Aids

Die S sollten an der Entscheidung, wer zu welchem Thema eingeladen wird, beteiligt sein oder Themen- und Gästeauswahl ganz selbstständig treffen (nach dem Prinzip: Je mehr ich eine Erkundung selbst gestalte, umso mehr lerne ich daraus). Dazu sollten sie selbst Funktionen bei der Organisation des Besuchs übernehmen, und zwar umso mehr, je älter sie sind.

Der Vorteil externer Expert/innen ist neben der besonderen Sachkompetenz die größere soziale Distanz und die professionelle Rolle, die es ermöglichen können, auch über intimere Themen zu sprechen. Den Schüler/innen sollte daher schon vor dem Besuch mitgeteilt werden, dass die Referent/innen unter Schweigepflicht stehen. Dementsprechend ist es manchmal auch günstiger, wenn die L nicht während des ganzen Besuchs anwesend ist. Einige Referent/innen für Sexualpädagogik verlangen dies sogar für die ganze Veranstaltung.

Nicht geeignet für externe Referent/innen sind Themen, die mehr mit Einstellungen, Ängsten usw. zu tun haben als mit Information. Alle diese mehr erziehlichen Themen sollten von der dauerhaft in der Klasse arbeitenden L behandelt werden. Außerdem sollte nicht vergessen werden, dass diese Expert/innen niemals den in der

Klasse unterrichtenden L alle Arbeit in diesem Bereich abnehmen können. Ein wesentlicher Anteil der Sexualpädagogik findet situativ statt, als Antwort auf Fragen, in der Auseinandersetzung mit aktuellen Vorkommnissen und durch die sozialisatorische Wirkung des Schulklimas.

Möglicher Ablauf eines Besuchs:

- Gespräch (Brainstorming) darüber, zu welchem Thema welche Besucher/innen eingeladen werden sollen.
- Verteilung der Aufgaben, die von S oder S-Gruppen ausgeführt werden. Dazu können zählen: Einladung schreiben oder mündlich mitteilen, Erarbeitung von Fragen, Gesprächsleitung, Besucher/in am Eingang empfangen, Dank und Verabschiedung usw.
- Erarbeitung von Fragen an den/die Besucher/in (»Was wir von unserem Gast wissen wollen«) in GA oder Plenum, Fixierung in einem »Fragenplan«.
- Einladung (schriftlich, telefonisch, persönlich) des Gastes, u.U. Mitteilung des Fragenplans (oder Teile davon) an den/die Besucher/in durch eine/n S oder eine S-Gruppe.
- Ablauf des Besuchs: Abholen des Gastes am Eingang, gegenseitiges Vorstellen in der Klasse, Gespräch unter Leitung durch eine/n S gemäß Fragenplan, Dank an den Gast, Verabschiedung und Begleitung zum Ausgang.
- Rückschau: Wurden alle Fragen beantwortet, entsprach die Atmosphäre des Besuchs den Erwartungen, wurden alle S-Aufgaben ordentlich erfüllt?
- Fixierung der Ergebnisse in einem Protokoll oder an einer Wandzeitung (anhand des Fragenplans und ggf. kurzer Notizen, die während des Gesprächs angefertigt wurden).
- Schriftlicher Dank an den Gast, evtl. mit inhaltlichem Feedback entsprechend den Ergebnissen der Rückschau.

Hinweise: Die formelle Entscheidungskompetenz darüber, ob eine externe Person eingeladen werden darf, liegt in der Regel bei der/dem Schulleiter/in (und nicht bei höheren Instanzen, wie oft zur Abschreckung behauptet wird). Eine pauschale Ankündigung der Möglichkeit, dass Besucher/innen eingeladen werden, ist beim Klassenelternabend empfehlenswert. Vielleicht finden sich unter den Eltern auch Interessent/innen für einen Besuch. Selbstverständlich ist zu bedenken, dass, je nach politischem Klima des jeweiligen Bundeslandes und der Schule, nicht alle Personen/Institutionen, die oben aufgeführt sind, als Gäste gleichermaßen willkommen sind (zum Besuch von Vertreter/innen einer Homosexuellen-Initiative vgl. S. 155).

Außerschulische Lernorte

Ebenso, wie es für einzelne Themen sinnvoll sein kann, externe Personen in die Schule zu holen, kann es für andere Themen wichtig sein, dass eine originale Begegnung an außerschulischen Lernorten stattfindet. Solche Orte können z.B. sein:

Außerschulischer Lernort	Thema
Schwangerenberatungsstelle (Pro Familia, Gesundheitsamt) oder Familienplanungszentrum	Verhütung, Schwangerschaft und Schwangerschaftsabbruch
Gynäkologische Ärzt/innenpraxis (vgl. Beispiele 1995, S. 67f.)	Schwangerschaft, Verhütung, ungewollte Kinderlosigkeit
Frauenklinik oder Entbindungsstation eines Krankenhauses	Geburt, Schwangerschaft (der Besuch kann in einem Videofilm dokumentiert werden, vgl. Learn to Love 1995, S. 137)
Jugendzentrum	Durchführung eines sexualpädagogischen Projekts, das in der Schule vorbereitet wurde (vgl. Learn to Love 1995, S. 144)
Autor/innenlesung	Texte zu Sexualität und Geschlechterverhältnis (vgl. Beispiele 1995, S. 81f.)
Theater	Stück zu Sexualität (z.B. »Was heißt denn hier Liebe?« oder »Darüber spricht man nicht«) oder zu sexueller Gewalt (z.B. »Dreck am Stecken« oder »Das Familienalbum«, vgl. Beispiele 1995, S. 72ff.)
Treffpunkt einer Lesben- oder Schwuleninitiative	Homosexualität, Sexualpolitik
Homosexuellenlokal	Homosexualität, sexuelle Kultur
Aids-Beratungsstelle (z.B. Aids-Hilfe)	Aids, sexuell übertragbare Krankheiten, sexuelle Kultur
Öffentlicher Vortrag	Sexualwissenschaftliches oder sexualpolitisches Thema (Besuch evtl. zusammen mit den Eltern)
Tonband- oder Videointerviews von Passanten in der Fußgängerzone, von Besucher/innen eines Jugendzentrums oder von Eltern, Mitschüler/innen und Lehrer/innen	Normen und Werte in der Sexualität, aktuelle Ereignisse, Jugendkultur, Erziehung (vgl. Sielert u.a. 1993, S. 135)
Sex-Shop oder Porno-Kino	Pornografie, sexuelle Kultur, Vermarktung von Sexualität als Ware (für Arbeitsgruppen der Sekundarstufe II, deren Schüler/innen über 18 Jahre alt sind)
Gericht/Gerichtsverhandlung	Sexuelle Gewalt, Eherecht, Scheidung, Sorgerecht

Ähnlich wie bei der Einladung von Besucher/innen sollte der Besuch eines außerschulischen Lernortes im Unterricht vorbereitet werden durch:

- Erarbeitung wichtiger Vorinformationen,
- Erarbeitung von Beobachtungsaufgaben (Checkliste),
- Formulierung von Fragen, die den Kontaktpersonen gestellt werden sollen (Fragenplan),
- Zusammenfassung des bisherigen Wissens/der bisherigen Bewertung und Formulierung des derzeitigen Standpunkts durch einzelne Schüler/innen oder durch die Klasse.

An den Besuch eines außerschulischen Lernorts sollte sich eine intensive Nachbereitung anschließen, in der u.a. die angefertigten Notizen ausformuliert, mitgebrachtes Material gesichtet (z.B. Broschüren und Flugblätter) und evtl. angefertigte Fotos bzw. Tonband- oder Videoaufzeichnungen weiterbearbeitet und für eine (schul-)öffentliche Präsentation vorbereitet werden können.

Für alle Gelegenheiten

Joker

Bei allen Gruppenarbeitsformen, bei denen die S etwas sagen oder tun müssen, ist es wichtig, dass sie ein Hintertürchen offen haben, durch das sie entwischen können, wenn es ihnen zu »heiß« wird. Dazu kann entweder eingeführt werden, dass wie beim Kartenspielen »Weiter!« gesagt werden darf oder dass es einen »Joker« (s. S. 102) in Form von kleinen Karten (in einer bestimmten Farbe, die den Joker kennzeichnet) gibt, den die S setzen dürfen.

Dies mindert die Angst vor peinlichen oder heißen Themen und macht den Spielablauf lebendiger. Allerdings werden die Joker erfahrungsgemäß selten eingesetzt.

Kleines grünes Krokodil

In Veranstaltungen, in denen sich noch nicht alle Teilnehmer/innen kennen bzw. in denen die Leiter/innen noch nicht alle Teilnehmer/innen kennen, ist dieses Spiel ein guter Einstieg zum Kennenlernen der Namen:

Alle sitzen im Kreis. Die L gibt ein kleines grünes Krokodil (oder eine andere Plastikfigur) an die/den nächsten S weiter mit den Worten: »Das ist ein kleines grünes Krokodil. Bei ... (Name der/des S) ist es ... (Eigenschaft).« Name und Eigenschaft müssen dabei mit demselben Buchstaben beginnen, also z.B. »Bei Louisa ist es lustig.«

Die S gibt dann das Krokodil weiter mit den Worten: »Das ist ein kleines grünes Krokodil. Bei Louisa ist es lustig, bei ... (Name der/des nächsten S) ist es ...« Der Satz wird damit von S zu S länger, die Namen werden laufend wiederholt. Oft ist es auch sehr aufschlussreich, welche Eigenschaften das Krokodil bei welchem/welcher S erhält.

Was wäre wenn ...

Diese Methode eignet sich als schülerzentrierte Strukturierung von (tiefer gehenden) Gesprächen zu sehr vielen verschiedenen Themen.

Die S erhalten mehrere Karteikarten oder Zettel, auf die sie Fragen zum jeweiligen Thema (z.B. Sexualität, Liebe, Verhütung usw.) schreiben, die sie noch weiter klären möchten. Fragen zu Handlungssituationen beginnen am besten mit »Was wäre wenn ...«. Danach werden die Fragekarten gesammelt und gemischt und als Stapel verdeckt in die Mitte gelegt. Ein/e S nimmt eine Karte, liest die Frage laut vor und gibt sie an eine/n andere/n S weiter. Diese/r liest die Frage nochmals vor und beantwortet sie so weit, wie er/sie will. Erst wenn der/die Gefragte ausgeredet hat (darauf achten, dass seine/ihre Redezeit nicht von anderen unterbrochen wird!), können die anderen ihre Meinung zu der Frage sagen. Wer die Frage nicht beantworten will, setzt seinen *Joker* (s. S. 102). Die Frage wird dann weitergegeben. Wenn sich niemand findet, der sie beantworten will, wird sie abgelegt.

Interviews und Umfragen

Manchmal gibt es Themen, die mit Sexualität zu tun haben und die in der ganzen Klasse oder Schule zu heißen Diskussionen führen, z.B. wenn es aktuelle Vorfälle in oder um die Schule gegeben hat oder wenn Medienereignisse die Gemüter erhitzen.

Es kann zu sehr fruchtbaren Gesprächen führen, wenn die Schüler/innen dieses Thema in den Unterricht einbringen. Eine noch intensivere Auseinandersetzung ergibt sich, wenn die Diskussion nicht nur aufgrund der in der Klasse vertretenen Meinungen geführt wird, sondern wenn die Ergebnisse von Meinungsumfragen unter anderen Personen mit einbezogen werden. Der wichtigste Lerneffekt für die Schüler/innen (und für die Lehrperson) liegt hierbei in der Vorbereitung und Durchführung dieser Umfragen selbst. Möglichkeiten dazu sind:

● Tonbandinterviews mit Schülern anderer Klassen bzw. Schulen oder mit Erwachsenen, z.B. Passanten auf der Straße,
● Videointerviews (wenn es eine entsprechende Videogruppe an der Schule gibt, die die Technik bereitstellt) oder
● Fragebogenuntersuchungen mit ganzen Klassen.

Ein Beispiel dazu: Als die Broschüre »Let's talk about sex« der Landeszentrale für Gesundheitsförderung Rheinland-Pfalz 1994 für öffentliche Aufregung und breiten Medienrummel sorgte, regten drei Schüler eines Deutsch-Leistungskurses des *Gymnasiums am Kurfürstlichen Schloss* in Mainz an, eine Fragebogenuntersuchung zu diesem Thema als Facharbeit durchzuführen. Sie konnten den Lehrer und die Schulleitung dafür gewinnen und befragten die Schüler/innen aus je zwei Klassen ihres Gymnasiums und einer benachbarten Realschule. Ihr Projekt wurde zu mehr als nur einem Sandkastenspiel: Die Ergebnisse führten zu einer breiten Diskussion in der Schule und zu Berichten in der regionalen Presse (Ergebnisse und Presseecho sind z.T. nachzulesen in Sabo/Wanielik [Hrsg.] 1994, S. 32f.).

Aufgaben und Gestaltung des Elternabends

Zur Geschichte des Elternabends

Bei der Einführung der schulischen Sexualerziehung 1968 wurde in den Richtlinien der einzelnen Bundesländer ein jährlicher Klassenelternabend zu diesem Thema zur mehr oder weniger verbindlichen Pflicht der Lehrer/innen erklärt. Bei diesem sollten die Eltern über Inhalte und Medien des geplanten Unterrichts so rechtzeitig informiert werden, dass sie die Möglichkeit hätten, ihre persönlichen Auffassungen noch vor der schulischen Behandlung der jeweiligen Themen mit ihren Kindern zu besprechen.

Schulischer und elterlicher Erziehungsauftrag – deren Verhältnis bis zum Urteil des Bundesverfassungsgerichts von 1977 noch nicht grundlegend geklärt war – sollten so auf personalkommunikativer Ebene vermittelt und der schulischen Sexualerziehung weitere Akzeptanz und Legitimation verschafft werden.

Neben dieser mehr juristisch begründeten Hauptfunktion diente der Elternabend auch pädagogischen Funktionen (wie der Elternbildung und der Anbahnung einer Kooperation zwischen Lehrer/innen und Eltern) und hatte den für manche Kultusministerien politisch willkommenen Nebeneffekt, dass er die in der Sexualerziehung besonders engagierten Lehrer/innen dadurch bremste und disziplinierte, indem sie dem (damals eher gegen Sexualpädagogik in der Schule gerichteten) Meinungsdruck der Eltern ausgesetzt wurden.

Gegenwärtige Situation

Auch wenn die kultusministeriellen Richtlinien einzelner Bundesländer bis heute in der Art, wie sie den Elternabend zur Pflicht machen, die Diktion bzw. den Geist jener Zeit beibehalten haben (vgl. z.B. die Richtlinien für Nordrhein-Westfalen 1974, S. 9; Bayern 1980, S. 531; Sachsen-Anhalt 1993, S. 3), was den Elternabend bei entsprechendem Kolorit der jeweiligen Richtlinien als lästig und Engagement-begrenzend erscheinen lässt, so hat sich der Kontext, in dem die schulische Sexualerziehung stattfindet, seither doch entscheidend gewandelt:

- Sexualerziehung ist heute kein grundlegender Streitpunkt mehr zwischen Elternhaus und Schule. Wie die umfassende Untersuchung von Glück u.a. (1992, S. 38ff., 142ff.) zeigte, begrüßen weitaus die meisten Eltern die sexualpädagogischen Bemühungen der Lehrer/innen, neigen aber auch nicht dazu, ihre eigene Verantwortung an die Schule zu delegieren. Dies schafft günstige Voraussetzungen für eine Kooperation beider Seiten.
- Die Haltung der Eltern gegenüber der Sexualität ihrer Kinder hat sich verändert. In der Grundtendenz akzeptieren die Eltern von heute die sexuellen Bedürfnisse

der Jugendlichen und geben ihnen im Elternhaus die Möglichkeit zu sexuellen Kontakten mit ihren Freund/innen. Die Sexualität der Jugendlichen ist heute Gegenstand der Kommunikation in der Familie, wodurch Selbstständigkeit und Verantwortungsbereitschaft der Jugendlichen zugenommen haben (vgl. Schmidt u.a. 1993). Damit hat sich die alte Besorgnis, die Schule könne aus der Sicht der Eltern in der Sexualaufklärung zu weit gehen und Tabus verletzen, weitgehend überholt.

● Im Zentrum der Diskussion über Sexualität und Sexualpädagogik steht heute nicht mehr die Frontlinie zwischen Verbot und Übertretung, zwischen Repression und Emanzipation, sondern die Veränderung des Geschlechterverhältnisses und die Differenzierung des sexualpädagogischen Themenspektrums. So haben z.B. Themen wie Normalität und sexuelle Minderheiten, gleichgeschlechtliche Liebe, sexuelle Gewalt, Aids-Prophylaxe, sexuelle Kultur, Beziehungs- und Bindungsformen, Sexualität ethnischer Minderheiten, Sexualität in den Massenmedien u.a. eine ganz neue Bedeutung erlangt. Diese Themenvielfalt macht für alle Beteiligten ein größeres Maß an Information erforderlich und führt zu einem am besten kooperativ zu befriedigenden Informationsbedürfnis von Schüler/innen, Lehrer/innen und Eltern.

Die neuen Aufgaben des Elternabends

Vor diesem Hintergrund verlieren die juristische (legitimierende) und die politische (bremsende und disziplinierende) Funktion des Elternabends heute an Bedeutung, während sein pädagogisches Gewicht als Forum der Elternarbeit und Elternbildung durch Information und Austausch enorm zugenommen hat. Die Arbeitsformen und Themen, die diesem pädagogischen Zweck dienlich sind, können dabei sehr vielfältig sein. Hierzu einige Vorschläge:

Zentrale Elemente:
● *Information:* Beim Elternabend sollte die Lehrkraft über die Sexualentwicklung der jeweiligen Altersgruppe informieren. Für eine differenziertere Darstellung empfiehlt es sich, externe Fachleute einzuladen (z.B. die Referent/innen für Sexualpädagogik der örtlichen Beratungsstellen). Wenn entsprechendes Interesse von Seiten der Eltern vorhanden ist, können auch Spezialthemen (s.o.) Gegenstand einzelner Veranstaltungen sein.
Eine zusätzliche Möglichkeit der Information ist, den Eltern zusammen mit der Einladung zum Elternabend ein Merkblatt über die Aufgaben der Sexualpädagogik in der Schule zuzusenden. Milhoffer (1995, S. 68–70) hat dazu einen Textvorschlag für die Grundschule vorgelegt.
● *Schüler/innenfragen:* Das Vorlesen von authentischen Fragen von Schüler/innen (aus dem Unterrichtsgespräch oder aus dem Fragekasten) kann das Interesse der Eltern wecken und zu einer gewissen Verblüffung führen: »Was, das wollen unsere

Kinder in dem Alter schon wissen?« Dabei werden die Orientierungssuche der Schüler/innen und oft auch das Auseinanderklaffen von allgemein-kognitiver Entwicklung einerseits und Informationsstand in Bezug auf Sexualität andererseits deutlich.

Als Alternative dazu können die Schüler/innen ab Klasse 4 selbst Themenwünsche für den Elternabend aufschreiben, die abgetippt und verteilt werden, oder die Lehrperson kann den Eltern eine Reihe sexualpädagogisch relevanter Situationen aus dem Schulleben, auf die sie in letzter Zeit reagieren musste, vortragen (vgl. Philipps 1992, S. 59).

- *Gespräche:* Auf die Konfrontation mit diesen Informationen, Fragen und Situationen sollte ein Gespräch folgen, das den Eltern (ggf. in kleineren Gruppen) die Gelegenheit gibt, ihre Gefühle dazu mitzuteilen (überrascht, erfreut, empört, bestätigt o.a.). Die Gruppen besprechen die Fragen und Situationen, die sie besonders spannend finden (Was steckt dahinter? Wie hätte ich reagiert?) und stellen ihre Vorschläge im Plenum vor (wobei unterschiedliche Lösungen willkommen sind).

  Die Gespräche bieten auch die Gelegenheit, von häuslichen Erfahrungen zu erzählen und Entscheidungsprobleme der Familienerziehung in einem größeren Kreis als gewohnt zu diskutieren. Dabei können auch fiktive Situationen (nach dem Muster »Was würde ich tun, wenn ...«) helfen, das Gespräch in Gang zu bringen. Wichtig ist nicht, dass die jeweiligen Fälle erschöpfend behandelt werden, sondern dass die Teilnehmer/innen überhaupt mieinander ins Gespräch kommen.

- *Über Sexualität sprechen lernen:* Der Elternabend sollte Gelegenheit geben, das Sprechen über Sexualität zu üben (z.B. Antworten auf Schüler/innenfragen wörtlich auszusprechen). Wenn dies in der Runde noch schwer fällt, so bieten sich spielerische Sprechanlässe an, wie etwa das von C. Eichmanns (1990) für Elternabende entwickelte Brettspiel »Kids fragen nix«: Nach dem Muster bekannter Spiele werden Ereigniskarten und Fragekarten mit (z.T. scherzhaften) Auswahlantworten gezogen (»Ihr Kind erzählt Ihnen, dass es sich verliebt hat. Sie nehmen es ernst und freuen sich mit ihm. Rücken Sie 4 Felder vor.« – »Wie lange kann man ein Kind heute ohne Aufklärung lassen?«).

- *Anschauungsmaterial:* Ein Büchertisch kann Anregungen für die Sexualerziehung in der Familie (als »Vorbild« z.B. *Peter, Ida und Minimum,* als Ratgeber z.B. Barth/Markus 1991, Kaiser 1990, Kentler 1988 oder Kleinschmidt 1994 u.a.) geben und einer eventuellen Skepsis oder Abwehr der Eltern begegnen, indem er zeigt, wie auch schwierigere Themen kindgemäß behandelt werden können.

Ergänzende Elemente:

- *Empathieförderung:* Die Informationen und der Austausch über das Leben ihrer Kinder sollte den Eltern helfen, deren Welt besser zu verstehen und sie als eigenständige Personen mit alterstypischen sexuellen Bedürfnissen und Empfindsamkeiten wahrzunehmen. Darauf aufbauende Rollenspiele können den Eltern helfen, sich noch stärker in die Konflikte von Jugendlichen (Gruppendruck, Ablöse-konflikt, Identitätssuche u.a.) hineinzuversetzen.

- *Pluralität:* Die Eltern können sich im gegenseitigen Austausch klarer darüber werden, wo sie im Spektrum der sexualethischen Meinungen stehen, welche Prinzipien der sexuellen Lebensführung für sie wichtig sind und worauf eventuelle Differenzen zu den Einstellungen ihrer Kinder zurückzuführen sind.

- *Subjektivität:* Durch spezielle Arbeitsformen (z.B. eine Fantasiereise, s. u.) können die Eltern ihre eigene sexuelle Biografie reflektieren. Dies gibt ihnen die Möglichkeit, die biografische Bedingtheit ihrer eigenen Einstellungen zu erfahren und einzusehen, dass sie in die Sexualerziehung immer auch sich selbst und ihren eigenen Lebenshintergrund einbringen.

- *Interaktionskompetenz:* Um Peinlichkeit abzubauen und ein kooperatives Gruppenklima herzustellen, empfiehlt Gudjons (1978) Interaktionsspiele aus der Gruppenpädagogik, wie z.B. die Übung → »Gordischer Knoten« (S. 66).
  Ebenfalls mit der Zielsetzung, die Eltern am Beginn der Veranstaltung miteinander in Kontakt zu bringen und das Gespräch über Sexualität zu initiieren, schlagen Sanders/Swinden (1992, S. 43) ein »Personen-Bingo« vor. Dabei wird allen Anwesenden je ein Fragebogen gegeben, mit dem sie sich gegenseitig interviewen, bis zu jeder Frage eine Person gefunden wurde, die diese mit »ja« oder »eher ja« beantworten konnte.

- *Anregung durch Medien:* Der Elternabend bietet die Möglichkeit, das Angebot an sexualpädagogischen Medien zu sichten und zu diskutieren. Besonders wirksam kann es sein, die Eltern im Einladungsschreiben zu bitten, selbst Aufklärungsbücher mitzubringen. Erweist sich ein Medium als besonders strittig, so empfiehlt Philipps (1992, S. 60), »die darunter liegenden fantasierten Konsequenzen aufzudecken. Beispielsweise: ›Ich höre heraus, dass Sie eine bestimmte Befürchtung haben, was passieren könnte, wenn ihr Sohn ausspricht und hört, wie viele und welche Bezeichnungen es für die Geschlechtsteile gibt ... Was malen Sie sich als Folgen aus?‹« Viele solcher Angstphantome verlieren an Schrecken, wenn sie ausgesprochen werden – sofern die Eltern in ihren Befürchtungen ernst genommen werden und auch die Lehrperson eigene Hemmungen zugeben kann.

- *Konsensbildung über Medien:* Im Gespräch kann ein Konsens angestrebt werden, welche Bücher für die Klassenbücherei angeschafft und welche Videos im Unterricht gezeigt werden. Damit sich hierbei nicht ein restriktiver Minimalkonsens einstellt und nicht der irrige Eindruck entsteht, die Verwendung sexualpädagogischer Medien sei von einer Zustimmung durch die Eltern abhängig, sollte dieser Punkt erst in Angriff genommen werden, wenn sich eine kooperative Atmosphäre herausgebildet hat.

- *Unterstützung durch Beratungsstellen:* Im Zusammenhang mit der (anonymen) Erwähnung von häufiger auftretenden Problemfällen kann die Lehrkraft auf die örtlichen Beratungsstellen und ihre jeweiligen Dienstleistungen hinweisen und die Eltern dazu ermutigen, sich auch von dieser Seite Hilfe zu holen.

Filme

In Ergänzung zu diesen Vorschlägen können Filme zur Unterstützung der Informationsvermittlung und zur Auflockerung der Atmosphäre eingesetzt werden. Bei Interesse kann auch ein spezieller »Filmabend« angeboten werden. Hierzu einige Empfehlungen:

- *Sex – eine Gebrauchsanweisung für Jugendliche.* Der Zeichentrickfilm, der 1987 im Auftrag des dänischen Kultusministeriums entwickelt wurde und mittlerweile *der* Klassiker unter den sexualpädagogischen AV-Medien geworden ist, zeigt in 20 Minuten alle für Jugendliche wichtigen Aspekte von Sexualität. Er hat ein auf Erwachsene oft zu rasant wirkendes Tempo und berührt einige heiße Eisen – er sollte daher nicht ohne kritische Aussprache gezeigt werden. Ein ausführliches Begleitheft bietet eine gute Grundlage dafür.
- *Wo komm´ ich eigentlich her?* Ein Zeichentrickfilm für 5- bis 9-Jährige, etwas langatmig (45 Minuten), manchmal klischeehaft und unklar in den gezeigten Informationen, insgesamt aber doch brauchbar – auch als Grundlage für eine erste Begegnung mit dem Thema *Sexualerziehung in der Grundschule* auf einem Elternabend.
- *Sechs mal Sex und mehr.* Sechs 30-minütige Beiträge für das deutsche Schulfernsehen (1993) mit Interviews und Spielszenen zu den Themen: Mädchen sein, Frau werden/Junge sein, Mann werden/Selbstfindung zwischen Familie und Clique/ Erste sexuelle Erfahrungen/Sexuelle Identität/Liebesbeziehungen. Unterhaltsam und nahe an der Lebenswirklichkeit von Großstadtjugendlichen, als Einstieg in eine (themenzentrierte) Gesprächsrunde unter Eltern gut geeignet.
- *Die Lustrolle* und *Die Küss´ mich Rolle.* In diesen beiden umfangreichen Sammlungen von kurzen Videoclips des Wuppertaler Jugendvideoprojekts stellen Jugendliche selbst ihre Sicht dar, manchmal auch drastisch-provokativ. Eine gute Diskussionsgrundlage für ein Treffen von engagierten Eltern!
- *Endlich Sommer* (Norwegen 1986)/*Mein Leben als Hund* (Schweden 1985). Diese abendfüllenden Spielfilme zeigen neben vielem anderen auch die sexuellen Aspekte des Lebens von 11- bis 12-Jährigen bzw. von 12- bis 14-Jährigen. Sie haben Unterhaltungswert, wecken Erinnerungen an die eigene Kindheit bzw. Jugend und stellen Kinder- bzw. Jugendsexualität im Lebenskontext dar – ein cineastischer Höhepunkt für besonders interessierte Eltern.

Diagnostische Aspekte

Neben der pädagogisch-informierenden Funktion des Elternabends sollte auch seine diagnostische Funktion nicht übersehen werden: Durch ihn gewinnt die Lehrperson u.a. Informationen über

- Vorkenntnisse der Schüler/innen,
- Werthaltungen und Ängste der Eltern,
- ihre Vorstellungen über kindliche Sexualität,
- ihre Erwartungen an die schulische Sexualerziehung (vgl. Philipps 1992, S. 57).

Diese Informationen geben der Lehrperson ein höheres Maß an Sicherheit und können helfen, angstbesetzte Vermutungen abzubauen (in die u. U. als Projektion die Haltung gegenüber den eigenen Eltern eingegangen sein kann).

Unterstützende Institutionen

Es gibt einige Institutionen, die Eltern in ihrer sexualpädagogischen Arbeit unterstützen und die Hilfe in Problemfällen bieten können:

● Pro Familia (Verhütung, Schwangerschaft, sexualpädagogische Veranstaltungen),
● Aids-Hilfe (Aids-Prävention, Sexualpädagogik, männliche Homosexualität),
● lokale Schwulen- und Lesbeninitiativen (Homosexualität, Coming-out),
● Frauengesundheitszentrum (Mädchenarbeit, Verhütung, Selbstverteidigung),
● Notruf für vergewaltigte Frauen und Mädchen/Frauen- bzw. Mädchenhaus/lokale Initiativen zur Prävention, Intervention und Therapie bei sexuellem Missbrauch (*Wildwasser*, *Zartbitter* u.a.)/Kinderschutzbund (sexuelle Gewalt),
● Bundeszentrale für gesundheitliche Aufklärung, 51101 Köln (Broschüren für Eltern zu Fragen der Sexualpädagogik).

Ablauf eines Elternabends

Eine unter vielen Möglichkeiten, einen Elternabend aufzubauen, sei im Folgenden dargestellt. (In dieses Konzept sind Anregungen von U. Mayer-Ullmann eingeflossen, die als Vertreterin der Pro-Familia-Beratungsstelle Heidelberg eine große Anzahl von Elternabenden durchgeführt hat.) Dieser Abend kann (zur Steigerung der Besucher/innenquote) in Zusammenarbeit mit einem/einer externen Referent/in einer örtlichen Beratungsstelle gestaltet und gleichzeitig für die Eltern mehrerer Klassen angeboten werden:

● Vorbereitung: Die Eltern werden mit einem ausführlichen Einladungsbrief angeschrieben. Als Vorlage kann der Brieftext von Milhoffer (1995, S. 68–70) dienen. Die Lehrperson sollte für sich vor der Veranstaltung ihren Standpunkt abklären (vgl. Philipps 1992, S. 58): Was will ich erreichen? Weshalb halte ich einen Aspekt für notwendig und altersgemäß? Wo sind meine Grenzen und Schwierigkeiten? Wie will ich mit möglichen Vorbehalten von Eltern umgehen?
● Der Abend beginnt mit einem Referat über die Sexualentwicklung der jeweiligen Altersgruppe. Dabei werden auch Schüler/innenfragen und Situationen aus dem Schulleben vorgestellt (ca. 30 Minuten).
● Die Lehrkraft oder der/die Referent/in lädt die Teilnehmer/innen zu einer Fantasiereise ein: Sie schließen die Augen und gehen in Gedanken zurück zu Stationen der eigenen Entwicklung (Aufklärung, erster Kuss, erste intime Beziehung, Verhütung usw.) (ca. 15 Minuten).
● Danach kommen häufig persönliche Äußerungen und Fragen, wie z.B.: »Wie sollen sich Eltern verhalten, wenn ...« Diese werden in Kleingruppen diskutiert. Dabei können auch Fragen besprochen werden, die auf Karteikarten bereits

vorbereitet wurden, wie z.B.: »Wie verhalte ich mich, wenn ich vermute, dass mein Sohn/meine Tochter mit seiner Freundin/ihrem Freund geschlafen hat?« oder: »Was mache ich, wenn mein Sohn/meine Tochter unsere Verhütungsmittel findet und dazu Fragen stellt?« usw. (je ca. 3–4 Fragen pro Gruppe, Dauer ca. 30 Minuten).

- Nach dem Ende der Gruppenarbeit erfolgt ein kurzer Bericht im Plenum. Zu wichtigen Einzelfragen kann weiter diskutiert oder die Expert/innenmeinung des/der Referent/in eingeholt werden (ca. 30 Minuten).
- Den Abschluss bilden Vorführung und Diskussion sexualpädagogischer Medien, die im Unterricht verwendet oder für die Klassenbücherei angeschafft werden sollen (Videovorführung und Büchertisch).

Entscheidend für den Ablauf eines Elternabends ist, dass er weder von der Lehrkraft noch von den Eltern als lästige Pflicht empfunden wird. Er sollte für alle Teilnehmenden die Chance darstellen, in einer angenehmen Atmosphäre über Sexualität und Sexualerziehung ins Gespräch zu kommen, und sollte die positive Bedeutung unterstreichen, die Sexualität, Körpergefühl, Sinnlichkeit und Beziehung in der Erziehung und im Leben haben.

Projekt 1:
Sexuelle Schimpfwörter und Provokationen

»*Beim Eintritt in die Klasse treten sich zwei Jungen in die Genitalien, würgen einander und beschimpfen sich mit ›Flachwichser‹ und ›schwule Sau‹. Noch während ich sie auseinander zerre, verlangen andere Kinder von mir die Erklärung dieser Begriffe. Die Überleitung zum geplanten Rilke-Gedicht ist wirklich nicht ganz einfach. Während wir am Text arbeiten, sinne ich darüber nach, dass mir meine Mutter stets den Umgang mit vulgären Leuten verboten, jedoch meine Berufswahl gebilligt hat, weil Kinder für eine Frau ja die natürlichste Sache seien. Was mag wohl ein ›Flachwichser‹ sein?*« (Aus: Szillis-Kappelhoff 1993)

Problemabriss

Sie kommen, ähnlich wie in diesem Beispiel aus einer Dorfschule (!), in jeder Schulklasse vor und scheinen in manchen Jahrgangsstufen und zu bestimmten Zeiten geradezu epidemisch zu grassieren: Schimpfwörter, Beleidigungen, Kraftausdrücke und Sprüche sexuellen Inhalts. Hier noch ein paar gängige Beispiele: *Arschficker, geile Möse, blöde Votze, blöder Sack, Wichser, fick dich, ich ficke dich, Schlappschwanz, du Hure, du verfickte ..., die Weiber sind alle geile Schlampen, blöde Tussi* usw.

Für eine pädagogisch angemessene Reaktion ist es wichtig zu wissen, was jeweils hinter diesen Sprüchen und Wörtern steckt. Dabei sind ganz unterschiedliche Motive festzustellen:

Die Magie der Sprache: Wenn Kinder im Vor- und Grundschulalter Wörter wie *vögeln* oder *Möse* aufschnappen und nachsagen, werden sie bald feststellen, dass das ihre Umgebung nicht kalt lässt. Das Wiederholen dieser Wörter kann zu einem kleinen Sprachexperiment werden: Was passiert, wenn ich sie in dieser oder jener Situation sage? Dies sollte nicht als gezielte persönliche Provokation missverstanden werden. Eine solche würde die Kenntnis um die Wirkung des Wortes bereits voraussetzen. Hier handelt es sich vielmehr um experimentelle Lernschritte im Rahmen des allgemeinen Spracherwerbs.

Die beste Reaktion auf diesen Typ von Ausdrücken dürfte sein, ohne Aufregung oder Peinlichkeit, aber dennoch echt darauf zu antworten. Sagen Sie es, wenn Sie etwas stört/ärgert/verletzt, nicht um zurechtzuweisen, sondern um verständlich zu machen, wie diese Wörter wirken. Durch diese Rückmeldung verhelfen Sie dem Lernexperiment zum Erfolg.

Kraftausdrücke: Wenn Kinder/Jugendliche in der Vorpubertät und im frühen Jugendalter »verbotene« oder »anrüchige« Wörter gebrauchen, so wollen sie u. U. damit zeigen, wie mutig, stark, verrucht oder erfahren sie (schon) sind. Diese Form der Angeberei ist ein Teil des Ringens um die eigene geschlechtliche Identität und sollte kein Anlass zu pädagogischer Intervention sein, wenn nicht dahinter wiederum Abwehr oder Informationsbedürfnis stehen (s. u.).

Problematisch wird es allerdings, wenn sich dahinter ein übersteigertes traditionell-männliches Rollenverhalten verbirgt, wie es sich besonders krass (auch) bei ausländischen Schülern findet, die in einem Kulturkreis sozialisiert wurden, in dem die »natürliche« Überlegenheit des Mannes über die Frau betont wird (vgl. Heidarpur 1992). Sprüche wie »ich ficke dich« oder »ich ficke deine Mutter« sind vor diesem Hintergrund nicht als harmlose und vorübergehende Entwicklungserscheinungen abzutun, sondern müssen mit intensiver pädagogischer Arbeit beantwortet werden.

Diese sollte in erster Linie nicht in Sanktionen gegen die Sprüche selbst bestehen, sondern auf eine Veränderung des ihnen zugrunde liegenden Werthorizonts hinwirken. Dabei könnte die pädagogische Intervention zunächst auf die Ansichten über die Stellung der Frau in der Gesellschaft und gegenüber dem Mann (Gehorsamspflicht u.a.) abheben. Ein Teil dieser pädagogischen Arbeit wird besser in geschlechtshomogenen Gruppen durchzuführen sein, da es sich hier um ein schwieriges Kapitel der Jungenarbeit handelt.

Abwehr: Hinter manchen Ausdrücken steckt auch die Abwehr von Angst oder von sexuellen Triebimpulsen. Dazu einige Beispiele: Wenn ein Junge andere Jungen wegen einer Balgerei oder wegen verschworenen Zusammenseins »schwuler« Aktivitäten bezichtigt, so kann dies auch heißen, dass er selbst gerne dabei gewesen wäre oder dass ihn die Nähe zu anderen Jungen angemacht hat. Darin kann eine Parallele zu den weit verbreiteten Beschimpfungen, Abwertungen und körperlichen Übergriffen von Jungen gegenüber Mädchen liegen, hinter denen oft unschwer das Motiv der »Anmache« zu erkennen ist (was auch die Doppeldeutigkeit des Wortes ausdrückt).

Jungen, die andere Jungen als »schwule Sau« o. Ä. beschimpfen, wollen damit u. U. jeden Verdacht, selbst schwul zu sein, weit von sich weisen. Je mehr sie unmännliches Verhalten (und Schwulsein wird von vielen Jungen als unmännlich angesehen) ablehnen, umso männlicher hoffen sie selbst zu erscheinen und umso mehr glauben sie verbergen zu können, wie unsicher sie in ihren Versuchen, Männlichkeit darzustellen, noch sind.

Eine pädagogisch sinnvolle Antwort darauf sollte vor allem zwei Ziele verfolgen: Zum einen geht es darum, die hinter diesen Äußerungen stehende Angst (vor dem anderen Geschlecht, vor dem Sich-Blamieren bei der Kontaktaufnahme, vor dem Unmännlich-Sein usw.) abzubauen. Zum andern geht es darum, andere Möglichkeiten der Kontaktaufnahme und des Umgangs miteinander zu eröffnen als die der Beleidigung und des Sprücheklopfens. Für beide Ziele können viele der Übungen des Kapitels *Geschlechtsrollen* (s. S. 73ff.) eingesetzt werden, vor allem die Rollen- und Kontaktspiele. Außerdem sollte klargemacht werden, dass Männlichkeit und Schwulsein keine Gegensätze sind und dass Männlichkeit schon gar nicht durch die Abwertung von Schwulen erworben wird.

Kommunikations- und Informationsbedürfnis: Oft wird übersehen, dass provozierende Reden sexuellen Inhalts auch ein Bedürfnis artikulieren können: Die Kinder/Jugendlichen zeigen damit, dass sie mehr darüber reden und erfahren möchten. Wenn *bumsen* und *schwule Sau* häufig zu hören sind, dann ist es höchste Zeit, die Themen *Geschlechtsverkehr* und *Homosexualität* im Unterricht aufzugreifen.

Provokation: Von Lehrer/innen am meisten gefürchtet sind sexuelle Sprüche, durch die sie von Jugendlichen absichtlich provoziert werden. Dies kommt in Schulen zwar nicht so häufig vor wie in »härteren« pädagogischen Feldern, etwa Jugendzentren, aber es kann vorkommen. Ein Tipp, der von Jugendsozialarbeitern immer wieder zu hören ist, lautet: Provoziere auf der gleichen sexuellen Ebene zurück und zeige dadurch, dass du so nicht unterzukriegen bist.

Diese Methode ist für die Schule nicht direkt zu empfehlen. Auch wenn ein punktueller Einsatz, abhängig vom Umgangsstil des sozialen Umfelds, durch seinen Verblüffungseffekt schon mal wirkungsvoll sein kann – als Dauerlösung taugt dies nicht. Dieses Verfahren kann höchstens in Fortbildungsgruppen einen gewissen Wert haben: Eine Übung im Zurückprovozieren kann eine gewisse Sicherheit geben: Wer weiß, dass er/sie in solchen Situationen nicht aufs Maul gefallen ist, braucht sich davor auch nicht mehr zu fürchten. Und damit fällt ein wesentlicher Teil des provokativen Effekts solcher Sprüche fort. Denn zum Provozieren gehören zwei: Eine/r, der/die provoziert, und eine/r, der/die sich provozieren lässt.

Die beste Reaktion auf sexuelle Provokationen aller Art (vom Kondom an der Türklinke bis zum aufgeschlagenen Pornoheft auf dem Pult) dürfte es jedoch sein, cool zu bleiben und sich anzusehen, was dahinter steht.

Im Übrigen ist es auch nicht so wichtig, wie im Einzelfall reagiert wird, sondern mehr, wie das Thema *Sprüche und Provokationen* auf lange Sicht bewältigt wird. Ein Beispiel dafür stellt die folgende Methode für die Grundschule dar:

Eine Möglichkeit der pädagogischen Intervention: Der Blöde-Sprüche-Abfalleimer

Ein kleiner Plastikeimer oder ein Pappkarton wird zum Abfalleimer für blöde Sprüche erklärt. Außen kann »Blöde-Sprüche-Abfalleimer« draufstehen. Der Eimer steht immer irgendwo in einer Ecke und wird nicht geleert.

Wenn jemand in der Klasse »blöde Sprüche« (wie in den obigen Beispielen, vor allem sexistische Sprüche) macht, dann kann jede/r Schüler/in der Klasse (»Kläger/Klägerin«) darauf hinweisen, dass es sich hier um einen »blöden Spruch« oder um ein »blödes Wort« handelt.

Der/die »Sprücheklopfer/in« kann sich verteidigen, kann sagen, was er/sie damit gemeint hat, und alle Schüler/innen können sich in die Diskussion einmischen (die Lehrperson sollte sich jedoch zurückhalten). Die Diskussion sollte darauf zielen, einen Konsens herzustellen: War es jetzt ein »blöder Spruch« oder ein »normaler Spruch«?

Wenn alle, einschließlich des Sprücheklopfers/der Sprücheklopferin, der Meinung sind, dass es ein *blöder Spruch* war, dann schreibt der/die Sprücheklopfer/in den Spruch/das Wort auf einen kleinen Zettel und wirft ihn in den Abfalleimer. Damit der Gang zum Eimer nicht zu einer Strafexpedition wird, kann der/die Kläger/Klägerin auch den Eimer zum Sprücheklopfer/zur Sprücheklopferin bringen. Das Entscheidende ist nicht das Moment der Sanktionierung, sondern das der gemeinschaftlichen, diskursiven Bewertung. Es ist wichtig, dass die Schüler/innen die Gründe einsehen, warum ein Spruch (allgemein oder von bestimmten Hörer/innen, allgemein oder in bestimmten Situationen) als kränkend oder erniedrigend empfunden wird.

Kann kein Konsens hergestellt werden, so kann trotzdem jemand aus der Fraktion, die in dem jeweiligen Ausdruck einen *blöden Spruch* sieht, diesen auf einen Zettel schreiben und selbst in den Abfalleimer werfen.

Sind alle außer dem/der Kläger/in der Meinung, dass es ein *normaler Spruch* war, dann kann versucht werden, eine Formulierung zu finden, die das wiedergibt, was der/die Sprücheklopfer/in sagen wollte, und die für den/die Kläger/in akzeptabel ist.

Die blöden Sprüche, die sich im Lauf der Zeit in dem Eimer ansammeln, können in einer späteren UE aufgegriffen werden oder als Einstieg in ein Thema der Sexualpädagogik verwendet werden. Die bereits besprochenen »Originalzettel« können außen auf den Eimer geklebt werden. Durch eine derartige Veröffentlichung kann den Sprüchen die Spitze genommen werden, da sie sich dann nicht mehr so gut für Provokationen und Abwertung eignen.

Hinweis: Sprüche, die mehr sexuelle Prahlerei darstellen, sollten in einer eigenen UE aufgegriffen werden (→ *Alles easy*, s. S. 86).

Variation (Schreibdialog): Die Auseinandersetzung um einen blöden Spruch (wie über Streitfälle ganz allgemein) kann auch in der Form des »Schreibdialogs« erfolgen. Dazu setzen sich die beiden Kontrahent/innen schweigend zusammen und kommunizieren nur mit Sätzen, die sie abwechselnd auf ein Blatt Papier schreiben. Beispiel:

A: Das war ein echt blöder Spruch.
B: Wieso?
A: Weil er mich geärgert hat.
B: Warum hat er dich geärgert?
A: Weil du so tust, als ob alle Mädchen blöd wären.
B: Na und?
A: Du bist ganz schön eingebildet.
B: Viele Mädchen können das einfach nicht.
A: Und viele Jungen auch nicht.

Nachdem diese Methode über längere Zeit hinweg zur Klärung in Konfliktsituationen eingesetzt wurde, beobachteten Bergk/Rubinig (1993) nicht nur eine Verringerung der Gewaltbereitschaft der Jungen in diesen Situationen, sondern auch eine allgemeine Steigerung der Differenziertheit der Kommunikation über soziale Abläufe. So konnten im Verlauf von 1 bis 2 Schuljahren die Jungen (von denen die meisten dummen Sprüche ausgehen) zu einem weniger »mackerhaften« Kommunikationsverhalten angehalten werden: Sie wichen in verbalen Konfrontationen weniger aus, ließen ihr Gegenüber eher ausreden, drohten nicht so leicht mit körperlicher Gewalt und äußerten ihre Meinung zunehmend durch differenziertere Argumente statt durch sexistische Beschimpfungen.

Projekt 2:
Die Geschichte der Geschlechterverhältnisse

Problemabriss

Das folgende Projekt befasst sich mit einem Lernort, der auf den ersten Blick kaum mit Sexualpädagogik in Verbindung gebracht werden dürfte: Es handelt von einem Unterrichtsgang ins Museum. Dieses Projekt ist ein Versuch, die didaktische Fantasie in einem ungewohnten Bereich spielen zu lassen, und möchte die Leser/innen zu weiteren didaktischen Streifzügen in unerkundetes Terrain anregen.

Stellen Sie sich die folgende Situation vor: Sie gehen mit einer Klasse ins Museum. In einer Vitrine ist ein Damenbadeanzug von 1900 ausgestellt mit wadenlanger Hose und darüber fallendem Rockoberteil, daneben ein altes Foto von einer Badeanstalt am nahe gelegenen Fluss. Gekicher kommt auf. Die jungen Leute auf dem alten Foto (die zu ihrer Zeit vielleicht eine fast revolutionäre Haltung gegenüber damaligen gesellschaftlichen Konventionen ausgedrückt haben mögen) kommen den Schülern von heute wie verklemmte Figuren aus einem auf Lacheffekt angelegten Film vor. Ein Schüler ganz vorne sagt, die Tante in dem Badeanzug sollte erst mal auf einen Nacktbadestrand von heute gehen, da würde sie in Ohnmacht fallen. Ein verhaltenes zustimmendes Prusten ist zu hören, dann meint ein Mädchen teilnahmsvoll, der Badeanzug wäre unpraktisch, weil man damit nicht richtig braun würde.

Sie können diese Situation als eine harmlose Störung Ihres Unterrichtsganges sehen und übergehen. Sie können sie aber auch aufgreifen und über Bekleidungsvorschriften, Schamgebote (auf dieser Ebene scheint es den Schüler angesprochen zu haben) oder die geschichtliche Veränderung der Verhaltensstandards und des Körpererlebens und seiner Gestaltung (braun oder nicht?) sprechen.

Es handelt sich bei diesen Fragen auch um sexualpädagogisch relevante Themen. Diese treten häufig nicht als eigenständige Unterrichtsthemen auf, sondern stellen integrierte Teilaspekte anderer Lerninhalte dar. Im Aufgreifen dieser Aspekte liegt eine besondere sexualpädagogische Chance: Wird Sexualität immer wieder im Zusammenhang mit den verschiedensten Unterrichtsgegenständen als *ein* Aspekt unter anderen thematisiert, so gerät sie damit als ein integrierter Bestandteil unseres sozialen Lebens ins Blickfeld – und nicht als etwas betulich Herausgehobenes oder streng von allen anderen Bereichen des sozialen Lebens Abzutrennendes.

Ein weiterer Vorteil dieser Form von Sexualpädagogik liegt darin, dass sich durch sie das Ziel eines *wertoffenen* und möglichst weiten sexuellen Bildungshorizonts in besonderer Weise verfolgen lässt. Dies sei anhand eines kurzen Exkurses in die sexualpädagogische Theorie verdeutlicht:

Wie Walter Müller in seinem Konzept der »Skeptischen Sexualpädagogik« (1992) darstellt, sind alle sexualpädagogischen Programme, die auf eine Beeinflussung der Heranwachsenden zu einem bestimmten Ziel hin ausgerichtet sind, entweder wegen der Partikularität der ihnen zugrunde liegenden Wertentscheidungen oder wegen der Uneinlösbarkeit und Fragwürdigkeit der in ihnen enthaltenen pädagogischen Ansprüche zum Scheitern verurteilt.

Dieser von ihm kritisierten Form von Sexualpädagogik stellt er das Konzept einer »bildungstheoretisch begründeten Sexualpädagogik« entgegen (S. 158ff.). Diese verzichtet auf eine von ihr zu setzende »Vorentscheidung darüber, was auf dem Felde der Sexualität und Liebe wesentlich, wichtig, richtig, gut, schön, vertretbar und erstrebenswert ist oder nicht« (S. 158), und begnügt sich stattdessen damit, alles das, was in Geschichte und Gegenwart an Meinungen, Wissen und Wertungen über Sexualität und Liebe zusammengetragen wurde, den Heranwachsenden zur Kenntnis zu bringen.

Ohne Rücksicht auf weltanschauliche oder politische Interessen versucht eine solche bildungstheoretische Sexualpädagogik, zur »Selbstständigkeit im Denken« und Fühlen *freizugeben*. Sie zielt nicht auf eine *bestimmte* Haltung oder ein *bestimmtes* Verhalten, sondern will einen möglichst weiten Horizont an Wissen zur Verfügung stellen, der zu »Besonnenheit im Urteilen und Handeln« (S. 160) befähigt. Ob die Entscheidung dann für oder gegen ein bestimmtes Verhalten ausfällt, steht den Heranwachsenden frei. Das Ziel dieser sexualpädagogischen Begleitung ist nur, die Voraussetzungen dafür zu schaffen, dass diese Entscheidung ungehemmt und ohne Einschränkungen im Zugang zu Wissen (um Vorbedingungen, Konsequenzen und Alternativen des Handelns) getroffen werden kann. Nur so wird für Müller sexuelle Selbstbestimmung, d. h. Mündigkeit im Bereich des Sexuellen, möglich.

Eine Voraussetzung davon ist allerdings, dass eine möglichst breite Palette von Informationen (Wissen, Ansichten, Erfahrungen ...) über Sexualität für die Heranwachsenden verfügbar ist und dass diese Information nicht durch didaktische Vorentscheidungen, persönliche Wertungen der Lehrkraft oder institutionelle Begrenzungen beschränkt wird. Die Wirklichkeit mit all ihren Differenzierungen und Widersprüchen sollte den Heranwachsenden zugänglich sein (soweit dies sachlich möglich ist), ohne dass Pädagogen den Versuch unternehmen, schon vorgängig festzulegen, welche Schlüsse die Heranwachsenden daraus für ihr Leben ziehen sollen.

Genau diese Voraussetzung einer nicht ausgelesenen Materialgrundlage ist aber im Rahmen der Schule schwer realisierbar (ganz abgesehen davon, dass dieser Anspruch, absolut gesetzt, sowieso nie einzuholen ist). Die Auswahl sexualpädagogischer Materialien ist in der Schule aufgrund der jeweiligen Richtlinien immer schon für eine tendenzielle Beeinflussung in Dienst genommen. Ein Museum hingegen kann zumindest versuchen, die Verhältnisse der Vergangenheit so unvoreingenommen und realitätsgetreu wie möglich darzustellen. Dies dürfte im Bereich der Geschichte des Alltagslebens noch leichter möglich sein als in dem der politischen Geschichte. Damit könnte es seinen Beitrag leisten, den Heranwachsenden jenen

Fundus an Wissen und (vermittelter) Erfahrung bereitzustellen, der für eine auf sexuelle Selbstbestimmung ausgerichtete Sexualpädagogik notwendig ist.

Das Museum ist sicher nicht der Hauptlernort der Sexualpädagogik, aber es bietet kreative Chancen: Wegen der historischen und sozialen Relativität der Normen und Institutionen des Sexualverhaltens brauchen wir immer wieder die Rückschau in die Geschichte, um die Einflussfaktoren ihrer Entstehung und Entwicklung sowie mögliche Trends für die Zukunft zu erkennen und um uns in unserer eigenen, historisch geformten Umwelt zu orientieren und uns über die Relativität unserer eigenen Verhaltensstandards aufzuklären.

Im Rahmen von Projekten, die einen Unterrichtsgang ins Museum einschließen, lassen sich z.B. folgende Themenkomplexe der Sexualpädagogik bearbeiten:
- Männlichkeit und Weiblichkeit/Geschlechterrollen und Geschlechterverhältnisse,
- Schwangerschaft, Geburt, Elternschaft und Familienplanung,
- Jugendkultur und Jugendsexualität,
- ökonomische Situation von Familien,
- Lebensbedingungen sexueller Minderheiten.

Das folgende Beispiel aus dem Bereich *Geschlechterrollen und Geschlechterverhältnisse* bezieht sich nicht auf eine bestimmte Jahrgangsstufe. Es ist im Prinzip in jeder Klasse der Sekundarstufe I durchführbar, wenn Aufgabenstellung, Auswahl der Textvorgabe und Anforderungen an die soziale Kompetenz der Schüler/innen dem Niveau der jeweiligen Klasse und Schulart entsprechen. Auch in der Kooperation mit den Kolleg/innen anderer Fächer sollte für diese ein möglichst weiter Gestaltungsspielraum offen stehen.

Die Ablaufskizze stellt eine Zusammenstellung von Vorschlägen dar, aus denen jeweils passende Arbeitsformen ausgewählt oder zu denen weitere hinzugefügt werden können.

Ablauf

Vorbereitung (für höhere Klassen): im Deutschunterricht wird ein Textauszug aus Norbert Elias, *Über den Prozess der Zivilisation* gelesen und diskutiert (Elias 1969, Bd. 1, S. 243ff., d. h. Gliederungspunkt 7).

Gruppeneinteilung: Für den Unterrichtsgang ins Museum wird die Klasse in zwei oder mehr Gruppen aufgeteilt. Eine Möglichkeit (die im Folgenden weiter verfolgt werden soll, aber nicht unter allen Umständen die beste ist) ist, die Klasse in geschlechtshomogene Gruppen aufzuteilen, und zwar so:

- Eine Mädchengruppe bearbeitet die Lage der Frauen *(Frauengruppe 1)* und eine Jungengruppe die Lage der Männer *(Männergruppe 1)*. Bei einer größeren Anzahl von Schüler/innen bearbeitet eine weitere Jungengruppe die Lage der Frauen

(Frauengruppe 2) und eine weitere Mädchengruppe die Lage der Männer *(Männergruppe 2)*.

- Eine solche geschlechtshomogene Aufteilung hat den Vorteil, dass die Sensibilität für die Lage des eigenen Geschlechts gefordert und gefördert wird und dass Gespräche über schwerer besprechbare weil peinliche Sachverhalte in der Gruppe erleichtert werden. Kommt es zu Bildung von vier Gruppen, dann kann die Gegenüberstellung der Gruppenberichte zeigen, inwieweit eine geschlechtstypisch selektive Wahrnehmung die jeweiligen Beobachtungen der Jungen- und Mädchengruppen verzerrt.
- Der Nachteil der geschlechtshomogenen Aufteilung ist die Kehrseite des ersten Vorteils: Die Sensibilität für die Lage des anderen Geschlechts wird weniger gefördert. Dies könnte dadurch ausgeglichen werden, dass in einem zweiten Durchgang die Situation des anderen Geschlechts zum Thema gemacht wird.

Arbeitsteilige Gruppenarbeit:
- Arbeitsauftrag für die *Frauengruppe(n)*: Sammle alles, was du an Informationen über das Leben von Frauen in der Vergangenheit erfahren kannst (Berufe, Bildungschancen, Teilnahme am öffentlichen Leben, Besitzverhältnisse, Aufgaben in der Familie, Rechte, Kleidung, Geschlechtsrolle/Verhaltensregeln, Sexualmoral usw.). Achte auch darauf, welche Rückschlüsse du aus anderen Informationen auf das Leben von Frauen und die Darstellung von Weiblichkeit ziehen kannst.
- Arbeitsauftrag für die *Männergruppe(n)*: Sammle alles, was du an Informationen über das Leben von Männern in der Vergangenheit erfahren kannst (Berufe, Bildung, Auftreten im öffentlichen Leben [im Vergleich zu Frauen], Besitzverhältnisse, Aufgaben und Rechte in der Familie, Kleidung, Geschlechtsrolle/Verhaltensregeln, Sexualmoral usw.). Achte auch darauf, welche Rückschlüsse du aus anderen Informationen auf das Leben von Männern und die Darstellung von Männlichkeit ziehen kannst.

Ergebnissicherung: Die Ergebnisse dieser Recherche werden von der Gruppe in folgendes Arbeitsblatt (Großformat, quer) eingetragen:

Zeit/Epoche	Ausstellungs-gegenstand	Beschreibung	Interpretation in Bezug auf Geschlechterrollen

Vorbereitung der Gruppenberichte: Eine Reinfassung des Arbeitsblattes kann als optische Stütze auf Folie kopiert werden. – Schöner noch, aber wesentlich aufwendiger ist es, entsprechend der Einteilung des Arbeitsblattes eine Wandzeitung zu erstellen. In die Spalte »Ausstellungsgegenstand« können entweder Kopien der Abbildungen aus dem Museumskatalog oder selbst angefertigte Zeichnungen bzw. Fotografien/Sofortbilder eingeklebt werden. Wenn die grafische Gestaltung und die selbst angefertigten Fotografien bzw. Skizzen einem künstlerischen Anspruch genügen sollen, könnte die Wandzeitung auch im Kunstunterricht erstellt werden.

Hausaufgabe (als fakultative Ergänzung; vor oder nach dem Museumsgang durchzuführen):
● Frage die Erwachsenen in deiner Familie oder Nachbarschaft, was sie über die Geschlechterverhältnisse der Vergangenheit aus eigener Erfahrung bzw. Beobachtung oder aus Berichten anderer wissen.

Die Ergebnisse dieser Umfrage könnten ebenfalls in Gruppenarbeit zu einer (einfacheren) Wandzeitung zusammengestellt werden.

Geschichte: Die Arbeitsgruppen (Männer- und Frauengruppe/n) legen dem Plenum ggf. eine Gegenüberstellung der unterschiedlichen Berichte der Mädchen- und Jungengruppen und eine Gegenüberstellung mit dem in Familie und Nachbarschaft recherchierten Bild von Geschlechterverhältnissen der Vergangenheit vor.

Dabei **Diskussion**, u.a. mit folgenden Schwerpunkten:
● Die jeweiligen ökonomischen Bedingungen einer Zeit bzw. Sozialschicht beeinflussen die Geschlechterverhältnisse.
● Die Geschlechterverhältnisse wie auch die Vorstellungen von Männlichkeit und Weiblichkeit unterliegen historischen Veränderungen; ihre gegenwärtige Form ist das Produkt einer z.T. rekonstruierbaren Entwicklung.
● Diese Entwicklung geht über die Gegenwart hinaus. Wir können unsere Zukunft daher auch bewusst gestalten, und wir müssen uns darüber verständigen, wohin diese Entwicklung gehen soll.
● Manche Aspekte des Geschlechterverhältnisses sind den Betroffenen selbst nicht (immer) bewusst.

Deutsch (schriftlicher Sprachgebrauch):
● **Variante 1:** *Fantasieaufsatz* zum Thema: Ein Volkskunde-Forscher eines künftigen Jahrtausends beschreibt die Geschlechterverhältnisse der Gegenwart.
● **Variante 2** (in Verbindung mit dem Fach Geschichte): *Fantasieaufsatz* zum Thema: Eine Frau/ein Mann des 13., 16., 18. oder 19. Jahrhunderts (freie Wahl) kommt ins Deutschland der Jahrtausendwende und beschreibt die Geschlechterverhältnisse und die damit zusammenhängenden Sitten unserer Zeit. Zur Einstimmung könnte ein Auszug aus Herbert Rosendorfers *Briefe in die chinesische Vergangenheit* gelesen werden.
● **Variante 3** (in Verbindung mit dem Fach Biologie): *Fantasieaufsatz* zum Thema: Ein Tier einer anderen Spezies bzw. ein intelligentes Lebewesen einer anderen Galaxis beschreibt die Geschlechterverhältnisse und die damit zusammenhängenden (rituellen) Verhaltensweisen der Spezies Mensch. (Dabei sollte darauf geach-

tet werden, dass das Ganze nicht in einen ahistorischen Biologismus abgleitet, sondern dass die Einsicht von der »Kultur als unhintergehbarem Bestandteil der menschlichen Natur« durchscheint. – Als Einstimmung könnte ein Text über Werberituale von Vögeln oder anderen Tierarten gelesen werden.)

- **Variante 4** (für die Kollegstufe; provokativ): *Satire:* Die Schüler/innen lesen zur Einstimmung von Cheryl Benard und Edit Schlaffer *Der Mann auf der Straße – Abriss zu einer Soziologie des Aufreißens* (Benard/Schlaffer 1980, S. 48–67) und schreiben eine Satire über oder ein Pamphlet gegen die Geschlechterverhältnisse der Gegenwart (bzw. ein humoristisches Plädoyer für sie).

Hausaufgabe (als Alternative zu den Fantasieaufsätzen, besonders für die unteren Klassen der Sekundarstufe I geeignet):

- »Suche einen Gegenstand aus unserer Zeit, der etwas über Weiblichkeit oder Männlichkeit oder über das Verhältnis der Geschlechter aussagt und den du für ein Museum der Zukunft aufbewahren würdest.« Die Schüler/innen bringen diese Gegenstände in den Unterricht mit und kommentieren ihre Wahl.
- Besser noch (aber zeitaufwendiger) wäre folgender Ablauf: Die Schüler/innen stellen alle Gegenstände in die Mitte eines Sitzkreises. Ein/e Schüler/in sucht sich einen Gegenstand aus (nicht den selbst mitgebrachten) und kommentiert, was er in ihren/seinen Augen über die Geschlechter(verhältnisse) der Gegenwart aussagt. Danach können andere ihre Sicht äußern, und zuletzt sagt diejenige/derjenige, die/der den Gegenstand mitgebracht hat, warum sie/er ihn ausgewählt hat und was er ihrer/seiner Meinung nach ausdrückt. Danach darf diese/r Schüler/in den nächsten Gegenstand »ziehen«.
- Ein museumspädagogisches Ziel dieser Aufgabe ist, ein Gespür dafür zu vermitteln, wie schwer es ist, selbst für genau bekannte Verhältnisse passende Exponate zu finden bzw. aus diesen die Verhältnisse interpretativ zu erschließen.

Sozialkunde: Präsentation von statistischen Daten und Informationen über die politischen Bestrebungen einzelner Parteien und Gruppen zum Thema *Geschlechterverhältnisse heute* aus dem Sozialkundebuch oder aktueller Berichte aus der Tageszeitung z.B. zu Fragen der Gleichstellung der Geschlechter; Gegenüberstellung mit den historischen Verhältnissen.

Deutsch (mündlicher Sprachgebrauch): Schlussrunde; falls sich in der bisherigen Diskussion eine dominierende oder besonders umstrittene These herauskristallisiert haben sollte, kann diese in Form eines Statements in den Mittelpunkt einer Pro-und-Kontra-Diskussion gestellt werden.

Projekt 3:
Schullandheimaufenthalt

Schullandheimaufenthalte bieten neben »Studientagen« und »Tagen der Orientierung« das günstigste Umfeld für zeitaufwendige und emotional wie sozial intensive Arbeitsformen. Wie ein sexualpädagogisches Programm eines solchen Schullandheimaufenthalts aufgebaut werden kann, zeigt die folgende Skizze einer zweitägigen Veranstaltung zum Thema *Sexualität, Liebe, Verhütung* für eine 9. Klasse einer Münchner Realschule, die von uns im Mai 1994 durchgeführt wurde.[1]

1. Tag			
Vormittag: Kennenlernen			
Uhrzeit	**Dauer**	**Arbeitsform**	**Medien**
9.30	30	Begrüßung, Vorstellung Überblick über Zielsetzung und Programm Organisatorisches: – Freiwilligkeit der Teilnahme/Alternativen – Schweigepflicht der Teamer/innen/Diskretion – Grenzen (bei sich und bei anderen) – Gesprächsregeln	
9.45	15	Einstieg: Öffentliche Bekanntmachung … (→ AB)	AB, Tesa-Krepp
10.00	20	Namen-Kennenlern-Spiel: → Kleines grünes Krokodil (s. S. 172)	Krokodil
10.20	20	Erwartungsrunde: Die Schüler/innen schreiben auf je einen Zettel Erwartungen bzw. Befürchtungen in Bezug auf die Veranstaltung, beginnend mit den Satzanfängen: – Es wäre schön, wenn … – Es würde mich nerven, wenn … Zettel oder KK in zwei Farben Die Teamer/innen lesen die Zettel vor und notieren den Inhalt in Stichpunkten auf 2 Plakaten Aussprache (die Plakate können dabei verändert, erweitert, unterstrichen werden)	2 Plakate, Filzstifte
10.40	15	– Pause –	

1 Das Programm entstand in Zusammenarbeit mit Anke Erath und Lorenz Heil. Das Projekt fand in Zusammenarbeit mit dem Klassenlehrer H. Engemann statt, für dessen freundliche Unterstützung an dieser Stelle gedankt sei.
2 Zu den mit »→ AB« gekennzeichneten Übungen finden sich die Arbeitsblätter im Anschluss an die Programmskizze.

10.55	5	Warming-up: → Auf gehts (s. S. 65)	
11.00	30	Sexualität und Sprache: → Penivagitus (s. S. 135) Aussprache	3 Bodenplakate
11.30	15	Zwischen-Warming-up: → Wachklopfen (s. S. 62)	
11.45	30	Die Teamer/innen teilen ein Blatt aus, auf dem eine Sammlung von kurzen Texten und Comics zum Thema Sexualität zusammengestellt ist. Die Schüler/innen lesen die Texte, danach Aussprache	30 Comic-Kopien
12.15		– Mittagspause –	

Nachmittag: Sexualität und Sprache

14.00		Geschlechtertrennung in 2 Räumen, weiterer Ablauf in parallelen Halbgruppen	
14.15	30	Brainstorming: Bodenzeitung »Sexualität und Liebe«: AA: »Schreibt auf dieses Plakat alles, was euch zu den Begriffen Sexualität und Liebe einfällt, und zwar sowohl – Begriffe und Wörter, die ihr benützt, wie – solche, die ihr nicht benützt, und – Sprüche, Graffiti, Klosprüche, – alles, was euch dazu in den Sinn kommt (Die Teamer/innen geben einige divergierende Beispiele vor, ohne sie zu bewerten) Die Schüler/innen schreiben die Begriffe/Sprüche auf eine Bodenzeitung Die Schüler/innen bewerten die Begriffe/Sprüche: Jede/r Schüler/in schreibt je 1 positiven und 1 negativen Begriff/Spruch auf je 1 Zettel	Papierbahn, Stifte Zettel in rot bzw. grau
14.45	45	Sammeln der Wertungen auf 2 neuen Boden-zeitungen, die mit »+« bzw. »–« überschrieben sind: 1. loses Auflegen der Zettel 2. GA: Festlegung der Reihung der Begriffe von 2 Papierbahnen »am positivsten« bis »am wenigsten positiv« und »am negativsten« bis »am wenigsten negativ« durch Verschieben der Zettel Diskussion der Reihung und evtl. Veränderung: – Warum ist ein Wort positiv oder negativ (Kriterien, Werte)? – Glaubt ihr, das sehen die Mädchen (Jungen) genauso? – Benützt du diese Ausdrücke? Warum (nicht)? – Wie findest du diese Ausdrücke, wenn du sie hörst? Was fühlst du dabei? Festlegung der endgültigen Reihung, Festkleben	 Klebestift

15.30	15	Übergabe der Positiv- und Negativ-Plakate an die andere Halbgruppe – kurze Pause –	
15.45	30	Diskussion über die +/- -Plakate der anderen Halbgruppe Verfassen eines »Schluss-Statements« dazu, das der anderen Halbgruppe anschließend durch »Abgesandte« überbracht wird	Papier, Stifte
16.15	15	Zusammenkommen im Plenum, Streitgespräch über die verschiedenen Lösungen der Aufgabe durch die beiden Gruppen	
17.00		– Ende –	

Abend: Fragen und Video

20.00	30	Video: »Sex – eine Gebrauchsanweisung für Jugendliche«	Video
20.30	20	Meine brennende Frage: – alle Schüler/innen erhalten einen oder mehrere Zettel mit dem Aufdruck »Meine brennende Frage« und Stifte – Einsammeln in Karton – Fragen ziehen und vorlesen und besprechen	AB, Stifte, Karton
20.50	70	Offenes Gespräch über weitere Fragen	
22.00		– Ende –	

2. Tag
Vormittag: Biologie und Verhütung

Uhrzeit	Dauer	Arbeitsform	Medien
9.15		Warming-up: → Marktplatz-Spiel (s. S. 62)	
9.30		Biologische Grundinformationen zur Empfängnis anhand von Querschnittbildern zur Anatomie von weiblichen und männlichen Sexualorganen	Schautafeln, Folien
10.00	15	Austeilen der AB zu Verhütungsmitteln aus Sielert u.a.: Sexualpädagogische Materialien, 1993, S. 106 ff.	AB
10.15	30	GA: Die Schüler/innen teilen sich in 7 Gruppen auf und erarbeiten die Informationen zu jeweils ihrem/ihrer Verhütungsmittel/-methode	
10.45	45	Spiel: Das Liebespaar und die Verhütungsmittel (→ Verhütungsmittel-Show, s. S. 124 ff.) 2 Teamer/innen spielen ein Liebespaar, die Schüler/innen vertreten je ein Verhütungsmittel Die Teamer/innen stellen Fragen, vor allem nach unberücksichtigten Dimensionen	
11.30	15	– Pause –	

11.45	30	Verhütungskoffer und Informationswiederholung	
12.10	10	Verhütungsmittelquiz (scherzhafte Auswahlfragen auf einem Arbeitsblatt, wie z.B.: »Wie dick ist die Latex-Haut eines Kondoms? a) schätzungsweise einen halben Zentimeter, b) 0,03–0,05 mm, c) weiß ich nicht, weil ich keine Kondome verwende.«	AB
12.20	10	Alle Schüler/innen rollen je ein Kondom auf eine Banane (die sie danach aufessen können)	Kondome, Bananen
12.30		– Mittagspause –	

Nachmittag: Verhütung

15.00	15	Warming-up: → Waschstraße (s. S. 66)	
15.15	15	Aufteilung in 3 Gruppen → Familie Meier (s. S. 161ff.)	KK
15.30	75	Diskussion von Fragen zu Sexualität und Beziehung mit der Arbeitsform → Was wäre wenn … (s. S. 100) mit vorgefertigten und selbst geschriebenen Fragen auf KK	Fragekarten, leere KK
17.00		Zusammenführung der beiden Halbgruppen, Warming-up: → Taler, Taler (s. S. 63)	15 Holztaler
17.15		Gesamtauswertung der Veranstaltung auf Bodentapete: Während ein Rückblick über die Veranstaltung gegeben wird, wird jede Übung auf der Tapete notiert Anschließend kann jede/r Schüler/in den Übungen je einen von drei Smileys (Mundwinkel oben, mitte, unten) geben (s. S. 165)	Papierbahn, Stifte
17.30	30	Verabschiedung	
18.00		– Ende –	

Programme wie dieses lassen sich natürlich nicht einfach »durchziehen«. Je nach Situation müssen einzelne Abschnitte ausgedehnt, gekürzt, fallen gelassen oder durch andere Übungen ersetzt werden. Außerdem sollte nicht vergessen werden, dass sich die sexualpädagogische Bedeutung von Schullandheimaufenthalten und anderen Schulfahrten nicht in geplanten Maßnahmen erschöpft, sondern in weit größerem Maß im sozialen Leben dieser Fahrten liegt. Aus der Sicht der Schüler/innen sind sie oft die idealen Gelegenheiten für Flir4 und Annäherungen. Das bedeutet für die Lehrkräfte mitunter Stress im 24-Stunden-Takt, birgt aber für die Schüler/innen die Chance zu wichtigen Erfahrungen.

Die Lehrkräfte sollten hier nicht nur ans Grenzen-Setzen denken, sondern auch daran, dass es sich um einen schönen und wichtigen Teil des Lebens der Schüler/innen handelt. Diesen sollten Pädagog/innen begleiten, nicht aber bestimmen wollen.

Und (wenn es denn überhaupt didaktisch werden soll): Es ergibt sich daraus eine Menge Stoff für spätere sexualpädagogische Reflexion.

Ein häufiges Bedenken der Lehrer/innen bei Schulfahrten ist ihre Verantwortung im Zusammenhang mit der Aufsichtspflicht. Hierzu empfiehlt sich eine vorherige Abklärung im Team und ggf. mit den Eltern, die die sexuellen Interessen der Schüler/innen mit berücksichtigt. Es sollte offen darüber gesprochen werden, wie mit konkreten Vorkommnissen umgegangen werden kann. (Wenn in der Lehrer/innen-konferenz dazu Zeit ist, kann dies in Form der Übung »Was wäre wenn ...« [vgl. S. 100] strukturiert werden.)

Wie auch immer dabei der *working consensus* des Teams ausfallen sollte, es ist festzuhalten, dass es ist nicht Aufgabe der Lehrkräfte ist, jedwede Form von sexueller Annäherung zu unterbinden. Ihr Einschreiten in kritischen Situationen bemisst sich in erster Linie nach pädagogischen und nicht nach juristischen Gesichtspunkten.[1] Und dies bedeutet eben auch, so weit gewähren zu lassen, wie die Schüler/innen selbst für sich verantwortlich sein können, und jedes Eingreifen durch eine vorher bekannt gegebene Ordnung (Hausordnung, Dienstvorschriften u.a.) zu legitimieren. Eine bevorstehende Schulfahrt kann auch, analog der Praxis in vielen Jugendgruppen, als Anlass genommen werden, über Verhütung und andere konkrete sexualpädagogische Fragen im Unterricht zu sprechen.

---

1 Das Bayerische Staatsministerium für Unterricht, Kultus, Wissenschaft und Kunst teilte dazu auf Anfrage mit: »Die Durchführung der Aufsichtspflicht hinsichtlich ›sexueller Aktivitäten‹ von Schülern kann nicht in genereller Form geregelt werden. Was hier zulässig oder tolerierbar ist, obliegt der Beurteilung im Einzelfall und muss nach pädagogischem Ermessen entschieden werden. Rechtliche Vorgaben bestehen hierzu nicht.« (Briefliche Mitteilung vom 09.03.1994)

Medien, Fortbildungen und Literatur

Medienlisten

Sexualpädagogische Materialien. Eine kommentierte Literatur- und Medienauswahl, verfasst von Manfred Behn, Gudrun Liebherz und Birgit Reiners, 2. Aufl., Köln 1995 (zum Zeitpunkt des Erscheinens die beste und umfassendste Liste sexualpädagogischer Medien für die Hand von Praktiker/innen überhaupt; kostenlos zu bestellen bei der Bundeszentrale für gesundheitliche Aufklärung).

Freitag, Marcus/Herrath, Frank/Wendel, Heidrun: Sexualpädagogische Medien. Eine Expertise. Erstellt im Auftrag der Bundeszentrale für gesundheitliche Aufklärung, 1994 (umfassendste Recherche zu sexualpädagogischem Material im deutschen Sprachraum, gestützt auf briefliche und telefonische Befragung von weit über 100 Institutionen und Fachkräften, nicht in erster Linie für die Hand von Praktiker/innen geschrieben, aber dennoch eine Fundgrube an Medienvorschlägen).

Jahreskatalog der human PRODUKTE MK (vormals: Pro Familia Vertriebsgesellschaft) (kommentierter und bebilderter Versandkatalog, kostenlos zu bestellen bei human PRODUKTE MK, Marketing & Vertriebs GmbH, Niddastr. 76, 60329 Frankfurt a. Main, Tel. 069/251930).

Knoop, Anneliese/Busch-Schneider, Gundel/Scheld, Siegfried: Sexualerziehung in Vor- und Grundschulalter. Bücher und audiovisuelle Medien für Kinder, Eltern und Pädagogen. Hrsg. von der Aktion Jugendschutz Baden-Württemberg, Stuttgart 1989 (gegen geringe Gebühr dort zu bestellen, siehe Adressen; kenntnisreich im Bereich der Printmedien, wenn auch sehr auf eine »neutrale Position« bedacht, bei den AV-Medien überholt).

Landesbildstelle Bremen: AV-Medien zur Sexualerziehung. In: Sexualerziehung Informationen, Heft 1, hrsg. von der Arbeitsgruppe Sexualerziehung im Auftrag der Freien Hansestadt Bremen, Senator für Bildung und Wissenschaft, Bremen 1993.

Nespor, Milan: Aidsprävention im Rahmen der Sexualerziehung. Teil II: Medienliste, hrsg. von der Landesstelle Jugendschutz Niedersachsen, Hannover 1991 (kostenlos dort zu bestellen, Adresse: Leisewitzstr. 26, 30175 Hannover 1, Tel.: 0511/858788; gibt den Stand zum Zeitpunkt des Erscheinens wieder).

Sielert, Uwe/Herrath, Frank/Wendel, Heidrun u.a.: Sexualpädagogische Materialien für die Jugendarbeit in Freizeit und Schule, Weinheim und Basel: Beltz 1993, S. 338–349 (knappe, gut gegliederte, auch ungewöhnliche Titel umfassende Literatur- und Filmempfehlungen).

Stiftung Warentest: Storch adé. Sexualaufklärung: Bücher und Filme. In: test, H. 5, 1994, S. 495–498 (eine auf Befragungen von pädagogischen Fachkräften gestützte, leider nicht sehr informative Bewertung von 18 Aufklärungsbüchern und 3 Video filmen).

Fortbildungen in Sexualpädagogik

Die derzeit einzige Institution, die eine umfassende sexualpädagogische Fortbildung für alle pädagogischen Berufsgruppen anbietet, ist das

Institut für Sexualpädagogik
Huckarder Str. 12, 44147 Dortmund, Tel.: 0231/144422, Fax: 0231/161110

Fortbildungen zu Einzelthemen werden u.a. angeboten von:

Pro Familia – Deutsche Gesellschaft für Sexualberatung, Sexualpädagogik und Familienplanung
Stresemannallee 3, 60596 Frankfurt a.M., Tel.: 069/639002, Fax: 069/639852

Landesstelle Jugendschutz Niedersachsen
Leisewitzstr. 26, 30175 Hannover 1, Tel. 0511/858788

In den Ländern Berlin, Brandenburg, Hamburg und Schleswig-Holstein starteten 1997 staatlich geförderte Fortbildungen in Sexualpädagogik für Fachkräfte an Beratungsstellen u.Ä. Auskunft darüber ist am besten zu erhalten bei Herrn Christian Hecklau, Landesamt für Gesundheit und Soziales, Lorenzweg 5, 12099 Berlin, Tel.: 030/75509-162.

Im Land Rheinland-Pfalz ist eine Fortbildung für Lehrer/innen geplant, stößt jedoch auf politischen Widerstand. Auskunft erteilt Herr Reiner Wanielik von der Landeszentrale für Gesundheitsförderung, Karmeliterplatz 3, 55116 Mainz, Tel.: 06131/206920, Fax: 206969.

Unter den Universitäten, die sich auf Sexualpädagogik in der Erstausbildung spezialisiert haben, sind vor allem zu nennen:

Christian-Albrechts-Universität zu Kiel – Institut für Pädagogik
BLK-Modellprojekt »Sexualpädagogik in der Hochschulausbildung«
Olshausenstr. 78, 24118 Kiel, Tel./Fax: 0431/880-7322

Fachhochschule Merseburg
Geusaer Str. 3, 06217 Merseburg
Bewerbungsunterlagen und Information bei:
Pro Familia Bundesverband – ZAS-A – Herrn Michael Romeis
Stresemannallee 3, 60596 Frankfurt a.M., Tel.: 069/639002, Fax: 069/639852

Literatur

Aliki (Aliki Brandenberg) (1994): Gefühle sind wie Farben, 6. Aufl., Weinheim/Basel: Beltz & Gelberg (1. Aufl. 1987).

Amendt, Günter (1993): Das Sex Buch. Aufklärung für Jugendliche und junge Erwachsene, überarb. Neuausgabe, Berlin: Elefanten Press.

Ariés, Philippe (1975): Geschichte der Kindheit, München: Hanser.

Baer, Ulrich: lernziel: liebesfähigkeit. Bd. 1 (1979/1988): Spiele zur Sexualerziehung und Partnerschaftsberatung, Neubearbeitung Remscheid: RAT.

Baer, Ulrich: lernziel: liebesfähigkeit. Bd. 2 (1989): Spiele für Jugendliche und Erwachsene zu den Themen Sexualität und Beziehungen, Remscheid: RAT.

Barth, Marcella/Markus, Ursula (1991): Zärtliche Eltern. Gelebte Sexualerziehung durch Zärtlichkeit, Sinnesnahrung, Körpergefühl, Bewegung 4. Aufl., Zürich: Pro Juventute.

Bartholomäus, Wolfgang (1990): Masturbation im Jugendalter: krankmachendes Laster oder schwere Sünde – Übergangserscheinung oder eigenwertige Erfahrung? Tendenzen in Vergangenheit und Gegenwart. In: N. Kluge (Hrsg.), S. 138–151.

Barz, Monika (1982): Gleiche Chancen in Lesebüchern der Grundschule? In: I. Brehmer (Hrsg.), Sexismus in der Schule. Der heimliche Lehrplan der Frauendiskriminierung, Weinheim/Basel: Beltz, S. 103–114.

Behrend, Joachim E. (1989): Ich höre – also bin ich. Hör-Übungen, Hör-Gedanken, 2. erweiterte und neu bearbeitet Aufl., Freiburg: Bauer.

Beispiele (1995): Sexualerziehung. Anregungen und Materialien, herausgegeben vom Niedersächsischen Kultusministerium, Velber: Friedrich Verlag.

Beldermann, Brigitte/Beldermann, Wilhelm (1979): Ich sag' dir was, was du nicht hörst ... Die menschlichen Sinne als Kommunikationsorgane. In: Sexualpädagogik, H. 4, Beilage A/B 64.

Bell, Ruth (Hrsg.) (1993): Wie wir werden, was wir fühlen. Ein Handbuch für Jugendliche über Körper, Sexualität, Beziehungen, überarb. und erw. Neuausgabe, Reinbek: Rowohlt.

Benard, Cheryl/Schlaffer, Edit (1980): Der Mann auf der Straße. Über das merkwürdige Verhalten von Männern in ganz alltäglichen Situationen, Reinbek: Rowohlt.

Bergk, Marion/Rubinig, Gabriele (1993): Mädchen und Jungen im Schreibdialog. In: Die Grundschulzeitschrift 65. Jg., S. 10–11.

Beziehungsweise(n). Über Liebe, Sex und sonst noch was, hrsg. von der Bundeszentrale für gesundheitliche Aufklärung, Köln (o. J.).

Biermann, Christine/Schütte, Marlene (1995): Liebe, Freundschaft, Sexualität. Ein fächerübergreifendes Unterrichtsprojekt für die Jahrgänge 5/6, Bielefeld (Impuls.

Informationen, Materialien, Projekte, Unterrichtseinheiten aus der Laborschule Bielefeld, Band 27).

Blume, Bernhard J. (1982): Die selbstverständliche Sexualität. Unterricht in einer 5. Klasse nach dem Besuch des Völkerkundemuseums Rautenstrauch-Joest in Köln. In: Der Kunstunterricht.

Borneman, Ernest (1974): Sex im Volksmund. Der obszöne Wortschatz der Deutschen, 2 Bde., Reinbek.

Braecker, Solveig/Wirtz-Weinrich, Wilma (1991): Sexueller Mißbrauch von Mädchen und Jungen. Handbuch für Interventions- und Präventionsmöglichkeiten. Weinheim und Basel: Beltz.

Braun, Gisela (1992a): Ich sag´ NEIN! Arbeitsmaterialien gegen den sexuellen Mißbrauch an Mädchen und Jungen, 9. überarb. Aufl., Mülheim: Verlag an der Ruhr.

Braun, Gisela (1992b): Prävention: Kein Programm, sondern ein Prinzip. In: Thema Jugend, H. 1, S. 5–6.

Braun, Gisela (1992c): Zum Ausmaß sexuellen Missbrauchs an Mädchen und Jungen. Vergleichende Untersuchungen. In: Sozialmagazin, 17, H. 5, S. 22–28.

Brenner, Gerd/Grubauer, Franz (Hrsg.) (1991): Typisch Mädchen? Typisch Junge? Persönlichkeitsentwicklung und Wandel der Geschlechtsrollen, Weinheim und München: Juventa.

Bronsert, Rudi/Nassler, Uta (1993): Jugendnetzwerk »Lambda«. Schulprojekt – praktische Aufklärung in Schulen und im außerschulischen Freizeitbereich. In: Pädagogischer Kongreß, S. 157–164.

Brozio, Roland/Glück, Gerhard/Cuypers, Michael/Röttger, Lothar (1980): »Ist sie doch selber Schuld, die dumme Kuh!« Sexualaufklärung in der Bravo als Unterrichtsthema (hier: Gewalt gegen Frauen), b:e Lehrerhilfen, hrsg. von der Redaktion »betrifft: erziehung«, Weinheim: Beltz.

Bucaille-Euler, Agnès (1990): Gewalt ist das Gegenteil von zärtlich sein. Wie Mädchen Gewalt in der Schule erleben. In: U. Enders-Dragässer/C. Fuchs (Hrsg.): Frauensache Schule, Frankfurt a.M.: Fischer, S. 132–137.

Bürmann, Jörg (1992): Gestaltpädagogik und Persönlichkeitsentwicklung. Theoretische Grundlagen und praktische Ansätze eines persönlich bedeutsamen Lernens, Bad Heilbrunn: Klinkhardt.

Büttner, Christian/Dittmann, Marianne (Hrsg.) (1992): Brave Mädchen, böse Buben? Erziehung zur Geschlechtsidentität in Kindergarten und Grundschule, Weinheim/Basel: Beltz.

Christiansen, Angelika/Linde, Karin/Wendel, Heidrun (1990): Mädchen los! Mädchen macht! 100 und 1 Idee zur Mädchenarbeit, Münster: Votum.

Deinert, Sylvia/Boljahn, Ulrike/Krieg, Tine (1993): Das Familienalbum. Oldenburg: Lappan.

van Dijk, Lutz (1996): Anders als du denkst. Geschichten über das erste Mal, Patmos.

Dilcher, Helga/Esch, Ulrike/Hellwig, Kirsten (1994): Mädchenprojekt Körpererfahrung. Gruppenarbeit mit Schülerinnen der Willy-Brandt-Gesamtschule in München, hrsg. vom Gesundheitsreferat der Landeshauptstadt München.

Dixon, Hillary/Craft, Ann (1992): Mach dir selbst ein Bild. Mülheim: Verlag an der Ruhr.

Dunde, Siegfried R. (Hrsg.) (1992): Handbuch Sexualität. Weinheim: Deutscher Studien Verlag.

Dunde, Siegfried, R. (1992): Bindungsmodelle/Sexuelle Lebensformen. In: ders. (Hrsg.), S. 21–23.

Eichmanns, Claudia (1990): Freiarbeit-Kartei Sexualerziehung in Grundschule (und Kindergarten), Mülheim: Verlag an der Ruhr.

Elias, Norbert (1969): Über den Prozeß der Zivilisation, 2 Bde., Frankfurt a.M.: Suhrkamp.

Enders, Ursula (Hrsg.) (1990): Zart war ich, bitter war's. Sexueller Mißbrauch an Mädchen und Jungen, Köln: Volksblatt Verlag.

Etschenberg, Karla/Pommerenke, Alfred (1989): Empfängnisregelung. Materialangebote für Schulen, Düsseldorf: Arbeitsgemeinschaft Schule und Elternhaus.

Fagerström/Hansson (1987): Peter, Ida und Minimum. Ravensburg: O. Maier.

Fischer, Wolfgang/Ruhloff, Jörg/Scarbath, Horst/Schulze, Theodor/Thiersch, Hans (1973): Inhaltsprobleme der Sexualpädagogik. Heidelberg: Quelle & Meyer.

Fischer, Wolfgang/Ruhloff, Jörg/Scarbath, Horst/Thiersch, Hans (1971): Normenprobleme in der Sexualpädagogik. Heidelberg: Quelle & Meyer.

Forstreuter, Burkhard (1993): Onanie – Lust und Last der Heimlichkeit. In: H. Karatepe/C. Stahl (Hrsg.), S. 197–212.

Fricke, Senta/Klotz, Michael/Paulich, Peter (1980/1983): Sexualerziehung? Handbuch für die pädagogische Gruppenarbeit, für Berater und Eltern, überarb. Neuausgabe, Reinbek: Rowohlt.

Friedman, R.C. (1992): Männliche Homosexualität. Berlin: Springer.

Friedrich, Monika/Amann, Stefanie/Paul, Mechthild/Sensmeier, Janina (1993): Aids-Prävention bei Mädchen unter besonderer Berücksichtigung von Mädchen in schwierigen Lebenssituationen. In: Forum Jugendhilfe, Sonderheft Jugend und Aids, hrsg. vom Bundesministerium für Gesundheit, 2. Aufl., Bonn, S. 30–41.

Fuhrmann, J. (Hrsg.) (1976): Tagtäglich. Reinbek: Rowohlt.

Gaedt, Rainer (1995): Freundschaft, Liebe, Sexualität. Arbeitshilfen für den Religions- und Ethikunterricht in der Sekundarstufe I, Göttingen: Vandenhoek & Rupprecht.

Gagnon, John H./Simon, William (1973): Sexual conduct. The social sources of human sexuality, Chicago: Aldine.

Gee, Robyn/Meredith, Susan (1987): Wachsen und Erwachsenwerden. Ravensburg: O. Maier.

Geiger, Ruth-Esther (1986): Wenn die Liebe losgeht. Erinnerungen an »das erste Mal«, Reinbek: Rowohlt.

Glück, Gerhard (1979): Sexualerziehung und Sexualmoral. Zur pädagogischen Begründung und Begründbarkeit von Normen im Bereich der Sexualität. In: Sexualpädagogik, 7. Jg., H. 4, S. 17–21.

Glück, Gerhard (1994): Inseln – Fremdkörper – Anstöße. Gestaltpädagogische Angebote in der Universität. In: Humanistische Psychologie, Halbjahrbuch 1, 17. Jg., S. 105–129.

Glück, Gerhard/Hilgers, Andrea (1994): Richtlinien und Lehrpläne zur Sexualerziehung. Eine Analyse der Ziele, Inhalte, Methoden sowie Normen und Werte zur Sexualerziehung in den Ländern der Bundesrepublik Deutschland, Expertise im Auftrag der Bundeszentrale für gesundheitliche Aufklärung, Köln.

Glück, Gerhard/Scholten, Andrea/Strötges, Gisela (1992): Heiße Eisen in der Sexualerziehung. Wo sie stecken und wie man sie anfaßt, 2. Aufl., Weinheim: Dt. Studienverlag.

Grossmann, Thomas (1988): Eine Liebe wie jede andere. Reinbek: Rowohlt.

Grossmann, Thomas (1994): Schwul – na und? Überarbeitete Neuausgabe, Reinbek: Rowohlt.

Gudjons, Herbert (1978): Praxis der Interaktionserziehung. 180 Übungen und Spiele zum Gruppentraining in Schule, Jugendarbeit und Erwachsenenbildung, Bad Heilbrunn: Klinkhardt.

Hacker, Hanna (1987): Frauen und Freundinnen. Studien zur »weiblichen Homosexualität« am Beispiel Österreich 1870–1937, Weinheim/Basel: Beltz.

Hanswille, Reinert (1990): Fragen zum Sex. München: Kösel.

Heid, Hans (1989): Masturbation. In: F. Koch/K. Lutzmann (Hrsg.), S. 130–132.

Heidarpur, Ali (1991): Sexualerziehung in türkischen Familien und die Problematik des Sexualunterrichts an deutschen Schulen. In : P. Milhoffer/B. Maier (Hrsg.), S. 63–75.

Herrath, Frank/Richter, Pim/Sielert, Uwe/Wanzeck-Sielert, Christa (1994): Sechs mal Sex und mehr ..., Weinheim/Basel: Beltz.

Herrath, Frank/Sielert, Uwe (1991): Lisa und Jan. Ein Aufklärungsbuch für Kinder und ihre Eltern. Mit Bildern von Frank Ruprecht, Weinheim/Basel: Beltz.

Initiative Bildung (Hrsg.) (1989): Der Sex-Koffer. Was Sie schon immer darüber wissen wollten, Wien: Verlag für Gesellschaftskritik.

IPTS (Hrsg.) (1994): Ganzheitliche Sexualpädagogik in der Schule. Materialien aus dem BLK-Modellversuch »Sexualpädagogik und Aids-Prävention in der Schule«, hrsg. vom Landesinstitut Schleswig-Holstein für Praxis und Theorie der Schule (IPTS).

Kaiser, Heidi (1990): So sag ich´s meinem Kinde. Zärtlichkeit und Schmusen, Liebe und Sexualität, Reinbek: Rowohlt.

Kentler, Helmut (1983): Taschenlexikon Sexualität.

Kentler, Helmut (1988): Eltern lernen Sexualerziehung. Reinbek: Rowohlt.

Kienzl, Karin (Hrsg.) (1993): Das erste Mal. Frauen erzählen von Neugier, Sehnsucht und Sex, Wie: Wiener Frauenverlag.

Kindler, Heinz (1993): Maske(r)ade. Jungen- und Männerarbeit für die Praxis. MännerMaterial Bd. 4, Schwäbisch Gmünd/Tübingen: Neuling.

Kinsey, Alfred C./Pomeroy, Wardell B./Martin, Clyde E./Gebhard, Paul H. (1970): Das sexuelle Verhalten der Frau. Frankfurt a.M.: Fischer (amer. orig. 1953).

Klees, Renate/Marburger, Helga/Schumacher, Michaela (1989): Mädchenarbeit. Praxishandbuch für die Jugendarbeit. Teil 1, Weinheim/München: Juventa.

Kleinschmidt, Lothar/Martin, Beate/Seibel, Andreas (1994): lieben, kuscheln, schmusen. Hilfen für den Umgang mit kindlicher Sexualität im Vorschulalter, Münster: Ökotopia.

Kluge, Norbert (1996): Sexualität und Kontrazeption aus der Sicht der Jugendlichen und ihrer Eltern. Ein Wiederholungsbefragung im Auftrag der Bundeszentrale für gesundheitliche Aufklärung, durchgeführt vom Emnid-Institut unter Leitung von Norbert Kluge und Ingolf Schmid-Tannwald, Köln.

Kluge, Norbert (Hrsg.) (1984): Handbuch der Sexualpädagogik, 2 Bde., Düsseldorf: Schwann.

Koch, Friedrich (1995): Sexuelle Denunziation. Die Sexualität in der politischen Auseinandersetzung, erweiterte und aktualisierte Neuausgabe, Hamburg: Europäische Verlagsanstalt.

Koch, Friedrich/Lutzmann, Karlheinz (Hrsg.) (1989): Stichwörter zur Sexualerziehung, 2. Aufl., Weinheim/Basel: Beltz.

Kohlberg, Lawrence T. /Turiel, Elliot S. (1978): Moralische Entwicklung und Moralerziehung. In: G. Portele (Hrsg.), Sozialisation und Moral, Weinheim/Basel: Beltz, S. 13–80.

Kribbeln im Bauch (1986). Geschichten von junger Liebe, ausgewählt von Arnhild Wettern, mit Zeichnungen von Edith Lang, Frankfurt a.M. u.a.: Büchergilde Gutenberg.

Kutzleb, Ulrike/Schmidt, Anneliese/Walczak, Leonhard/Weber, Bertram (1989): Zeit für Zärtlichkeit. Spielerische Übungen für Liebe und Partnerschaft. Ein neuer Zugang zur Sexualpädagogik, 3. Aufl., Wuppertal: P. Hammer.

Lappe, Konrad/Schaffrin, Irmgard/Timmermann, Evelyn u.a. (1993): Prävention von sexuellem Mißbrauch. Handbuch für die pädagogische Praxis. Ruhnmark: Donna Vita.

Learn to love (1995), Dokumentation der 1. europäischen Fachtagung und Projektmesse für Sexualpädagogik der Bundeszentrale für gesundheitliche Aufklärung, Köln.

Let's talk about sex (1994). Ein Sex-Heft für Jugendliche, hrsg. von der Landeszentrale für Gesundheitsförderung in Rheinland-Pfalz, Neuauflage, Velber: Friedrich Verlag 1996.

Marcus, Maria (1982): Das Himmelbett. Geschichten über Liebe, Lust und Sexualität. Reinbek: Rowohlt.

Mauermann, Lutz (1988): Ethische Grundlagen aktueller anglo-amerikanischer Erziehungskonzepte. In: K. Günzler (Hrsg.), Ethik und Erziehung, Stuttgart u.a.: Kohlhammer, S. 141–165.

McBride, Will/Fleischhauer-Hard, Monika (1990): Zeig Mal! Ein Bilderbuch für Kinder und Eltern, 2. Aufl., Wuppertal.

Milhoffer, Petra (Hrsg.) (1995): Sexualerziehung von Anfang an! Gemeinsame Aufgabe von Elternhaus und Grundschule, Frankfurt a.M.: Arbeitskreis Grundschule.

Milhoffer, Petra/Maier, Brigitte (Hrsg.) (1991): Sexualerziehung zwischen Elternhaus und Grundschule, 2. Aufl., Frankfurt a.M.: Arbeitskreis Grundschule.

Mourier, Martine/Tournier, Jean-Luc (1985): Kleines Kuss-Lexikon. Altstätten und München: Panorama-Verlag.

Mücke, Detlef (1993): Das (Nicht-)Vorkommen von Lesben und Schwulen in Schulgesetzen, Rahmenplänen und Lehrbüchern – politische Forderungen und Perspektiven. In: Pädagogischer Kongreß, S. 79–100.

Müller, Else (1983): Du spürst unter deinen Füßen das Gras. Autogenes Training in Phantasie- und Märchenreisen. Vorlesegeschichten, Frankfurt a.M.: Fischer.

Müller, Jörg/Geisler, Dagmar (1993): Ganz schön aufgeklärt, Bindlach: Loewe.

Müller, Walter (1992): Skeptische Sexualpädagogik. Möglichkeiten und Grenzen schulischer Sexualerziehung. Habilitationsschrift Universität Duisburg (auch: Weinheim: Beltz 1992).

Na nu? Von Liebe, Sex und Freundschaft, hrsg. von der Bundeszentrale für gesundheitliche Aufklärung, Köln o. J.

Nespor, Milan (1993): Aidsprävention im Rahmen der Sexualerziehung. Teil III: Anleitungen für die Praxis, hrsg. v. d. Landesstelle Jugendschutz Niedersachsen, Hannover (kostenlos zu bestellen bei: Landesstelle Jugendschutz Niedersachsen, Leisewitzstr. 26, 30175 Hannover, Tel.: 0511/858788).

Neutzling, Rainer/Fritsche, Burkhard (1992): Ey Mann, bei mir ist es genauso! Cartoons für Jungen – hart an der Grenze vom Leben selbst gezeichnet, Köln: Volksblatt Verlag/Zartbitter.

Nilsson, Lennart (1990): Ein Kind entsteht. Bilddokumentation über die Entwicklung des Lebens im Mutterleib, München: Mosaik.

Nöstlinger, Christine (1984): Geschichten vom Franz, Hamburg: Oetinger.

Nöstlinger, Christine (1991): Liebesgeschichten vom Franz, Hamburg: Oetinger.

Pädagogischer Kongreß (1993): Lebensformen und Sexualität. Was heißt hier normal? Lesbisch – schwul – heterosexuell. Dokumente lesbisch-schwuler Emanzipation des Referats für gleichgeschlechtliche Lebensweisen Nr. 8, Berlin.

Philipps, Ina-Maria (1992): Sechs mal Sex und mehr ... Begleitbuch zur Filmreihe »Sechs mal Sex und mehr ...« für Eltern und Multiplikatoren, hrsg. von der Bundeszentrale für gesundheitliche Aufklärung, Köln.

Philipps, Ina-Maria (1994): Körpersprache der Seele. Übungen und Spiele zur Sexualität, Wuppertal: P. Hammer Verlag.

Rosendorfer, Herbert (1983): Briefe in die chinesische Vergangenheit. München: Nymphenburger.

Roth, Inga/Brokemper, Peter (1991): Abenteuer Partnerschaft 2. Aufl., überarbeitet von Bernd Patczowsky, Mülheim: Verlag an der Ruhr.

Roth, Philip (1990): Portnoys Beschwerden. Reinbek: Rowohlt.

Rutschky, Katharina (Hrsg.) (1977): Schwarze Pädagogik. Quellen zur Naturgeschichte der bürgerlichen Erziehung, Frankfurt u.a.

Sabo, Peter/ Wanielik, Reiner (Hrsg.) (1994): »Let´s talk about sex« – Eine sexualpädagogische Schrift als Streitobjekt, Mainz: Verlag P. Sabo.

Sanders, Pete/Swinden, Liz (1992): Lieben, Lernen, Lachen. Sexualerziehung für 6–12jährige, Mülheim: Verlag an der Ruhr.

Scarbath, Horst (1967): Geschlechtserziehung. Motive, Aufgaben und Wege, Heidelberg: Quelle & Meyer, 2. Aufl. 1969.

Scarbath, Horst (1982): Dialogische Sexualerziehung – zwischen Realität und Begründung. In: H. Scarbath/B. Tewes (Hrsg.), Sexualerziehung und Persönlichkeitsentfaltung, München u.a.: Urban und Schwarzenberg, S. 117–128.

Schmidt, Gunter (1988): Das große DER DIE DAS. Über das Sexuelle. Reinbek: Rowohlt.

Schmidt, Gunter (Hrsg.) (1993): Jugendsexualität. Sozialer Wandel, Gruppenunterschiede, Konfliktfelder, Stuttgart: Enke.

Schnack, Dieter/Neutzling, Rainer (1990): Kleine Helden in Not. Jungen auf der Suche nach Männlichkeit, Reinbek: Rowohlt.

Schnack, Dieter/Neutzling, Rainer (1993): Die Prinzenrolle. Über die männliche Sexualität, Reinbek: Rowohlt.

Schneider, Sylvia (1993): Wie verhüte ich richtig. Neueste Methoden und Möglichkeiten. 2. Aufl., Weinheim: Beltz.

Schneider, Sylvia/Rieger, Birgit (1990): Das Aufklärungsbuch, Ravensburg: O. Maier.

Schülerduden Sexualität (1997), hrsg. und bearb. von Meyers Lexikonredaktion. In Zusammenarbeit mit Sexualpädagogen, Psychologen, Fachärzten, Mannheim u.a.: Dudenverlag.

Schulbuchaktion (1992): Wir ziehen neue Seiten auf. Hrsg. von den Gemeinschaften Christlichen Lebens – Jugendgemeinschaft (GCL-J), Augsburg.

Schwadtke, Brita (1975): Comics als Unterrichtsmedien im Sexualunterricht. In: Westermanns Pädagogische Blätter, 27. Jg., S. 215–222.

Selbstbestimmt schwul (1989). § 175 ersatzlos streichen, hrsg. von DIE GRÜNEN, 3. Aufl., Bonn.

Sengebusch, Jürgen/Potrz, Veronika (1990): ... rangeh'n. Körper, Seele, du und ich. Methodenhandbuch für die Jugendarbeit, hrsg. v. Jugendrotkreuz Nordrhein und Westfalen-Lippe, Münster.

Sielert, Uwe (1989): Jungenarbeit. Praxishandbuch für die Jugendarbeit. Teil 2, Weinheim/München: Juventa.

Sielert, Uwe (1993): Sexualpädagogik. Konzeption und didaktische Anregungen, 2. Aufl., Weinheim: Beltz.

Sielert, Uwe (1994): Expertise zur Weiterentwicklung des Rahmenkonzepts für die schulische Sexualerziehung. Erstellt für das Landesinstitut für Schule und Weiterbildung Soest.

Sielert, Uwe/Herrath, Frank (1991): Materialrecherche: »Sexualpädagogische Hilfen zur Findung und Stabilisierung der eigenen sexuellen Orientierung«, Expertise, o. O.

Sielert, Uwe/Herrath, Frank/Wendel, Heidrun/Hanswille, Reinert/Keil, Siegfried/ Kleinschmidt, Lothar/Linde, Karin/Rodewald, Marion/Scheduikat, Sabine

(1993): Sexualpädagogische Arbeitshilfen für die Jugendarbeit in Freizeit und Schule, Weinheim/Basel: Beltz.

Siems, Martin: (1980) Coming out. Hilfen zur homosexuellen Emanzipation, Reinbek: Rowohlt.

Snurawa, Michael (1988): Stop Aids! Mit Wissen, Gummi & Gefühl. Materialien für Jugendgruppe und Schule, Mülheim: Verlag an der Ruhr/Die Schulpraxis.

Starosta, Bernhard (1991): Für welche Inhalte der Sexualerziehung interessieren sich Schüler einer 9. Jahrgangsstufe und für welche nicht? – Ergebnisse einer Befragung an bayerischen Gymnasien. Unveröffentl. Typoskript Universität Regensburg.

Stümke, Hans-Georg (1989): Homosexuelle in Deutschland. Eine politische Geschichte, München: Beck.

Stümke, Hans-Georg (1992): Homosexualität/Schwule. In: S.-R. Dunde (Hrsg.), S. 103–111.

Szillis-Kappelhoff, Beate (1993): Intensivstation Klassenzimmer. In: Die Zeit, Nr. 44 v. 29.10.1993, S. 93.

Tillmann, Klaus Jürgen (Hrsg.) (1992): Jugend weiblich – Jugend männlich. Sozialisation, Geschlecht, Identität, Opladen: Leske+Budrich.

Tröger, Walter (1974): Erziehungsziele. Analyse und Lösungsvorschläge für ein aktuelles pädagogisches Problem, 2. Aufl., München: Ehrenwirth.

Turiel, Elliot S. (1982): Die Entwicklung sozial-konventioneller und moralischer Konzepte. In: W. Edelstein/M. Keller (Hrsg.), Perspektivität und Interpretation, Frankfurt a.M.: Suhrkamp, S. 146–187.

Ussel, Jos van (1979): Sexualunterdrückung. Geschichte der Sexualfeindschaft, 2. Aufl., Gießen: Focus.

Walter, Joachim (Hrsg.) (1992): Sexualität und geistige Behinderung, 3. Aufl., Heidelberg: Ed. Schindele.

Warten auf den ersten Kuss. In: jetzt, das Jugendmagazin der Süddeutschen Zeitung, Nr. 21 v. 14.05.1993, S. 18–20.

Wenzel, Susanne (1990): Sexuelle Fragen und Probleme Jugendlicher. Dargestellt an den Leserbriefen Jugendlicher in der Zeitschrift »BRAVO« (1968–1987). Diss. Univ. Landau, Frankfurt a.M.: Lang.

Wiedemann, Hans-Georg (1982): Homosexuelle Liebe. Für eine Neuorientierung in der christlichen Ethik, Stuttgart und Berlin: Kreuz-Verlag.

Winter, Reinhard (1993): Männer-Selbst-Befriedigung. Masturbation: Befriedigung des verwehrten männlichen Selbst? In: R. Winter (Hrsg.), S. 263–282.

Winter, Reinhard (Hrsg.) (1993): Stehversuche. Sexuelle Jungensozialisation und männliche Lebensbewältigung durch Sexualität, Männer Materialien Band 3, Schwäbisch Gmünd/Tübingen: Neuling Verlag.

Wolters-Vogeler, Gudrun (1993): »Let's Talk About Sex, Baby!« Choreographie und Tanzvideo einer 6. Klasse. In: Musik & Bildung, 25. Jg., H. 3, S. 35–39.

Ziebertz, Hans-Georg (Hrsg.) (1991): Sexualität im Wertpluralismus. Perspektiven zur Überwindung der Krise in der ethischen Bildung. Mainz: Grünewald.

Zilbergeld, Bernie (1983): Männliche Sexualität. Was (nicht) alle schon immer über Männer wußten ..., Tübingen: Forum für Verhaltenstherapie und psychosoziale Praxis.

Zitelmann, Arnulf/Carl, Therese (1970): Didaktik der Sexualerziehung. Handbuch für das 1. bis 13. Schuljahr nach den Empfehlungen der KMK, Weinheim/Basel: Beltz.